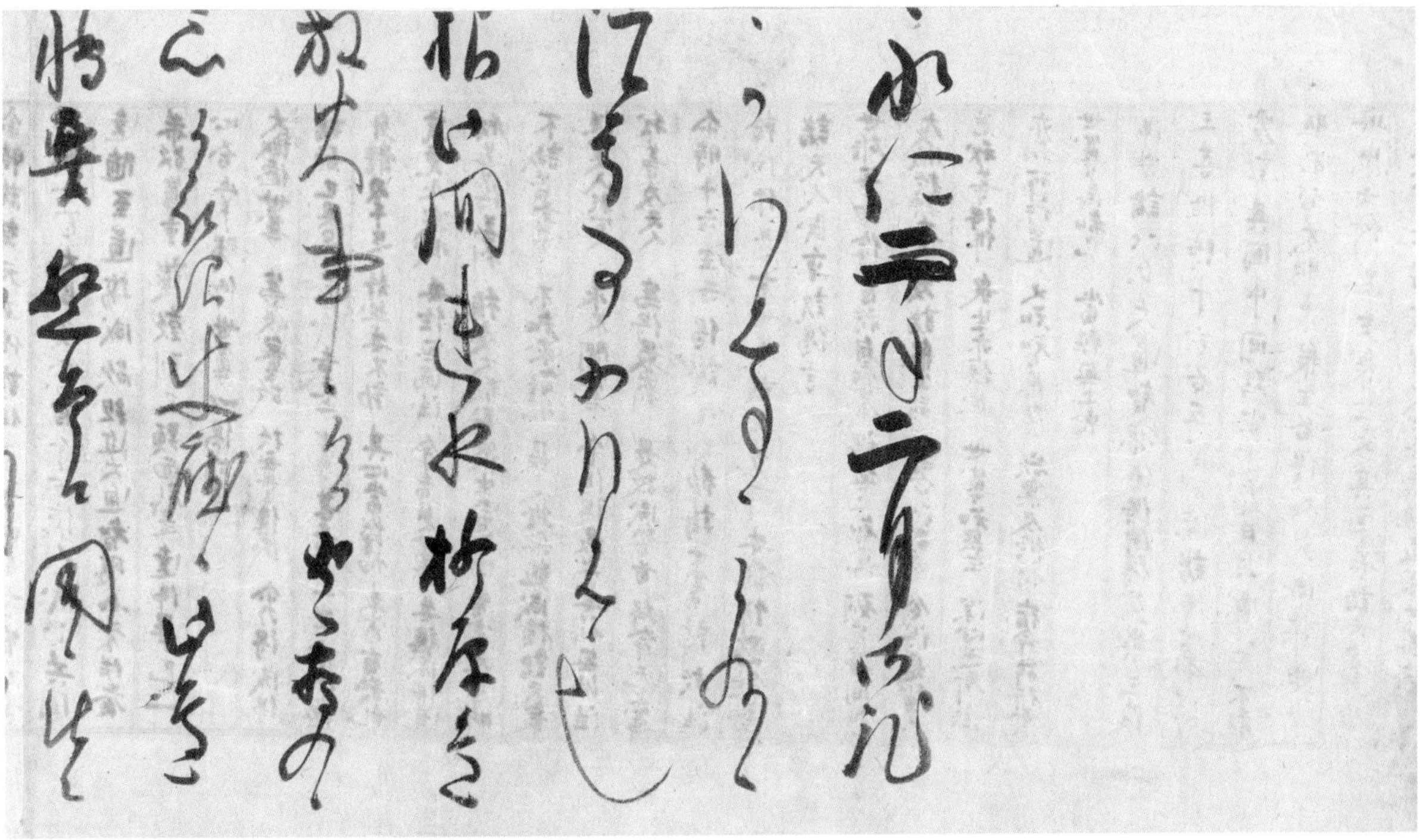

図版1　伏見天皇宸翰消息断簡（京都国立博物館所蔵）

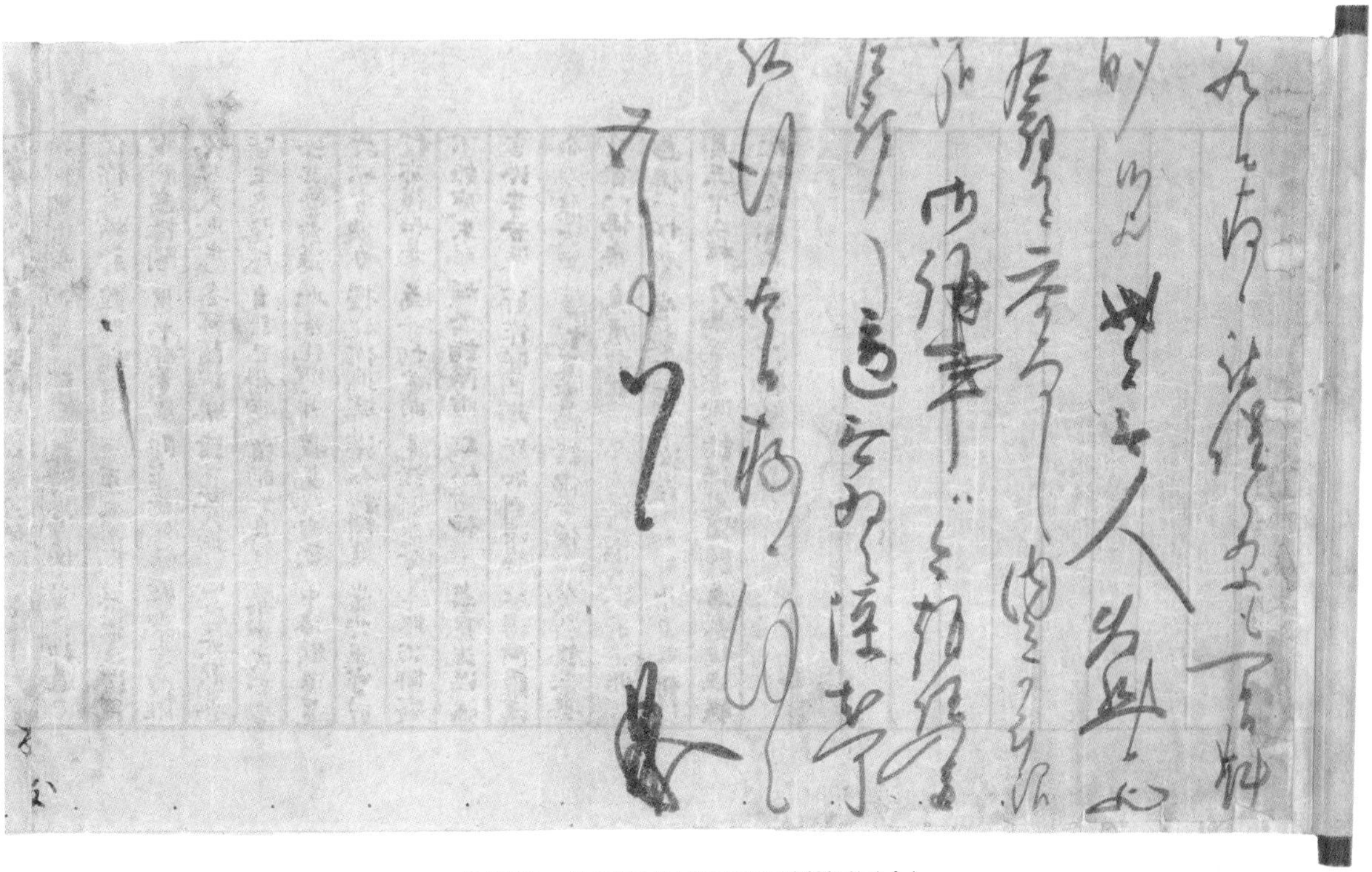

図版2　伏見天皇宸翰消息断簡（同上）

明応年間における備前西大寺の復興造営

――古文書と縁起のあいだ――

苅米一志

序言

備前西大寺（観音院）は、毎年二月の会陽（裸祭り）によって全国的にも著名な寺院であり、祭礼の様子は近世初期の縁起絵巻にも描かれている。[1] 同寺はすでに中世から、民衆信仰の拠点であったことがうかがえる。一方、文献史学の立場から見ると、地方寺社の繁栄には、民衆による熱狂的な支持と同等に、あるいはそれ以上に、国衙・荘園領主や守護・戦国大名など、地域権力との関係が重要なものと考えられる。

仮に文書（古文書）史料というものを「ある主体（個人・集団）が他の主体（個人・集団）に対して、何らかの意志・情報を伝達する手段であり、それが必然的または偶然的に残されてきたものである」と仮定したとする。[2] 地方寺社の場合、所蔵される古文書群における「主体」とは、①寺社組織内部の個人および集団、②外部の個人および集団であり、これらが発信・受信主体となることで、さまざまな差出・宛名の組み合わせが生じることになる。これを念頭に置いた上で、中世の地方寺社文書を眺めてみると、その内訳は、a寺社組織の財政・経営に即した文書、b寺社組織の修法・祭祀に即した文書、c外部からの政治的・経済的保証が表明された文書、に分類されるように思う。[3] 無論、これらは相互に絡み合っており、外部の第三者が、ある祭祀・修法を依頼するため寺社に土地を寄付（寄進）し（c）、寺社がその土地を経営して（a）、そこからあがる利益により祭祀・修法を行なう（b）という流れも想定できる。

中世前期において、政治的・経済的保証を行なう外部の第三者は、およそ国司・在庁官人・荘園領主・荘官・地頭・名主百姓である。一方、中世後期になると、いわゆる在地領主からの文書も確認できるが、外部の第三者は圧倒的に守護または戦国大名に絞られてくる（家臣の執筆による奉書なども含む）。ところで、同時期に件数的に増加してくるのが、いわゆる寺社縁起の類である。一見すると、広く一般に喜捨を要求する内容であるが、保存状態は極めて良好であり、一般に公開されたかどうか、つまり実際に勧進に使用されたかどうかについては疑問視される場合も多い。とすれば、そこには「特定の読み手の存在」という問題が浮上してくる。その読み手としては、第一に「実質的地域権力の保持者」が想定されるであろう。そうした地域権力と寺社との関係を探る材料として、ここでは特に戦国初期、明応年間に行なわれた備前西大寺の復興造営を見ていきたい。

明応四年（一四九五）五月、周辺の村落からの飛び火を受け、備前西大寺は伽藍の多くを焼失させた。復興のためには、幅広い人々への勧進、つまり結縁を募る活動が重要になる。その趣旨を述べた史料として、同寺には「備前国金岡県西大寺化縁疏幷序」という史料が残されている。この史料が後世に与えた影響としては、第一にその内容が、この十年ほど後に描かれる永正本絵巻の下敷きになっていること、第二に近世においても、地域権力への訴求に一つの規範を提供していること、などが挙げられる。

この史料は、いわゆる勧進状の一種であるが、その内容には従前の縁起を多分に含んでいる。これを広義の縁起と見なしたとして、それと寺院の所蔵する古文書群はどのような関係にあるのだろうか。古文書群は、地域権力から発給された文書が多く含まれるのであるから、両者には密接な関係が想定されるであろう。以下では、備前西大寺の所蔵古文書にも注目しつつ、この問題を考察していきたい。

一　備前西大寺の形成と展開

（1）　備前西大寺の一山寺院的構造

まず、備前西大寺がどのような寺院であるかについて、所蔵の古文書から概説しておきたい（巻末の表1・2を参照）。紙幅の関係上、文書の形態と法量、紙質、包紙などについては示すことができないが、これについては別稿を予定している。

備前「西大寺」の寺号の初見は正安二年（一三〇〇）であり、同寺は大和額安寺領・金岡東荘における最大規模の寺院であった[4]。坂本亮太によれば、「領家（荘園領主）の祈願寺」ということになる[5]。しかし、その内実は現在の「寺」という概念とは異なり、複数の寺・院・坊の複合体、いわゆる一山寺院であった。そのことは、文書群に複数の寺・院・坊が見えることから、容易に理解できる。

具体的に挙げると、第一に成光寺（浄光院）は、鎌倉から南北朝における地頭領主層の氏寺的寺院であったと思われる。この寺院は、阿弥陀三尊を本尊とし、盂蘭盆・二季彼岸の来迎会を主要な行事としていた。第二に観音坊（現・観音院）は、現在の西大寺の中核となった寺院であり、室町期以降に勢力を伸ばし、一山の別当寺として存続していった。それは、他の寺・院・坊の古文書を継承したことからもうかがえる。第三に清平寺は、おそらく赤松氏が備前国の守護となって以降、京都東山の建仁寺との関連で建立された臨済宗の寺院であると思われる。建仁寺大昌院は、京都における赤松氏の菩提寺と言ってよく、前掲の「備前国金岡県西大寺化縁疏幷序」の執筆者は同院主の天隠龍澤なのである（後述）。清平寺は、室町から戦国期にかけて一山の別当寺を勤めるなど、重要な寺院ではあるが、禅宗寺院に特有のこととして、構成員が一人二人であっても、寺と称する場合があることには注意しなければならない。つまり、少人数の僧侶が庵のようなものに寄宿していた可能性もあるということである。この他、近世初頭以降に確認される円蔵坊、現在でも聖教類を所蔵する普門院などの存在が挙げられる[6]。

（2）備前西大寺の古層

①成光寺の展開

西大寺において、個別の寺・院・坊の形成過程を物語る文書は、決して多くはない。その中でも、成光寺の存在は非常に興味深い。同寺には「成光寺文書」と見なすべき一群の文書が存在したようで、その大部分は七通の巻子立てとなっている（表2）。これは後世において、成光寺文書が別立てとして整理されたことを示している。この他、現存はしないものの、表2の一三号文書によると、藤原氏や平氏など地頭領主層による多くの寄進状が存在したことが分かる。これらが、ある時期まで一括して伝存していたのであろう。

成光寺の本尊は阿弥陀三尊像であり、盂蘭盆・二季彼岸の来迎会が主要な行事であった。周辺の寺院を見渡すと、近隣の豊原荘の内部にある弘法寺に、建暦元年（一二一一）快慶作の阿弥陀如来像、および現在も来迎会（練供養）に使用される鎌倉後期の被仏（阿弥陀如来像）が伝来している。豊原荘は東大寺大勧進職の俊乗房重源が開発した荘園で、荘内には「豊光寺」が建立され、来迎会も行なわれていた[7]。いずれも天台浄土教系の寺院であり、さらに西大寺と弘法寺は鎌倉末期、周辺の諸寺院と「天台末寺連合」を形成していた[8]。以上から類推すると、成光寺は、来迎会が発案される十世紀末を最上限とし、重源の時代（鎌倉初期）を下限として建立された天台浄土教系の寺院であり、周辺の寺院と相前後して建立された可能性が高い。

興味深いことに、檀越である地頭領主は、おそらく領家を指すものとして「公方」という語を使用しており、公方（領家）からの寄進に応じる形で、地頭の側が成光寺への寄進を行なっている。成光寺は、領家と地頭の双方から保護を受けているのである。他の事例を見渡してみると、播磨国明石郡伊川上荘の大山寺でも同様な動きが確認される。大山寺は、そうした寄進により、荘園内部の寺院でありながら、中世後期には半ば独立した経済基盤をもつ存在として成長していく[9]。順当に行くならば、西大寺内部でも、この成光寺が長らく別当寺として存続したはずであるが、現実にはそうなっておらず（中世末には断絶）、それには中世後期以降の寺・院・坊による競合があったものと見られる。

②観音院の形成

次に、現在に伝わる観音院（観音坊）の形成については、興味深い縁起の類が存在する。永享十二年（一四四〇）四月の勧進状であり、当時の備前守護であった赤松満祐を念頭に置いて執筆されたものと思われる。すでに別稿でも述べたこともあり[10]、ここではその概略のみを四段に分けて紹介しよう。

a．ことの起こりは、奈良時代のなかばに設定されている。周防国玖珂荘の荘司の妻・藤原皆足が、観音像の造立を望んでいたところ、自ら仏師を名のる童子が現れて観音像を彫刻した。立ち去る際に、童子は自分の住所が大和国の長谷寺であると教えるが、これにより、彼が長谷観音の化身であったことが明らかになる。

b．皆足は観音像を船に載せて大和国に運び、彩色を施そうとした。この時、皆足の夫はたまたま備前国の「主簿（在庁官人）」となっていた。皆足が備前国の金岡浦に停泊したところ、船が動かなくなったため、やむなく観音像を陸に上げ、安置のために草堂を営んだ。これが、のちの西大寺観音院の草創となる。以上の事件は、天平勝宝三年（七五一）のことであるという。

c．話は突然、室町時代という直近の時間に飛ぶ。永享十一年（一四三九）七月三日、ある「鄙夫（村人）」の夢に西大寺の「使令（使者）」を名のる数人の癩者（ハンセン病患者）が現れ、宥長法師と協力して西大寺を瓦葺とすることを命じた。村人は夢の中で銭四百文を与えられるが、翌日に仁王堂に参詣したところ、夢と符合するように同額の銭を拾う。しかし、この事実を黙秘していたところ、六日の夜の夢に再び癩者が現れ激怒したため、村人は宥長法師に夢の内容を打ち明けることになる。これにしたがって、宥長法師が周囲への勧進活動を開始した。

d．話は再び奈良時代に戻る。宝亀八年（七七七）、長谷観音の夢告を受けた安隆上人が金岡浦に至り、周囲を勧進して伽藍を建立しようとする。その際、堂を現在（永享十二年段階）の地に移すにあたり、児島南浦の椎戸の海中から「犀角」を獲得し、伽藍に埋めた。これは「竜讖」すなわち竜の託宣に従ったものだという。そこで、当初は寺を「犀戴寺（犀の角を戴いた寺）」と称した。「西大寺」の号は、のち後鳥羽院の宸筆によって改めたものであるという。

説話は奈良時代に設定されているが、人名のあり方や、国衙や荘園の役人（在庁官人・荘司）といった造形は、明らかに十一世紀以降の状況を示すものであろう。したがって、勧進状の内容は、その時代の文脈に置き換えて考える必要がある。以下では、ここに見える要素に注目して、読解を進めてみよう。

第一に、藤原皆足という人物について。あくまで男性だが、「周防国玖珂郡で観音を信奉する人物」という造形は、平安期以降の説話類において確認することができる。『大日本国法華験記』巻下・第一一五、周防国判官代某では、周防国の判官代（在庁官人）が観音霊場である二井寺（新寺。現・極楽寺。玖珂郡）を信仰し、難を逃れたとされている。周防国の在庁官人であり、かつ玖珂荘の荘官でもあった人物という造形は、ここに源流をもつだろう。勧進状では、これが女性に読み換えられているが、これはおそらく女人信仰の対象として著名な観音と結びつける意図があるか、事実として女性が観音像を造立したことが強く記憶されていたことによると思われる。

第二に、金岡浦で船が動かなくなった（「行かずの観音」）という点について。観音を載せた船が動かなくなるという内容は、中国南方に起源を有するらしい。咸淳五年（一二六九）に成立した『仏祖統記』巻四二には、以下のような説話がある。[11] 大中十二年（八五八）、入唐僧の慧锷が五台山で観音像を得て帰国しようとしたところ、船は「補陀山（普陀山島）」付近の岩で動かなくなった。人々は「日本では機縁が熟していないので、観音が渡海を拒んでいる」と判断したため、やむなく観音像は岩上に安置され、のち開元寺に移された。その後、「嘉木」をたずさえた「異僧」が、観音像を模刻して姿を消したとあり、この部分は勧進状における童子形の仏師にも原形を提供しているようである。『元亨釈書』巻一六、釈慧蕚伝にも、ほぼ同文のものが記載されており、鎌倉末期、右の説話は日本でも周知されていたと見てよいだろう。観音霊場たる普陀山は、明州（寧波）から日本への帰路の最東端にあたり、中国大陸から帰朝した僧侶によって、「行かずの観音」という造形が瀬戸内にもたらされた可能性は高い。

第三に、竜の託宣によって犀角を入手したという点について。犀の角は「如意」という仏具の素材としては最高級品であり、正倉院の御物としても確認される。「如意」と「竜讖」ということばを結びつけようとすると、どうしても「如意宝珠」を連想せざるを得ない。観音の眷属・化身でもある竜王は、干珠と満珠という二つの珠、つまり如意宝珠によって、潮の満ち干や風雨を自在に操るのである。実際に『今昔物語集』巻一六、仕観音人行竜宮得語第一五においては、〈獣角の如意―蛇の油―小蛇―竜―如意宝珠〉というように連想が展開し、結果として仏具である如意が、如意宝珠を引き出す伏線となっている。以上から、竜が与えた犀角は、「犀角如意」を通して「如意宝珠」を連想させる手段として用いられていると考えられる。興味深いことに、観音院には現在でも犀角（おそらく恐竜などの爪・歯の化石）と如意宝珠が伝存しているのである。

以上からは、瀬戸内舟運の展開の中で、こうした説話が形成されたこと、結果として〈金岡浦―竜―観音―女性〉という連想を生み出し、観音像が安置される必然性を導いていること、などが推測される。ここで、藤原皆足の夫が周防国玖珂荘の荘司と備前国の在庁官人を歴任していたことに注目したい。このような人物像は、受領国司にしたがって任国を転々とする官僚層を彷彿とさせる。彼の主人は周防国および備前国の国司であったと思われるが、これに適合する人物の一人として、前掲の俊乗房重源が挙げられる。周知のように、重源は東大寺大勧進として播磨・備前・周防の国司を兼任し、特に周防佐波川で採取した木材を、瀬戸内舟運によって摂津の渡辺まで運搬したのである。

重源は勧進活動の拠点に別所を建立したが、そのほとんどは阿弥陀如来を本尊とする阿弥陀堂であり、そこでは菩薩面などを用いた来迎会が始行された。備前西大寺のうち、最も古い文書群を有するのは成光寺であるが、その本尊は阿弥陀如来、主要な行事は盂蘭盆・二季彼岸の来迎会であった。さらに、金岡浦は吉井川の河口に位置するが、重源は上流の万富瓦窯で東大寺瓦を焼成し、これを吉井川および瀬戸内海の舟運によって摂津にまで運搬している。その際に、金岡浦が重要な港津として機能したことは推測して良いだろう。備前西大寺の形成の原動力には、重源の存在が見え隠れするのである。

他にも、備前西大寺の使者と名のる癩者が登場する点は注目される。連想されるのは、西大寺流真言律宗の末端において活動する非人層との関連である。同宗においては、葬送などに携わる末端の労働力として、癩者を含む非人層を組織していた[12]。備前西大寺もまた一時期、同宗の影響を受けていたのではないかと推測される。これについてはすでに、備前西大寺の存在する金岡東荘が大和西大寺の末寺である額安寺の所領となっていること、大和西大寺の僧侶が一時期、金岡東荘の領家職を把握していたこと、また尾道浄土寺・草戸常福寺（明王院）の本尊の造立など、瀬戸内海における長谷観音信仰の伝播に叡尊の弟子が関わっていること、などを指摘したことがある。[13] 西大寺流真言律宗との関係は十分に想定されるであろう。観音像にまつわる説話は、鎌倉初期における重源の活動、鎌倉後期における西大寺流真言律宗の活動という波を経ていることになる。

（3） 備前西大寺の形成

以上から、備前西大寺の形成について、およそ次のような仮説を得られる。

まず、瀬戸内海舟運によって、金岡浦が観音信仰という宗教的影響を受けていたことは間違いない。そうした中で、観音像を造立した女性があったことも否定できない。彼女はおそらく、備前国在庁官人の血縁の女性であったろう。[14] ここまでは、およそ十～十二世紀のことと考えられる。ここに俊乗房重源の活動が重なり、周防国方面との関係が強く記憶された。重源の活動により、金岡浦には阿弥陀如来を本尊とする成光寺が建立され、それは在地領主の氏寺として存続した。阿弥陀如来を本尊とする成光寺と、千手観音を本尊とする観音院とは建立の事情や檀越の違いもあるが、「一山寺院」を形成するにあたり、時に応じて「別当寺」の役割を負った。また、鎌倉後期以降のある時期、西大寺流真言律の影響を受けたこともあったようである。以上のように、それぞれ異なる建立事情をもつ寺・院・坊が、一山寺院として鎌倉後期以降「西大寺」と呼ばれ、その時々で別当寺が変わるという体制をとっていたことになる。

二 明応年間における備前西大寺復興造営

（1） 備前西大寺と赤松氏

明応年間の復興造営について考察する前に、備前西大寺と赤松氏との関係を述べておきたい。嘉吉の乱によって一旦は断絶した赤松氏が室町幕府に復帰するのは、十五世紀後半のことである。それと呼応するかのように、備前西大寺の古文書群には赤松政則の文書が忽然と現れる（表1―5号）。おそらく応仁元年（一四六七）のものであり、山名氏からの備前国守護職奪還という動きの中で、発給された文書であろう。成光寺文書を除けば、現存の備前西大寺文書としては最古のものになる。しかし、これは清平寺宛のものであり、これより弘治三年（一五五七）まで、備前西大寺文書のほぼ全てが清平寺宛となっている。清平寺は一世紀近く、一山の別当寺であり続けた訳であるが、それには赤松氏の祈禱寺であったという事情があるようである。

周知のように赤松氏は則村（円心）の代から臨済禅への帰依が篤く、雪村友梅への入門や播磨国内における禅宗寺院の開創などの事実は良く知られている。[15] 播磨法雲寺（赤松氏の建立）を経て建仁寺に入った聞渓良聡により、同寺内に大昌院が建立されると、同院は京都における赤松氏の菩提寺のような存在となった。[16] 建仁寺大昌院と播磨国内の赤松氏祈禱寺の間には禅僧の交流があったが、同様な流れの中で、備前国内にも禅宗寺院が建立された可能性は高い。赤松則祐が開基となった播磨宝林寺は、貞和年間（一三四五～五〇）備前国新田荘中山に雪村友梅が開創したものを、文和四年（一三五五）に現在地（兵庫県上郡町）に移転したものである。[17]一方、赤松義則はすでに応安年間、備前国金岡東荘の遵行に携わっており、[18]この頃から備前西大寺との接触を深めていったように思われる。こうした流れの中で、およそ赤松満祐の代以前、西大寺内に清平寺が建立されたと見て良いであろう。

ここで、十五世紀後半における赤松氏の動向を、簡略に述べておきたい。[19]嘉吉元年（一四四一）、赤松満祐・教康の足利義教暗殺によって赤松本宗家は断絶し、その領国である播磨・備前・美作国は山名氏のものとなった。嘉吉三年の禁闕の変で、後南朝に奪われた神璽を赤松氏旧臣が長禄元年（一四五七）に奪還することにより、翌年、赤松政則が加賀国守護職半分を与えられ、室町幕府に復帰する。この後、政則は播磨・備前方面に宇野氏らを派遣し、山名氏との争いに発展していく。政則は、応仁元年（一四六七）に播磨、翌年には備前を奪還し、この時期に国内の諸寺社に寄進・安堵を行なっている。しかし、文明十五年（一四八三）山名政豊の播磨侵攻が起こり、年末の戦闘で大敗を喫した政則は、翌年正月、播磨から没落し、一時行方不明となった。このため、最有力家臣であった浦上則宗により、家督を剥奪される危機に直面する。

しかし、足利義尚との謁見と、別所則治の協力により、播磨に帰還することに成功し、さらに足利義政の仲介で浦上則宗とも和解を果たす。こうした条件を整えた上で、政則は山名氏の撃退にあたり、最終的には長享二年（一四八八）に播磨・備前・美作を奪還した。政則は、明応二年（一四九三）四月まで、足利義材に忠実に従っていたように見えるが、同月二十日、突然に細川政元の姉・洞松院尼と婚姻する運びとなる。その二日後に明応の政変が起こっており、これは明らかな政略結婚と解釈できる。しかし、しばらくして体調を崩したらしく、明応四年四月、播磨に下向すると、翌年二月頃には危篤に陥り、四月には死去している。養子の赤松義村が家督を継いだが、その実権は洞松院尼および浦上則宗が握っていたものと思われる。

こうした前提を見た上で、明応年間の復興造営に至る過程を見てみよう。表1を参照されたい。a赤松政則は、応仁元年（一四六七）播磨・備前方面への侵攻と平行して、西大寺に「今度合戦祈禱料所」「毎月十七日祈禱懺法料所」を寄進している（表1―五〜九号）。これを皮切りとして以下、b応仁三年、西大寺に祈禱料所分として、毎年段銭十貫文を寄進（一〇〜一三号）、c文明二年（一四七〇）同料所に対する浦上源六の競望を排除（一五〜一六号）、d文明八年、西大寺への駒公事と被官人役を免除（二〇号）、e延徳四年（一四九二）西大寺市場敷の諸公事・人足を「灯油免」「造営」として寄進、その一部は浦上宗助・宇喜多久家の寄進分かとも思われる（二一〜二三号）、f明応五年（一四九六）十二月、浦上則宗・芦田友興の連署で清平寺の等芳侍者に従前の段銭十貫文が安堵（二四号）。復興造営はeとfの間になされたものであるが、すでに明応五年四月に赤松政則は死去している。ここに、復興造営勧進の解釈の難しさがある。

（2）　明応五年（一四九六）備前国金岡県西大寺化縁疏幷序の成立

前述したように、明応年間の復興造営の趣旨を述べたのが「備前国金岡県西大寺化縁疏幷序」（以下、化縁疏幷序）である。これは備前西大寺文書に含まれる一方、天隠龍澤の『黙雲集』にも収められており、[20]天隠の作と見て間違いない。天隠は建仁寺大昌院の住持を務めたが、そもそも赤松氏一族の出身であったとも目されている。住持をつとめた大昌院には赤松政則が幼少期に身を寄せ、その養育には天隠も関わっていたようである。実際に政則のことばを借りるならば、「父・時勝の生前の事績を知っているものは、老臣たち以外に天隠しかいない」と言われる程であった[21]。

天隠自身は「母親が観音に祈念して誕生した」、「自身は清水寺観音の夢告によって出家した」という過去を三条西実隆に告白したことがある[22]。おそらく観音は、彼の生涯を通じた護持仏であったのだろう。さらに、天隠は延徳元年（一四八九）九月、大昌院に「観音像が突然出現した」という事件を演出し、後土御門天皇の勅額を下賜されたことがある[23]。これには、同時期に建立が進んでいた東山慈照寺の観音殿、すなわち銀閣の二階に置かれた観音像と同等の権威づけを、大昌院にも施そうとする意図があったようである[24]。以上からすると、天隠は当時、京都において観音信仰を語る禅僧として随一の存在であったと考えることができる。

化縁疏幷序の執筆の時期、天隠は赤松政則の危篤を播磨坂本に見舞っていた。その執筆は、天隠から政則に対する下火の法語にも匹敵するものと考えられる。一方、化縁疏幷序の奥書に見える「幹縁比丘」すなわち勧進主として、等芳侍者という僧侶がある。実のところ、彼は文明十七年（一四八五）六月、播磨国片島の戦いで死去した島津左京亮（赤松政則の家臣）の遺児であった[25]。この一族の家督を継いだと思われる人物は、備前西大寺文書においても「島津左京亮」として登場する（表1—三一号）。この等芳は、相国寺などで喝食を務め、亀泉集証・龍澤天隠とも知己であった。

明応四年（一四九五）五月、西方の集落からの類火を受け、備前西大寺の伽藍の多くが焼失する。翌年二月頃、赤松政則が危篤に陥り、それを旧来の知己である天隠龍澤が播磨に見舞っていた。備前西大寺の側では、最大の檀越である備前国守護の死去にあたり、新たな寄進の取り付けとともに、代替わり安堵を申請する必要があった。この時期、備前西大寺の別当である清平寺の実務は等芳侍者が担っており、その縁を利用して、彼は天隠龍澤に化縁疏幷序の執筆を依頼したと解釈することができる。

化縁疏幷序は、従前の永享十二年勧進状の内容を踏襲しているが、さらに付加された点も存在する。摘記すれば、a観音像の彫刻についての奇談（仏師による「見るな」のタブー）が増補されていること、b観音にまつわる奇瑞・故事が漢籍や仏典から多く引用されていること、c備前における文明十五年以降の事件（山名氏の侵攻など）について叙述されていること、などが挙げられる。a・bについては、天隠の素養によるところが大きいが、cについては「山名氏の家臣が西大寺の堂舎を破壊し、その材木で飯を炊こうとしたところ、飯がすべて青黴に変わった」と語られている。これは明らかに、赤松氏と対立する山名氏を指弾するものであり、その点では天隠からする赤松氏への迎合的な文飾であったと評価される。化縁疏幷序は、広く勧進を予定したものというよりも、明らかに赤松氏を読者に想定したものと考えざるを得ない。しかし、その当時、赤松政則は死去している訳であり、その読み手は、実質的最高権力者である洞松院尼および浦上則宗に限定せざるを得ないのではない

だろうか。(26)

結語

以上の考察をまとめておこう。

明応五年、赤松政則の危篤・死去という事態にのぞみ、備前西大寺の側では、堂舎造営の勧進と同時に、守護からの代替わり安堵の必要に迫られた。そこで、清平寺の等芳侍者がその人脈を利用し、赤松氏に近しく、かつ赤松政則の危篤を見舞いに播磨に来ていた天隠龍澤に化縁疏幷序の執筆を依頼した。天隠の観音信仰と備前西大寺の本尊への信仰は合致しており、天隠は内典や中国の故事をふんだんに引用するかたちで執筆を行なった。結果として、その内容は赤松政則の後家・洞松院尼や家臣の浦上氏にとっても満足のいく内容となった。それは実際に、安堵の取り付け、さらに寄進の取り付けの成功となって現れている。ことはすべて、赤松氏関係者の内部で処理されたように見える。勧進とは言いながら、その実態は、地域における最高権力者に依存する割合が高かった訳である。

この後、永正年間までに洞松院尼の権力が増大し、彼女への訴求の必要性が浮上する。永正本絵巻では明確に、かつ意図的に「藤原皆足の夫は備前国の『守護』である」と書き換えられている。現実の備前国守護が、読み手として想定されているのである。さらに、絵巻に何度も現れるのは皆足の方であり、これは赤松政則亡き後、養子の義村をおさえて家督権を代行した洞松院尼に、皆足の像を重ねあわせようとした操作と考えることができる。「歴代の備前国の主は、西大寺を保護し続けて来た」、「ここに見える皆足という女性は、洞松院尼の前世の姿なのだ」、「だから、洞松院尼もまた西大寺を援助すべきだ」と訴え、彼女からの保護を引き出したのではないだろうか。

勧進状を源流とする縁起は、その時々の地域最高権力者への訴求手段としての意義をもち、それは近世にも継承されていく。寛文本絵巻においては、初代藩主・小早川秀秋が西大寺の前の吉井川で漁を行なったため、その報いを受けて数年後に病死した、という挿話が語られている。これは明らかに、当時の藩主である池田氏に読ませるためのものと考えられる。これによって、池田氏は自己の支配の正当性を確認できた訳であり、この点で絵巻は、権力に対する訴求手段としての意義を持ち続けたと評価できよう。

寺社縁起は、史料の分類としては微妙な位置にある。編纂物であるという点では古典籍に分類されるであろうが、その源流には勧進状という古文書史料がある。古文書史料として見ると、宛所が無く、広く一般に向けたものであるとも考えられるが、実際には特定の権力者への訴求が予定されている。つまり、明記されないながらも、宛所は存在するのである。この点で、寺社縁起を古文書史料として分類する道も開かれるであろう。そして、寺社縁起と併存する同時期の古文書史料は、その考察において無視することはできない。それは、外部の権力との関係性という問題に関わる。「外部との関係によって文書が生じる」という点からすれば、寺社縁起だけを一つの作品として採りあげるのではなく、それを寺社文書群の中に位置づける姿勢が求められるのである。

注

（1）川崎剛志・苅米一志編著『備前国西大寺縁起絵巻』（就実大学吉備地方文化研究所、二〇一三年）。
（2）山口英男「文書と木簡」（石上英一編『日本の時代史三〇　歴史と素材』吉川弘文館、二〇〇四年）、同「正倉院文書の〈書類学〉」（『日本史研究』六四三、二〇一六年）。
（3）『岡山県古文書集』第一〜第四輯、『兵庫県史』史料編・中世一〜三、など参照。
（4）寺号の初見史料は「弘法寺文書」正安二年十一月二日の弘法寺本堂供養請定（『岡山県古文書集』三）。藤井駿『吉備地方史の研究』（法蔵館、一九七一年）、苅米「備前西大寺の古層」（『日本歴史』七四六号、二〇一〇年）など参照。領家側の文書の多くは「額安寺文書」として残され、さらに十四世紀以降は領家職の移動によって「二尊院文書」にも残されることになった。
（5）坂本「中世荘園と祈願寺」（『ヒストリア』一九八、二〇〇六年）。
（6）例えば、丸谷憲二は普門院の経蔵調査により、元禄七年の「真言律宗事」、文政十三年書写の「大黒天神法」を発見している。後者の奥書では同書が「興正菩薩御相伝秘訣」すなわち叡尊の口決であると言われている。なお学術論文ではないが、備前西大寺を詳しく扱ったものとして、同氏のウェブ・サイトを挙げておく。
「宝木伝説」http://mryanagi.hp.infoseek.co.jp/new_page_37.htm
（7）「南無阿弥陀仏作善集」（『兵庫県史』史料編・中世五など）。
（8）苅米「中世初期における備前国衙と天台寺院」（『吉備地方文化研究』二一、二〇一一年）。
（9）苅米「荘園社会における寺社と宗教構造」（同『荘園社会における宗教構造』校倉書房、二〇〇四年）。
（10）苅米・前掲注（4）。
（11）『大正新修大蔵経』四九、史伝部一。
（12）細川涼一『中世の律宗寺院と民衆』（吉川弘文館、一九八七年）など参照。
（13）苅米・前掲注（4）、同「地頭御家人における信仰の基本的特質」（『日本文化研究』一三、二〇〇二年）。
（14）在庁官人の近縁の女性が寺堂を建立することは、観音を本尊とする播磨清水寺の常行堂の例でも確認される。「清水寺文書」養和元年八月日清水寺住僧弁忠施入状（『兵庫県史』史料編・中世二）においては、法道仙人の建立から「五百余廻之星霜」を経たのち、「常行堂者、永久之比、貴女建立、帰寺之霊験、□□□勝形也、講堂者、諸檀越制造也」と記されている。清水寺は播磨国の在庁官人層が帰依する寺院であり、ここに言う「貴女」は彼らの近親者であったと考えるのが妥当であろう。
（15）原田正俊「播磨国における禅宗の発展」（同『日本中世の禅宗と社会』吉川弘文館、一九九八年）、今谷明「雪村友梅」（同『中世奇人列伝』草思社、二〇〇一年）。
（16）六道珍皇寺所蔵の赤松政則画像も、もと建仁寺大昌院の所蔵であった。京都国立博物館『京都最古の禅寺　建仁寺』（読売新聞大阪本社、二〇〇二年）。
（17）「雪村大和尚行道記」（『五山文学全集』第一巻）。
（18）「額安寺文書」応安七年九月十四日赤松義則遵行状。
（19）以降の記述は、渡邊大門『戦国期赤松氏の研究』（岩田書院、二〇一〇年）、同『中世後期の赤松氏』（日本史史料研究会、二〇一一年）、同『赤松氏五代』（ミネルヴァ書房、二〇一二年）などによる。
（20）玉村竹二編『五山文学新集』第五巻（東京大学出版会、一九七一年）。
（21）玉村竹二『五山禅僧伝記集成』（講談社、一九八三年）、苅米「明応五年備前国金岡県西大寺化縁疏幷序の成立」（『年報赤松氏研究』三、二〇一〇年）。
（22）『実隆公記』文明七年八月廿九日条。
（23）『実隆公記』延徳元年九月条。
（24）苅米・前掲注（21）、今田利輔「備前金岡西大寺と天隠龍澤」（同

『備前の禅宗』今田利輔刊、一九九九年）。

(25)『蔭凉軒日録』文明十六年六月四日条、同十九年正月廿八日条。

(26)今谷明「赤松政則後室　洞松院尼細川氏の研究」（同『室町時代政治史論』塙書房、二〇〇〇年）、小林基伸「浦上則宗論」（矢田俊文編『戦国期の権力と文書』高志書院、二〇〇四年）など参照。

※二〇一六年三月、就実大学吉備地方文化研究所より『吉備地方中世古文書集成（一）備前西大寺文書』が刊行されたことを付記しておく。

表1　備前西大寺（観音院）文書目録（～慶長）

仮番号	年月日	西暦	文書名	差出	宛所
1	観応二年十二月十九日	一三五一	権少僧都圓慶寄進状	権少僧都圓慶	無
2	貞治五年九月十五日	一三六六	地頭平実宗寄進状	地頭平実宗	無
3	応安五年六月十七日	一三七二	法印円慶寄進状（案）	法印圓慶	無
4	文安二年十二月二十四日	一四四五	中村清覚寄進状	中村清覚	無
5	卯月三日		赤松政則書状	政則	西大寺別当清平寺
6	応仁元年九月十八日	一四六七	浦上則宗・阿閉重能連署奉書	重能・則宗	西大寺住持元秀禅師
7	応仁元年九月十八日	一四六七	浦上則宗・阿閉重能連署奉書	重能・則宗	松田遠江入道殿
8	応仁元十一月二十四日	一四六七	松田遠江入道藤栄渡状	遠江藤栄	西大寺別当坊
9	応仁元年十二月九日	一四六七	浦上則宗・阿閉重能連署奉書	重能・則宗	松田遠江入道殿
10	応仁三年二月二十八日	一四六九	浦上則宗・阿閉重能連署奉書	重能・則宗	西大寺別当坊
11	応仁三年二月二十八日	一四六九	浦上則宗・阿閉重能連署奉書	重能・則宗	松田遠江入道殿　浦上六郎左衛門尉殿
12	応仁三年卯月十六日	一四六九	浦上則宗・阿閉重能連署奉書	重能・則宗	浦上六郎左衛門尉殿　松田遠江入道殿
13	応仁三年四月二十二日	一四六九	浦上基景渡状	基景	西大寺別当　清平寺
14	文明元年五月十六日	一四六九	宇喜多宝昌寄進状	宇喜多五郎右衛門入道沙弥宝昌	無
15	文明二年四月七日	一四七〇	浦上則宗・阿閉重能連署奉書	重能・則宗	浦上六郎左衛門尉殿　松田遠江入道殿
16	文明二年五月七日	一四七〇	浦上基景渡状	基景	嶋村弾正左衛門殿

※網掛けは「成光寺文書」として巻子本七通に仕立てられている。

17	文明二年五月十九日	一四七〇	（嶋村）秀久渡状	秀久	宇喜多修理進殿
18	文明二年五月二十二日	一四七〇	宇喜多宗家渡状	宇喜多修理進宗家	西大寺別当　清平寺　侍者　御中
19	卯月十一日		浦上則宗書状	則宗	浦上六郎左衛門尉殿　かしく
20	文明八年十一月二十八日	一四七六	浦上則宗書状	則宗	久志良次郎兵衛殿
21	延徳四年七月二十五日	一四九〇	宇喜多久家寄進状	宇喜多蔵人佐久家	西大寺別当　御房
22	延徳四年七月二十五日	一四九〇	浦上宗助寄進状	浦上三郎四郎宗助	西大寺別当御房
23	延徳四年七月二十五日	一四九〇	浦上宗助判物	宗助	宇喜多二郎三郎殿
24	明応五年十二月十一日	一四九六	浦上則宗・芦田友興連署奉書	友興・則宗	当寺別当坊　等芳侍者
25	十二月二日		浦上則宗書状	則宗	浦上近江守殿　嶋村越中守入道殿
26	文亀元年十月十一日	一五〇一	浦上則宗・芦田友興連署奉書	友興・則宗	中村左衛門大夫殿　大河原　殿
27	永正八年九月吉日	一五一一	寺内家吉寄進状	寺内修理亮家吉	西大寺浄光院
28	永正十四年九月二十六日	一五一七	浦上宗久判物	宗久	瑞潮喝食
29	永正十四年十月九日	一五一七	浦上村宗判物	村宗	瑞潮喝食
30	三月七日		浦上村宗判物	村宗	別当坊
31	永正十五年四月十三日	一五一八	嶋津泰忠書状	嶋津左京亮泰忠	清平寺
32	永正十六年四月二十七日	一五一九	浦上宗久判物	宗久	清平寺納所
33	大永三年十一月五日	一五二三	宇喜多能家畠地沽券	宇喜多平左衛門能家	成光寺侍従公江
34	三月一日		赤松晴政書状	晴政	西大寺別当
35	天文二年七月十二日	一五三三	浦上国秀奉書	國秀	清平寺
36	天文十四年六月二十八日	一五四五	浦上政宗判物	政宗	清平寺住持
37	天文二十三年二月二十日	一五五四	浦上政宗判物	政宗	清平寺住持　隣侍者
38	天文二十三年二月二十日	一五五四	浦上政宗判物	政宗	清平寺侍者御中
39	弘治三年二月四日	一五五七	宇喜多直家判物	宇喜多三郎左衛門尉直家	清平寺　まいる　尊下

40	八月四日		(宇喜多カ)延家書状写	延家	満藤殿　竹原殿
41	六月三日		宇喜多直家書状	三郎右衛門尉直家	広谷寺伊国御中
42	十一月二日		宇喜多秀家書状	中納言秀家	西大寺　寺中
43	文禄四年十月二十六日	一五九五	西大寺衆中請取証文	西大寺衆中	伊藤四郎右衛門殿
44	文禄四年十一月十六日	一五九五	(宇喜多秀家)判物写	無	金山遍照院
45	文禄四年十二月吉日	一五九五	宇喜多秀家黒印状	黒印(豊臣秀家)	長田右衛門丞とのへ
46	(文禄五年)四月二十八日	一五九六	伊藤成正書状	い四郎右成正	観■■(音坊)人々　まいる
47	十月二十六日		浦上元宗書状	元宗	観音坊様
48	四月十九日		法印圓智書状	法印圓智	西大寺観音坊　まいる
49	四月二十二日		西大寺観音坊慶■書状	西大寺観音坊慶(ママ)	遍照院　御尊報
50	四月二十三日		光藤久作書状	光藤久作	観音坊様　御返報
51	慶長四年四月十五日	一五九九	宇喜多秀家寄進状	花押(宇喜多秀家)	西大寺圓蔵坊
52	四月十七日		浮田太郎左衛門尉書状(添状)	浮田太郎左衛門尉吉(ママ)	西大寺圓蔵坊
53	四月二十六日		遍照院圓智書状	遍照院圓智	西大寺圓蔵坊　まいる　御同宿中
54	慶長五年十二月二十五日	一六〇〇	宮路長兵衛書状	宮路長兵衛　■	観音坊
55-1	慶長六年六月五日	一六〇一	稲葉内匠頭・杉原紀伊守連署奉書	稲葉内匠頭　杉原紀伊守	西大寺観音坊
55-2	慶長六年六月五日	一六〇一	稲葉内匠頭・杉原紀伊守連署奉書写	稲葉内匠頭　杉原紀伊守	西大寺観音坊
56	四月九日		稲葉直政・杉原重政連署奉書	稲葉内匠頭直政　杉原紀伊守重政	西大寺観音坊
57	九月十日		番久三郎	番久三郎	新次兵殿　矢善兵衛殿　御報
58	十二月十七日		賀須屋分右衛門尉書状写	賀分右	西大寺中
59	十一月二十八日		荒尾内匠成利書状	荒内匠成利	那須金左衛門殿　八田傳十郎殿
60	慶長九年三月五日	一六〇四	岡山藩禁制写	荒尾平左衛門	無
61	二月十八日		岡山藩禁制	橋尾夫兵衛直良　本地左門重定	観音坊殿

62	九月晦日		山本又兵衛書状	山本又兵衛	観音坊殿　まいる
63	慶（ママ）十七年二月九日	一六一二	安藤半三郎書状（写カ）	安藤半三郎	観音坊

表2　「成光寺文書」の復元とその目録

仮番号	年月日	西暦	文書名（仮）	備考	寄進田畠面積	用途
1	観応元年四月十六日	一三五〇	藤原清重寄進状	表1―仮番号13、法印圓慶寄進状案に引用	二段二十代	成光寺灯油畠
2	観応元年十二月十五日	一三五〇	地頭藤原知蓮寄進状	表1―仮番号13、法印圓慶寄進状案に引用	四段	権現灯油
3	観応二年五月二十日	一三五一	地頭藤原知蓮寄進状	表1―仮番号13、法印圓慶寄進状案に引用	一段三十五代	当寺灯油田
4	観応二年十二月十九日	一三五一	権少僧都圓慶寄進状	巻子本の⑥	①二段三十代、②一段二十代、③一段三十五代、④二段四十代、⑤一段五代、⑥一段二十代	二季彼岸・七月十五日来迎
5	観応三年六月二十六日	一三五二	地頭藤原知蓮寄進状	表1―仮番号13、法印圓慶寄進状案に引用	一段	当寺来迎免
6	文和二年二月十八日	一三五三	実俊寄進状	表1―仮番号13、法印圓慶寄進状案に引用	一段三十代	当寺来迎免
7	貞治五年九月十五日	一三六六	地頭平実宗寄進状	巻子本の①。表1―仮番号13、法印圓慶寄進状案に引用	一段	当寺灯油田
8	応安四年五月八日	一三七一	地頭平実宗寄進状	表1―仮番号13、法印圓慶寄進状案に引用	二段二十代	荒鍬権現灯油田
9	応安四年五月十六日	一三七一	沙弥静慧寄進状	表1―仮番号13、法印圓慶寄進状案に引用	二十代	
10	応安四年六月二十五日	一三七一	地頭平実宗寄進状	表1―仮番号13、法印圓慶寄進状案に引用	二段五代	荒鍬権現御戸開
11	応安四年十二月十三日	一三七一	沙弥清原寄進状	表1―仮番号13、法印圓慶寄進状案に引用	四十代	
12	？	？	法印圓慶寄進状？	表1―仮番号13、法印圓慶寄進状案に引用	三段四十代	来迎仏装束等料
13	応安五年六月十七日	一三七二	法印圓慶寄進状	巻子本の⑦	計二町四段三十代	成光寺・當寺中権現

14	永和元年十一月十五日	一三七五	地頭沙弥道久寄進状	原本見当たらず。『岡山県古文書集』第三輯にも「原本見當ラズ。故に『岡山市史』所載の写真版及ビ『黄薇古簡集』ニヨツテ、コレヲ補ウ」とする。	三段十代	権現灯油田
15	永享十年八月日	一四三八	代官芝原中務入道玄高寄進状	原本見当たらず。『岡山県古文書集』第三輯にも「原本見當ラズ。故に『岡山市史』所載の写真版及ビ『黄薇古簡集』ニヨツテ、コレヲ補ウ」とする。	二十五代	
16	文安二年十二月二十四日	一四四五	中村清覚寄進状	巻子本の②	一段	
17	文明元年五月十六日	一四六九	宇喜多宝昌寄進状	巻子本の③	三段四十代	（来迎会）
18	永正八年九月吉日	一五一一	寺内家吉寄進状	巻子本の④	一段	御供
19	大永三年十一月五日	一五二三	宇喜多能家畠地沽券	巻子本の⑤	三十代	

（就実大学人文科学部教授）

備前国西大寺における縁起絵巻群の形成と保持

川崎剛志

はじめに

本稿の課題は、備前国西大寺に伝存する縁起絵巻と縁起目録との関係を整理した上で、岡山藩政下における西大寺縁起絵巻群の形成と保持の跡をたどることである。

岡山県岡山市東区にある西大寺観音院には、永正本二軸（折本二帖に改装）、寛文本一軸（折本一帖に改装）、延宝本一軸、貞享本二軸（永正本の写し）、享保本一軸、計五点七軸の縁起絵巻が蔵せられており、そのうち永正本二帖と寛文本一帖が岡山県の重要文化財に指定され、岡山県立博物館に寄託されている。また同博物館に寄託されている西大寺文書のなかには四点の縁起目録が蔵せられており、縁起絵巻群の掉尾を飾る享保本制作前後の縁起の書目と分類を確認できる。

縁起絵巻五点とその関連資料については、早く『岡山県古文書集』第三輯「備前西大寺文書」[1]に翻刻されている。その学恩に浴しつつ、私どもは改めて原本調査を行い、永正本・寛文本のカラー影印を含む『備前国西大寺縁起絵巻』[2]を刊行したが、その後、西大寺文書のなかに『岡山県古文書集』所収の縁起目録一点とは別に縁起目録が三点現存することが判明したため、標記の課題について再検討する次第である。なお本稿で引く文書類には岡山県立博物館で作成された目録の「資料番号」を付し、『岡山県古文書集』（岡古集）所収の有無を添える。

現在のように観音院の院主が西大寺の住持をつとめるようになるのは、中世から近世に移る時期であった。岡山藩政下、歴代の住持は、明応四年（一四九五）焼亡後の再建成就を機に制作された永正本を保持し、それを材に勧進を行っていたが、寛文期以降、時々の修造事業や縁起披見を機に、永正本の続篇や写しが藩士から奉納され、あるいは自ら制作した。

一　縁起絵巻と勧進状

まず、西大寺観音院所蔵の縁起絵巻五点七軸の概要と制作事情を述べる。詳細については前記の『備前国西大寺縁起絵巻』解説を参照されたい。

【絵巻A】永正本絵巻　二軸（岡古集七六）

〔概要〕藤原皆足による本尊千手観音の造立、安隆上人による西大寺の創建と、その後の修造と霊験の歴史を示す。明応四年（一四九五）の焼失の件と再建に尽力した十穀聖[3]の忠阿への讃嘆で結ぶ。

〔制作〕巻末の詞に永正四年（一五〇七）に記したとあることから、再建の成就を機に制作されたと推定される。但し現状が、後述の【絵巻D】奥書の記事と齟齬することから、現存本は江戸前期の転写とみられる。

【絵巻B】寛文本絵巻　一軸　（岡古集七七）

〔概要〕永正本の続篇。永正本以後の修造と霊験の歴史を示す。寛永二年（一六二五）、別当秀音上人による再興の件で結ぶ。

〔制作〕奥書に、寛文元年（一六六一）辛寅十一月十八日、永正本を披見した岡山藩士「菅原良真」が料紙を提供し、同「平亮綱」が、古老の説を記した西大寺住持典翁の私記に拠り、永正以後の霊験を「書之描之」、奉納した旨を記す。

【絵巻C】延宝本絵巻　一軸　（岡古集七八）

〔概要〕永正本の続編。永正本以後の修造と霊験の歴史を示す。延宝六年（一六七八）、三重塔建立の件で結ぶ。

〔制作〕巻頭の詞に、典翁上人が、古老の説と自らの見聞に拠り、永正以後、延宝六年までの霊験を記したとあり、巻末の詞もそれに符合することから、三重塔建立を機に制作されたと推定される。寛文本を参照したとみえ、各段の概略が相通じ、特に絵はよく似るが、段落を前後させ、寛文以後の事件を加えるなど、詞は大幅に補訂している。特に修正会の由来を長谷寺の儀式から東大寺の儀式に改めた点が注意される。[4]なお、元禄十三年（一七〇〇）から十七年にかけて岡山藩士石丸平七郎定良の編集した地誌『備陽記』には、延宝本に拠ったと推定される記事があり、享受の一端が窺われる。[5]

【絵巻D】貞享本絵巻　二軸　（岡古集七九）

〔概要〕永正本の写し。詞は文字遣いが異なる程度だが、絵は細部が異なる。

〔制作〕奥書に、貞享五年（一六八八）、伊木忠虎が閲覧過多による永正本の摩耗を憂い、その写しを制作、奉納したとある。これによって、貞享五年まで永正本が閲覧に供されていたことが確認できるが、奥書の「紙已支離、字漸磨滅」といった記述は【絵巻A】の良好な現状と齟齬する。

【絵巻E】享保本絵巻　一軸　（岡古集八〇）

〔概要〕延宝本の続篇。典翁から当代の雲翁にいたる西大寺住持の系譜と当代における修造と霊験を示す。享保五年（一七二〇）の四天王像新造、此年（未詳）の本尊開帳と曼供の大会の件で結ぶ。

〔制作〕巻頭の詞に、延宝本を制作した典翁と同じ志で作るとある。巻末の件を機に制作されたと推定される。

一見すると、これらの絵巻が順次制作され、西大寺観音院に蓄積されたかのように映るが、現存本の状態をみるといくつか気になる点がある。

1　【絵巻B】寛文本も、【絵巻C】延宝本も、【絵巻A】永正本の続篇として制作されている。

2　【絵巻C】延宝本と【絵巻E】享保本は、制作時期が隔たっているにもかかわらず装丁が同じで、詞の料紙と筆跡も同じである。

3　【絵巻D】貞享本（永正本の写し）及び【絵巻C】延宝本・【絵巻E】享保本の表紙に後補された貼紙には、「共ニ四軸之内／当山本縁起第一（第二、第三、第四）ノ分」という共通の記述がみえる。

4　【絵巻B】寛文本の奥書には岡山藩士が書画し奉納した由が、【絵巻D】貞享本の奥書には家老の伊木忠虎が奉納した由がそれぞれ記されているが、【絵巻C】延宝本と【絵巻E】享保本には奥書がなく、その点は未詳である。

これら縁起絵巻とは別に、西大寺観音院には【絵巻A】永正本を遡る時期に作成された勧進状二点が蔵せられており（現存本は転写か）、いずれも本尊千手観音の造立と西大寺創建の由来の記事を含む。

「備前国西大寺勧進帳」一軸　（資料番号七六、岡古集七四）

永享十二年（一四四〇）、宥長が瓦葺のため施を募る。

「備前国西大寺化縁疏幷序」一軸　（資料番号七七、岡古集七五）

明応五年（一四九六）、等芳が前年焼失した堂塔再建のため施を募る。

右のうち、後者は南禅寺の高僧、天隠龍沢の作文であり、[6] 再建の成就を機にこれに依拠して【絵巻A】永正本が制作されたとみられる。[7]

二　縁起目録

次に、西大寺観音院所蔵の縁起目録四点を、作成時期の古い順に示す。

【目録一】「縁起目録」（資料番号一二一、岡古集なし）

奉書紙、縦三三・八糎、横四六・一糎。折紙。西大寺住持泰翁から岡山藩寺社奉行門田市郎兵衛（宝永五年（一七〇八）閏正月～享保十年（一七二五）七月、在任。「諸職交代」[8] に拠る）に宛てた文書。【絵巻D】貞享本まで「新古当寺縁起、都七巻」を、弟子の諦圓に持参させる旨を記す。【絵巻E】享保本によると、泰翁は、【絵巻B・C】寛文本・延宝本制作時の住持典翁の次代の住持で、正徳三年（一七一三）寂という。

目録

一、漢文古縁起一巻

嵯峨天龍寺天隠和尚文筆

一、和文絵縁起上下二巻

文筆ハ公家衆、絵ハ土佐ト申伝候。

一、漢文新縁起一巻

一、和文新絵縁起二巻

一、和文続絵縁起一巻

岡部長左衛門書画

右、当寺新古縁起、都七巻

箱入、弟子諦圓ニ為持進上仕候

以上

西大寺

正月十七日　観音院

泰翁（花押）

門田市郎兵衛殿

【目録二】「西大寺縁起目録」（資料番号七八、岡古集八一）

奉書紙、縦三五・七糎、横四九・二糎。折紙。西大寺住持雲翁から岡山藩寺社奉行廣沢喜之介（享保十三年（一七二八）五月～寛延元年（一七四八）七月、在任。「諸職交代」に拠る）に宛てた文書。上記在任期間に照らすと、「子」年は享保十七年（一七三二）壬子または延享元年（一七四四）甲子。【絵巻E】享保本まで「当寺新古縁起、都八巻」を、弟子の圓爾に持参させる旨を記す。雲翁は享保本制作時の住持で、同本によると、典翁、泰翁、常映の後継とある。なお、「和文新縁起」の文筆の烏丸光栄は享保九年（一七二四）に大納言に補せられているが、染筆当時の官名で記されている（後述）。

目録

一、漢《根本》文古縁起　一巻

嵯峨天龍寺天隠和尚文筆

一、和文絵入縁起上下　二巻

文筆ハ公家方、絵ハ土佐ト申伝候。

一、和文新縁起上　一巻

文筆ハ烏丸中納言光栄卿

絵ハ　岡部長左衛門

一、同　下ノ巻

文筆ハ烏丸中納言卿、右同断

絵ハ木下修理太夫

右五巻、箱ニ入

一、漢文写縁起　一巻

一、和文写縁起上下　二巻

已上三巻、箱ニ入

右、伊木清兵衛殿御寄進　』

右、当寺新古縁起、都八巻、弐箱ニ入、弟子圓而ニ為持進上仕候已上。

西大寺住持

観音院

雲翁（花押）

子三月二日

廣沢喜之介殿

【目録三】「目録」（資料番号一二四、岡古集なし）

奉書紙、縦三九・二糎、横五三・〇糎。折紙。縁起「目録」と「寄附状」目録を上下段に収めた記録。縁起「目録」に「漢文古勧進帳」が加わることから、【目録二】よりも作成時期が降ると推定される。「続和文縁起」の文筆の烏丸光栄の官名が、極官の内大臣ではなく大納言と記されている点に注目すると、光栄の没する延享五年（一七四八）以前の可能性が高い。なお、「寄附状」目録と関連する資料に、四十九通の古状を書き上げた「古状目録」（資料番号

一二九、岡古集なし）二点（同一内容）がある。

目録
一、漢文古縁起　一軸
　嵯峨天龍寺天隠和上文筆
一、和文古縁起　二軸
　文筆公家方、絵土佐
一、漢文古勧進帳　一軸
　宥長法印筆
右、古縁起四軸　一箱
一、漢文写縁起　一軸
一、和文写縁起　二軸
右、三軸写、伊木氏忠虎公奇進
一、続和文縁起　二軸
　文筆烏丸大納言光栄卿
　絵一軸者木下修理太夫、一軸
　当御家中、岡部長左衛門
右、五軸、一箇　』

寄附状
一、赤松家従三品政則已下　数通
一、宇喜多直家公已下　数通
一、羽柴中納言公御折紙等　数通
一、因幡御代々御下知状等　数通
一、照政公観音堂屋敷
　御免状
　已上　五十一通
一、当御代々御折紙
一、代々御禁札

【目録四】「縁起目録」（資料番号一二三、岡古集なし）

楮紙、縦二九・〇糎、横四二・五糎。【目録三】の「古縁起」三点に「境内四至傍至之図」を加えた記録。同図は元亨二年（一三二二）頃の作成とされる「西大寺観音院境内古図」[9]（岡古集七三）に同定できる。【縁起C】延宝本に「此寺の界内にむかし宝塔ありと、地の図にみえたり」とあるのも同図と推定され、古縁起、古文書とともに西大寺の由緒の証しとして取り扱われていたことがわかる。

漢文縁起　一軸
和文縁起　二軸
漢文縁起　一軸
　右四巻
外
　境内四至傍至之図

以上、【目録一】は西大寺住持泰翁が岡山藩寺社奉行に縁起群を差し出した時の目録で、作成時期は宝永五年（一七〇八）～正徳三年（一七一三）に絞られる。【目録二】は泰翁の次々代の住持、雲翁が同じく寺社奉行に縁起群を差し出した時の目録で、作成時期は享保十七年（一七三二）または延享元年（一七四四）と推定される。【目録三】【目録四】はそれ以後に作成されたと推察され、【目録三】が縁起と主な文書の総目録であるのに対して、【目録四】は古縁起と古絵図のみの目録となっている。

三　絵巻群の保持と体系化

さて、現存の縁起絵巻と縁起目録の関係を整理すると、別表の通りである。これによって、かつて西大寺で制作、保持された縁起群がほぼそのまま伝存することが確認できるほか、それらが寺院内でどのように取り扱われ、分類、体系化されたのかを、以下のようにたどることができる。

1　目録ごとに呼称が異なるが、縁起群は概ね〈古縁起〉〈写縁起〉〈続縁起〉に分類されている。そして【目録三】からそれらが、備前国の守護、大名、岡山藩主らから下された寄附状等とともに、西大寺の由緒の証しとして取り扱われたことがわかる。

また、〈写縁起〉〈続縁起〉に後補された貼紙「当山本縁起」、及び【目録三】の「古縁起四軸　一箱」という記事から、ある時期以降、〈古縁起〉が別置され、〈写縁起〉〈続縁起〉が「当山本縁起」四軸として取り扱われたと推定される。

別表　目録と現存本との関係（＊○数字は掲載順）

目録一	目録二	目録三	目録四	現存本
①漢文古縁起一巻	①漢文古縁起一巻	①漢文古縁起一軸	①漢文縁起一軸	化縁疏幷序
②和文絵縁起上下二巻	②和文絵入縁起上下二巻	②和文古縁起二軸	②和文縁起二軸	永正本絵巻（転写本か）
		③漢文古勧進帳一軸	③漢文縁起一軸	勧進帳
				寛文本絵巻
③漢文新縁起一巻	⑤漢文写縁起一巻	④漢文写縁起一軸		（現存せず）
④和文新縁起二巻	⑥和文写縁起上下二巻	⑤和文写縁起二軸		貞享本絵巻
⑤和文続絵縁起一巻	③和文新縁起上一巻	⑥続和文縁起二軸		延宝本絵巻
	④同下ノ巻			享保本絵巻
			境内四至傍至之図	境内古図
箱の記述なし	①～④一箱、⑤⑥一箱	①～③一箱、④～⑥一笥	箱の記述なし	

2 〈古縁起〉は漢文と和文の縁起から成る。漢文の古縁起は「備前国西大寺化縁疏幷序」（明応五年）、和文の古縁起は【絵巻A】永正本（またはその原本）にそれぞれ同定できる。「嵯峨天龍寺天隠和尚文筆」の漢文の古縁起が縁起群の筆頭に置かれ、【目録二】では「根本」と称される。なお「備前国西大寺勧進帳」（永享十二年）が〈古縁起〉に加えられたのは【目録三】以降である。

3 〈写縁起〉は漢文と和文の〈古縁起〉の写しで、岡山藩家老の伊木忠虎の寄進。漢文の写縁起は現存せず、和文の写縁起は【絵巻D】貞享本に同定できる。

4 〈続縁起〉は【目録一】では一軸、【目録二】以降、二軸から成る。【絵巻C】延宝本と【絵巻E】享保本に同定できる。延宝本の依拠した【縁起B】寛文本は目録に収められていない。両目録の注記をみると、【目録一】に延宝本は「岡部長左衛門書畫」、【目録二】に延宝本は「文筆ハ烏丸中納言光栄卿。絵ハ岡部長左衛門」、享保本は「文筆ハ烏丸中納言、右同断。絵ハ木下修理大夫」とある。延宝本の文筆について両目録の間で異同のある点が注目される。木下修理大夫は未詳。

右のうち4について補足すると、【絵巻C】延宝本と【絵巻E】享保本が同じ装丁で、詞の料紙と筆跡が一致する状態は、【目録一】の注記ではなく、両軸の文筆をともに「烏丸中納言光栄」とする【目録二】の注記と符合する。烏丸光栄が〈続縁起〉両軸の詞を染筆したことは「倉橋主馬書状」（資料番号七九、岡古集八二）により裏付けられる。すなわち、享保本を制作した西大寺住持の雲翁に宛てた、十月廿一日付の同文書に、「貴院縁起両巻」「染翰」の礼に「閑谷陶器一箱」を送られて「中納言殿」（烏丸光栄）が「満悦」である旨が記されている。烏丸光栄（一六八九～一七四八）は、歌道で著名な名家、烏丸家の家督を継ぎ、正二位権大納言を経て、亡くなる直前に内大臣に補せられた。霊元院歌壇の中心的な歌人として知られる。[10]「倉橋主馬書状」に年号はないが、光栄の任官歴、すなわち享保七年（一七二二）四月十四日に権中納言任、享保九年（一七二四）閏四月廿一日に権大納言任（『公卿補任』）に照らすと、享保七年か、八年の十月廿一日に絞ることができ、それは享保本の制作時期とも符合する。

このことを踏まえて〈続縁起〉の形成過程を考えると、延宝本は本来、岡山藩士の岡部長左衛門が詞を「書」き、絵を「画」いた絵巻であったが、住持雲翁は既存の延宝本と新作の享保本の「両巻」の詞の染筆を烏丸光栄に依頼し、延宝本の詞を差し替えた上で、僚巻の如く装丁した。それが現存の【絵巻C】延宝本と【絵巻E】享保本であったと推定される。そして、このことによって、岡山藩政下で制作された【絵巻B】寛文本から【絵巻D】貞享本まですべてに藩士が関与したことが確定するのである。

以上から、岡山藩政下における西大寺縁起絵巻群の形成と保持の跡をまとめる。

寛文元年（一六六一）
　岡山藩士、平亮綱らが、永正本の閲覧を機に続篇を企画し、住持典翁の私記に拠って続篇を書画、奉納する。→【絵巻B】寛文本

延宝六年（一六七八）頃

住持典翁が、三重塔建立を機に、同年までの事跡を収める続篇を企画し、寛文本を増訂して制作する。岡山藩士、岡部長左衛門の書画。
↓原延宝本

貞享五年（一六八八）
岡山藩家老、伊木忠虎が、「化縁疏幷序」と永正本の摩耗を憂い、両本の写しを制作、奉納する。↓（漢文）散逸、（和文）【縁起D】貞享本

宝永五年（一七〇八）～正徳三年（一七一三）頃
住持泰翁が寺社奉行に【目録一】とともに縁起群を差し出す。

享保五年（一七二〇）頃　住持雲翁が、四天王像造立・本尊開帳等を機に、原延宝本の続篇を企てる。原延宝本の詞も差し替えて新作ともども烏丸光栄筆とし、僚巻の如く装丁する。↓【絵巻C・E】延宝本・享保本

享保十七年（一七三二）または延享元年（一七四四）
住持雲翁が寺社奉行に【目録二】とともに縁起群を差し出す。

延享五年（一七四八）以前か
縁起と文書を一括した【目録三】を作成する。

未詳
〈古縁起〉に〈古図〉を付した【目録四】を作成する。

このように、江戸時代における西大寺の縁起絵巻の制作・整備事業は、寛文元年（一六六一）、住持典翁の代から、享保五年（一七二〇）、住持雲翁の代まで、約六十年間に集中しており、以後、それらが目録とともに厳重に保持され現在に至ったのである。

四　岡山藩士の関与と公家の染筆

これまでの検証から、【絵巻A】永正本を継承した観音院において、寛文期以降、岡山藩士の書画あるいは奉納によって続篇と写しが蓄積されたこと、享保期、住持雲翁によって京の公家の染筆による続篇二軸が仕立てられたことが判明した。この両点について、いくらか考証を加える。

まず、岡山藩士の関与について述べる。【絵巻B】寛文本を書画した「平亮綱」は伝未詳だが、奥書によると「東士」で、寛文元年（一六六一）当時「五十有余歳」とみえる。なお、後述の岡部長左衛門とは、年齢が重なり、江戸から岡山へ移った点も類似するが、それ以上の関係はわからない。

【絵巻C】の原延宝本を書画した岡部長左衛門は、延宝六年（一六七八）十一月から同八年（一六八〇）十二月まで大組組頭を務め、同年に没している（「諸職交代」に拠る）。『岡山藩家中諸士家譜五音寄』（寛文九年、一六六九）[11]に「浮組鉄砲引廻、岡部長左衛門、高三百石、寛文九酉、六十歳」とみえ、「承応三年（一六五四）午ノ三月七日、於江戸、被為召出。同所ニ七年相詰、其後、御国江引移候」とあることから、江戸で扶持され、寛文頃、岡山に移された経歴もわかる。なお岡山藩の家臣団の職制は、家老、番頭、物頭、頭分、組頭、平士、士鉄砲、徒、軽輩、足軽から成っていた[12]。

【絵巻D】貞享本を奉納した伊木忠虎（忠親、一六五二～一七〇四）は、

邑久郡の虫明に陣屋を構えた岡山藩家老伊木忠貞の子として生まれ、寛文十二年（一六七二）、忠貞の没後、家督を継いで家老となり、元禄十四年（一七〇一）十二月まで務めた。知行三万三千石。[13] 同じ藩士の関与とはいえ、前の続篇の書画とは一線を画す、おおがかりな事業であったと推察される。

次に、住持雲翁による続篇の整備について述べる。【絵巻C】の改編と【絵巻E】の制作に藩士らがどの程度関与したかは未詳だが、続篇に烏丸光栄の筆を求めた雲翁の意図を探ると、「文筆ハ公家方、絵ハ土佐ト申伝候」（【目録一・二】）と伝えられてきた〈古縁起〉の永正本を継ぐに相応しく、〈続縁起〉を荘厳するためであったと推察され、そうした雲翁の意は、自身が寺社奉行に差し出した縁起目録にも如実に表れている。すなわち、泰翁提出の【目録一】では〈古縁起〉〈写縁起〉〈続縁起〉の順に記されていたのが、雲翁提出の【目録二】では〈古縁起〉〈続縁起〉〈写縁起〉の順に改められ、しかも〈古縁起〉〈続縁起〉がひとつ箱に収められたのである。ちなみに【目録三】では再び【目録一】と同じ順に記され、〈古縁起〉のみがひとつ箱に収められている。

加えて、〈続縁起〉の荘厳がそれのみで完結していたのではなく、雲翁の修造事業の企図とも密接に関わっていたことが、「雲翁覚書」（整理番号九三、岡古集なし。楮紙、縦一八・〇糎、横一七・〇糎）から窺われる。覚書の本文は以下の通りで、①②の記事は【絵巻C】延宝本に拠り、③の記事は【絵巻E】享保本の巻末と同じ内容となっている。

①　慶秀上人　廿八部衆安置
　　楼門并両金剛安置
　　天文三年歟
②南都実忠和上、と率天ニ神遊
　四十九院巡礼、常念観音院といふ
　一院、聖衆来光行玉フ法界
　東大寺二月堂ノ修正会、是也。
③四天王ノ像　享保五年
　　　　　　　　雲翁

それぞれが依拠したと考えられる本文は以下の通りである。

①また慶秀上人、追造の志をはけまし、本堂は瓦をもてあらためふき、そのほか壇上の荘厳仏具など、かたのことくまうけをけり。しかのみならす、二十八部衆の脇士をそなへ、楼門を建立し両金剛を安置しける（【絵巻C】第二段）

②夫、修正の法は、むかし南都の実忠和尚、都率天に神遊し、四十九院を巡礼しけるに、常念観音院と号する一院あり。聖衆来光して、をこなひ給ふ。（【絵巻C】第三段）

③同（享保）五年庚子、あらたに四天王の像をつくりて、これを脇士にそなへ（【絵巻E】第七段）

右の①と③はいずれも本尊千手観音の脇士の造像の記事である。この覚書が【絵巻E】の前か後かは未詳だが、いずれにせよ、雲翁が【絵巻C】を踏まえて、慶秀の造像事業を継ぐものとして自身の四天王造像を企図し、その成就を【絵巻E】の巻末に記録したと推断されるのである。

おわりに

現存の縁起絵巻と縁起目録を照合した結果、一部に転写を含むとはいえ、岡山藩政下、西大寺観音院に蓄積された縁起絵巻群の全容がほぼそのまま伝存していることが確認できた。その上で、その形成と保持について以下のことが判明した。

1　前代から継承された永正本は、岡山藩政下でも西大寺の由緒の証しとして重く用いられ、勧進の材に供された。貞享期、家老伊木忠虎によって漢和の〈写縁起〉が奉納されて後は、「化縁疏幷序」と併せて〈古縁起〉となるが、由緒の証しとしての機能は堅持された。

2　寛文期以降、岡山藩士の書画による〈続縁起〉が制作、奉納されたが、享保期、住持雲翁によってこれが増補、改装され、〈古縁起〉を継ぐにふさわしく荘厳された。しかもそれは、修造事業の企図と密接に関わっていた。

3　縁起絵巻群の制作は住持雲翁の代で終わるが、〈古縁起〉〈写縁起〉〈続縁起〉から成る縁起群は体系的に保持され、文書、絵図とともに、西大寺の由緒の証しとして機能し続けた。なかでも、〈写縁起〉〈続縁起〉は「当山本縁起」四軸として衆目に触れ、長年にわたり勧進事業を支えたと推測される。

このように、岡山藩政下、藩士の信仰と支援を受けて進められた西大寺縁起絵巻の制作・整備は、享保期に、公家染筆の詞をもつ和文の〈古縁起〉に準じて、烏丸光栄染筆の詞をもつ和文の〈続縁起〉が仕立てられたところで結ばれるが、以後、それらが保持されるなかで〈古縁起〉〈写縁起〉〈続縁起〉に体系化され、寺宝として、また修造事業の勧進の材として、西大寺の信仰を支え続けたのであった。

注

（1）藤井駿・水野恭一郎編『岡山県古文書集』第三輯（山陽図書出版、一九五六、思文閣出版、一九八一）。

（2）川崎剛志・苅米一志・土井通弘編『備前国西大寺縁起絵巻』（就実大学吉備地方文化研究所、二〇一三）。

（3）十穀聖の活動については、太田直之『中世の社寺と信仰　勧進と勧進聖の時代』（弘文堂、二〇〇八）参照。

（4）寛文本、第四段冒頭「往昔、開山上人、和州長谷寺の儀式をうつして、此寺におゐて、継年、正月十四の夜陰に修正の行をなし、御牛王を祈封して詣衆へ投授事あり」。延宝本、第三段末尾「夫修正の法は、むかし南都の実忠和尚、都率天に神遊し、四十九院を巡礼しけるに、常念観音院と号する一院あり。聖衆来光してをこなひ給ふ軌式・法則、わきて殊勝なりき。これを本朝へつたへむことを聖衆に乞たてまつりて、しるしをけるとなり」。

（5）『備前記』西大寺村、金陵山西大寺観音院の条に、「此鐘ハ龍宮ヨリ揚リタルヨシ。前ハ上ノツク所、余程細クアブナク見エシ所ニ、近年イツトナク、フトク本ノ如ク成由、所ノ古キ者トモ云習ス。（中略）観音縁起アリ」とみえる（就実女子大学近世文書解読研究部編、備作之史料4『備前記』、備作史料研究会、一九九三）。延宝本「寛文九年の比、つるのところの鉄鎖にすりあひ、龍頭のほそくかゝれたるたゝ分はかりなり。晨昏杵をふることをとゝめ、典翁つねにこれをなけく。あるとき人来りていはく、今楼鐘をみるに、龍頭細減なくしてもとのことしと。いふかしなから楼にのほりてうかゝひみるに、けにもあらたに鋳なすかことし。僧俗男女これをおかみぬ」（寛文本になし）。

（6）苅米一志「明応五年備前国金岡県西大寺化縁疏幷序の成立——龍隠天澤をめぐる人々と観音信仰」（『年報赤松氏研究』第三号、二〇一〇）。先行研究に藤井駿（一九七一）、今田利輔（一九九九）がある。

（7）注（2）前掲書川崎解説、拙論「明応四年回禄後の備前国西大寺の再興と縁起――永正本『西大寺縁起絵巻』を中心に――」（石川透編、中世文学と隣接諸学9『中世の物語と絵画』竹林舎、二〇一三）参照。

（8）岡山大学池田家文庫諸職交代データベース。

（9）佐々木銀弥「備前国西大寺市場の古図と書入について」（『日本中世の都市と法』吉川弘文館、一九九四）。なお脇田晴子は中世後期作成説をとる（『日本中世都市論』東京大学出版会、一九八一）。

（10）鈴木健一『近世堂上歌壇の研究』（汲古書院、一九九六、増訂版二〇〇九）ほか参照。

（11）倉地克直編『岡山藩家中諸士家譜五音寄』（岡山大学文学部、一九九三）。

（12）谷口澄夫『岡山藩政史の研究』（塙書房、一九六四。山陽新聞社、一九八一）。

（13）『邑久町史　通史編』（二〇〇九）、邑久町郷土史クラブ『備前藩筆頭家老伊木氏と虫明』（一九九六）。また「伊木清兵衛奉公書」（『邑久町史　史料編（上）』二〇〇七）がある。

【附記】本稿は、二〇一五年度日本古文書学会学術大会（九月十二日、就実大学）での講演「備前国西大寺縁起絵巻と西大寺文書――縁起絵巻の形成と保持――」をもとに成稿したものである。西大寺縁起絵巻及び西大寺文書の閲覧・調査をご許可くださった西大寺観音院の住職坪井全広師、副住職坪井綾広師、及び寄託先の岡山県立博物館に対して深く感謝申し上げます。

（就実大学人文科学部教授）

鎌倉末期東寺領播磨国矢野荘の成立

――後宇多法皇による寄進理由を再考する――

赤松秀亮

はじめに

鎌倉後期から南北朝期にかけて、中世荘園の支配構造は大きく変容した。荘園の所職が重層的に連なる、いわゆる「職の体系」が動揺し、各職の間で競合が繰り返され、単一の領主がその地域全体を支配する所領の一円化が進行した。網野善彦氏は、この所領の一円化こそ南北朝動乱の究極的原因と論じている[1]。

こうした混乱のなかで、もっとも飛躍的発展を遂げた寺院の一つに、京都の東寺が挙げられる。東寺の発展は、鎌倉末期に後宇多法皇（以下、後宇多院）が推進した王家領荘園の寄進と寺内機構の拡大を画期としてもたらされた。この後宇多院の政策は、後醍醐天皇や室町幕府にも継承され、東寺は室町期に更なる発展を遂げた[2]。

後宇多院による密教興隆政策、その一環としての東寺興隆については、政治的・宗教的側面から多くの先行研究が存在する[3]。しかし、これまでの研究では後宇多院が東寺を興隆させた理由、所領を寄進した理由については説明されてきたものの、なぜ、その荘園を寄進対象として選んだのかは明らかにされていない。また、後宇多院が東寺に寄進した荘園の多くは、室町期以降も東寺領として存続したことから[4]、関連史料が豊富に残されている一方、その寄進以前の状況や、それらがどのように東寺領化したのかについては未解明のことも多い。

こうした現状を踏まえ本論文では、①後宇多院が寄進した王家領荘園はなぜ寄進対象に選ばれたのか、②新たに寄進されたそれらの荘園がどのように東寺領化したのか、という課題の一端を明らかにすべく、播磨国矢野荘例名領家方（現兵庫県相生市、以下矢野荘）を検討の素材とする。

後宇多院が他の三ヶ所（山城国拝師荘、上桂荘、八条院町十三所）とともに、矢野荘を東寺に寄進したのは、正和二年（一三一三）十二月七日のことであった[5]。矢野荘と同時に寄進された三ヶ所は、東寺の膝下に立地したことに加え、正和二年以前から東寺領化が進められていた荘園・地所であった[6]。一方、矢野荘は播磨という遠隔地に立地するうえ、網野氏によれば正和二年の寄進で初めて東寺領化したとされ、なぜ後宇多院がこの荘園を寄進対象に選んだのか疑問は尽きない。

矢野荘に関する先行研究は膨大な蓄積がある。しかし、その東寺領化以前の歴史に言及した専論は極めて少ない。そのなかでも、後宇多院が寄進対象に矢野荘を選んだ理由に言及したのは、管見の限り櫻井彦氏のみである。櫻井氏は、悪党として知られる矢野荘の公文寺田法念に関する論考のなかで、後宇多院は大覚寺統領の整備を推進し、経営不振に陥っていた領家藤原氏の知行を改め、矢野荘を東寺に寄進することにより、自らの影響下で東寺による再建を期待したと述べている。(7)

本論文では、櫻井氏の視角を継承しつつ更なる検討を加えたい。その理由として①櫻井氏は、藤原氏の経営不振と東寺による復興という構図を強調するが、この時期の東寺は未だ発展途上で、供僧・学衆ともにその機構は未成熟なため、後宇多院が東寺による矢野荘の復興を期待したとは考えにくいこと、②寄進後、後宇多院による矢野荘への積極的介入は見られず、東寺への寄進は支配権を全て渡したものと理解すべきで、大覚寺統領の整備と関連づけて捉えるべきではないこと、の二点が挙げられる。

これらの点を出発点に鎌倉末期の矢野荘関連史料を精査すると、この時期、領家藤原氏内部で紛争を抱えていたこと、またそれに関与した一人の東寺僧がいたことが判明する。しかしながら先行研究では、これについての言及はほとんどない。そこで本論文では、藤原氏内部の紛争や、それに関与した東寺僧の動向に注目して考察を行う。そして、同荘が東寺領化する過程を明らかにするとともに、後宇多院がこの荘園を寄進対象に選んだ理由を再考する。

一　鎌倉末期、領家藤原氏の動揺

本章では矢野荘の上級所職（＝本家・領家）を検討し、藤原氏の位置づけを確認したうえで、その藤原氏の地位が鎌倉末期に動揺していく過程を考察する。

1　矢野荘上級所職における藤原氏の位置づけ

「はじめに」でも述べたように、東寺領化以前の矢野荘について論じた研究は極めて少ない。そのため、矢野荘の歴史を網羅的に叙述した『相生市史』第一巻・第二巻をはじめとする、馬田綾子氏による成果を発展・深化させるに至っていないのが現状である。(8)特に、鎌倉末期における藤原氏をどの職に位置づけるのかという点で、改めて検討を加える必要があると考える。

最初に、矢野荘の成立過程について確認しておきたい。保延三年（一一三七）十月、矢野荘は鳥羽院の寵愛を受けた藤原得子（美福門院）の所領として成立し、永暦元年（一一六〇）に美福門院が亡くなると、娘の八条院暲子へ伝領された。仁安二年（一一六七）には、荘内の四三町余の田地が切り出され、美福門院の御願寺である歓喜光院の用途に充てられた（＝別名）。その後、矢野荘全体から別名を差し引いた地域である例名も歓喜光院の用途に充てられ、矢野荘全域が八条院領のなかの歓喜光院領となった。また、例名の預所（実際に荘園経営に従事する所職）には、美福門院の乳母であった伯耆局が補任され、その子孫藤原氏へと相伝されていく。

さて、矢野荘成立期における上級所職について馬田氏は、八条院を本家、歓喜光院を領家、藤原氏を預所と位置づけた。(9)これは院政期から鎌倉中期にかけて、女院が藤原氏を預所に補任したことを重視し、藤原氏をこの職に位置づけたうえで、所職の最上位者（＝本家）を女院とし、類推的に歓喜光院を領家に位置づけたものと推察される。

しかし近年、上級所職間の関係について、院政期から鎌倉期に大きく変容したことが西谷正浩氏によって明らかにされている。西谷氏は、領家とは鎌倉期以降に広く用いられるようになった預所の美称であり、この領家がさらに自己の代理人（＝預所）を置くことで本家―領家―預所という関係が成立したと指摘している[10]。こうした研究を踏まえるならば、成立の時点から本家―領家―預所という職の体系をもはや想定すべきではない。また、領家が根本的には「預所」であることや、歓喜光院を領家とする史料が一点も見られない以上、矢野荘の上級所職に関するこれまでの理解には疑問を持つ。以下、鎌倉後期の矢野荘の上級所職について筆者の見解をまとめたい。

まず本家については、矢野荘が女院領として成立し伝領されたことに鑑みれば、これまで理解されてきたように、女院や院を本家に位置づけることが妥当と考える。すなわち、本家は美福門院から八条院、春華門院、順徳院へ遷移し、承久の乱による一時的な没収を経て、後高倉院、安嘉門院へと継承された。しかし、鎌倉後期には皇統の交代・分裂を背景に、持明院・大覚寺各統の院による王家領の集積が進み、女院領は終焉を迎える。安嘉門院は、室町院一期の後は亀山院への譲渡を決めていたものの、亀山院は室町院の一期分を否定し、安嘉門院領を継承した。正応三年（一二九〇）、亀山院は安嘉門院領の一部を室町院に渡し、そのなかに矢野荘が属する歓喜光院領も含まれていた。その後、正安二年（一三〇〇）に室町院が没すると、その遺領は亀山院、次いで後宇多院へと伝領されたのである[11]。

続いて領家については、先述した西谷氏の成果を踏まえるならば、院政期の時点で領家は存在せず、鎌倉期以降における矢野荘の領家は、女院から預所に補任されてきた藤原氏と考えるのが自然である。また興味深いことに、藤原氏を預所に補任する女院院庁下文の発給は、建長四年（一二五二）をもって終見となり、これ以降、相伝を理由に知行を認める内容へと変化している[12]。これは藤原氏の矢野荘知行の正当性が相伝によると承認されたことを示すと同時に、藤原氏を預所とは称さなくなっていた事実を裏づけるものと評価できよう。また鎌倉後期の史料において、藤原氏自身や在地で同氏を「領家」と位置づけたもの[13]や、藤原氏の任じた預所が見られることから[14]、鎌倉後期以降の藤原氏は、預所と呼ぶのにこだわることなく、領家と位置づけるのが適切と考える[15]。なお歓喜光院については、正和二年、後伏見上皇により南禅寺へ寄進され、元亨元年（一三二一）には仏殿が再興されていることから、鎌倉末期の時点で荒廃していた可能性が高く、領家としての実態を有していたとは考えられない[16]。加えて、そもそも御願寺領は女院領の一部を構成するものであり、本家と同質なものと位置づけておくのが妥当であろう。

2　女院領の終焉、下地中分の影響

続いて、藤原氏による矢野荘の相伝経緯をまとめたうえで、女院領の終焉や下地中分といった鎌倉末期に起きた政治的変動の結果、藤原氏の地位がどのように動揺していったかを考察する。

伯耆局が初めて補任された後、矢野荘の預所職は、その孫で似絵の名

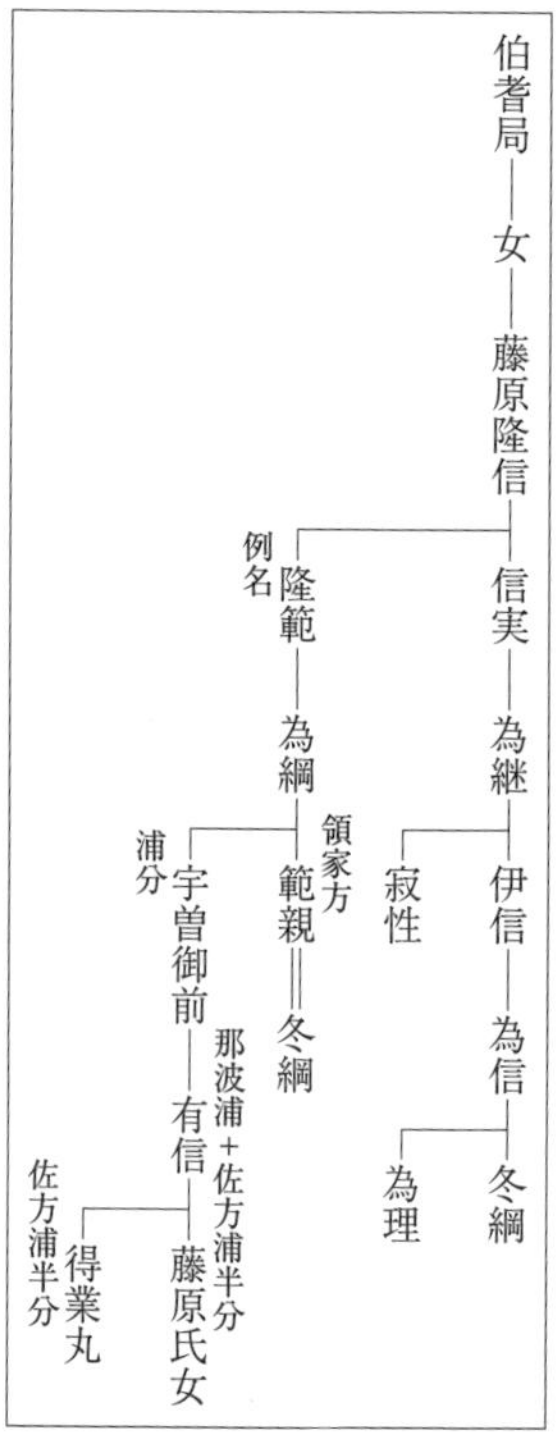

図1　藤原氏系図
（『尊卑文脈』,『相生市史』
第一巻を基に作成）

手として知られる藤原隆信に譲られた。隆信の跡は藤原氏の嫡流ではなく、傍流にあたる隆範の一族によって相伝され、隆範から為綱、為綱から範親、範親から養子冬綱（初名範重）へと継承された（図1）。

野口華世氏は、安嘉門院領を網羅的に検討し、平安末期から鎌倉後期にかけて女院領の知行者には系譜的繋がりが確認でき、女院領を相伝・知行する代わりに、女院に奉仕する女院司家が形成されたことを指摘している。そして、藤原氏においても伯耆局が美福門院の乳母であったことを嚆矢として、隆信・隆範・為綱・範親が安嘉門院に奉仕していたことが確認できるとする[17]。つまり、矢野荘における藤原氏の地位は、伯耆局や藤原隆信が美福門院・八条院の側近として預所に補任されたのを機に、女院司家として相伝したことに由来する。その後、室町院の死去とともに女院領としての矢野荘は終焉を迎え、後宇多院に伝領される。このとき後宇多院は、両統の対立激化を背景に大覚寺統領の整備を進めており、女院司家であった藤原氏の地位に変化が生じたとしても不思議ではない[18]。こうした時期に矢野荘を知行したのが藤原範親であり、その養子冬綱であった。

こうした矢野荘をめぐる政治的変動は、中央のみならず在地においても進行しつつあった。承久の乱後、相模を本拠とする海老名氏が例名地頭職に補任されると、藤原氏・公文寺田氏と海老名氏との間で対立が繰り返された[19]。この争いは鎌倉幕府の法廷に持ち込まれ、鎌倉中期から後期にかけて幕府からの裁決が繰り返し出され、永仁五年（一二九七）、ようやく和与が成立した。そして、翌永仁六年から正安元年（一二九九）にかけて下地中分が行われ、矢野荘は領家方・地頭方に分割されることとなった。このとき公文寺田法念は、自領である重藤名が集中的に分布する村落を領家方の範囲に設定しただけでなく、数多くの百姓名を自領に編入し、領家方の半分以上に及ぶ耕地が寺田氏の支配下となった[20]。この寺田氏の重藤名は弘安年間以来、別納の扱いを受けており、藤原氏は年三千疋、寺田氏は年二千疋を納めることが定められていた[21]。そうであるならば、下地中分後の領家方では、重藤名が過半を占めたにもかかわらず、寺田氏の年貢納入額は藤原氏のそれより少ないという、逆転現象が生じたことになる。

女院領の終焉により矢野荘の知行に変動の兆しが見えるなか、在地では寺田氏からの圧迫を受け、藤原氏の地位は動揺しつつあった。このとき矢野荘を知行していた範親は、荘内の土地を次々に手放し、その跡を継いだ冬綱は巻き返しを図るべく訴訟を展開するが、後宇多院によって知行を没収された。これについては章を改め、さらに考察を深めたい。

二　後宇多院による藤原冬綱の排斥と「領家御相論」

本章では、後宇多院による藤原冬綱の排斥過程を検討したうえで、その背景にあった藤原氏内部の紛争との関係を明らかにする。

1　藤原冬綱の意図的な排斥

藤原氏本家から範親のもとに養子に入っていた冬綱が継父の跡を継いだのは、徳治二年（一三〇七）のことであった。[22]範親は冬綱が跡を継いだしばらく後に死去したと考えられるが、[23]この時期、藤原氏による本家への年貢納入は恒常的に滞っており、[24]冬綱は状況を打開すべく、公文寺田法念への訴訟を開始した。

【史料1】[25]

（端裏書）「矢野例名事　冬綱公領放券等事」

冬綱朝臣　矢野例名事　前左大弁宰相書銘

矢野例名内他人ニ契約田畠已下、任下被二仰下一旨上、雑掌注進状一通召二進之一候、所詮、①（寺田）法念已下濫妨後、所出有名無実之条、無二其隠一候哉、②去年雑掌注進状正文、今年又令□□□□（契約候状）案両通進二上之一候、此契約之趣、若構二虚誕一、言上候者、且日本国六十余州大少諸神之御罰を可二罷蒙一候、此上者、以二此涯分一、御年貢備進無二懈儀一候哉、③法念濫妨落居候者、得分聊可レ増候条、勿論候、然而如二当時一者、法念猛悪之秘計、定無二尽期一候歟、④但昨日為二執権奉行一、被レ下二重院宣一候、殊畏入候、寂性間事、昨日粗令レ啓候き、貪慾之仁勿論事候へとも、今年ハ以外可レ収二莫太功を一程候歟、不便太（次）第候、就中、如レ此事、⑤（藤原）範親朝臣法性寺三位入道（藤原為信）ニ乍下書二遣此状一候上、不レ申二合寂性も一、乞二取契（約）状等一候上者、於二始終一者、可レ被レ付二惣領一之由、不レ顧二微運一、深奉レ憑二恩憐一候条、忽相違、若被レ成二他人之知行一候者、可レ抱二愁訴一候哉、其外事、又以同然候歟、御年貢事、為レ構蒙二　勅免一之様、可レ有二申御沙汰一候、恐々謹言、

（延慶二年）八月廿一日　冬綱

これは、延慶二年（一三〇九）八月、冬綱が後宇多院の近臣、万里小路宣房へ送った書状の案である。この書状で冬綱は、年貢を納入できない理由を述べ、その免除を求めている。冬綱が年貢を納入できない理由としては、①寺田法念による「濫妨」、②継父範親による田畠の「契約」を読み取ることができる。そして、その証拠文書として雑掌が作成した注進状二通を合わせて提出している（傍線②）。

寺田法念については、その濫妨により、矢野荘からの収益は有名無実となっており、これが止めば収益の増加が見込まれるものの、「法念猛悪秘計」は止まるところを知らないと述べ、法念を繰り返し非難している（傍線①・③）。また、冬綱の訴えを受け、この書状が書かれた前日には、吉田定房を奉行として法念の召喚を命じる院宣が下されたことに礼を述べている[26]（傍線④）。

範親が他人と行った田畠の「契約」は、次に掲げる【史料2】をはじめとする関連史料において、「放券」や「沽却」と表現されることから、その意味するところは売却であったと考えられる。[27]冬綱は、範親が預所である寂性[28]にも相談せず田畠を売却したと述べ、そうではあるものの、

これらの田畠の知行を、最終的には「惣領」である冬綱に認められること、また他人の知行としないことを願っている（傍線⑤）。

　このように冬綱は、年貢を納められない事情を説明し、その免除を求めつつ、寺田法念召喚の院宣を得るなど、巻き返しを図ろうとしていた。しかし翌二十二日、冬綱の矢野荘知行は否定され、万里小路宣房の家人近藤光浄に与えられた。

【史料2】[29]

『院宣案《（朱筆）》

被レ召二諸官勘状一之後、依二公領放券罪科一、被レ召三放冬綱知行一、充三賜光浄一畢、』

歓喜光院領播磨国矢野例名田地等、範親朝臣偏任二自由一、放三券公領一之条、所行之至罪科不レ軽、仍所レ被レ改三冬綱朝臣以下知行一也、彼沽却地以下、早可レ令レ致二興行之沙汰一者、院宣如レ此、悉レ之、以状、

八月廿二日《延慶二》　在判

近藤判官入道殿

　この院宣では、範親による「放券公領」（＝公領の売却）を理由に、冬綱の知行を改め、近藤光浄に対し、範親が沽脚した土地などの「興行」を命じている。

　冬綱の排斥が決まった経緯は以下の通りである。まず、【史料1】を受けて、後宇多院が文殿の官人に問い合わせたところ、中原章房ら明法家は、戸婚律や田令などに依りながら、範親の行為は「公田売買」に当たるとし、冬綱を処罰すべきと勘申した。[30]そして、翌二十二日に【史料2】が下されたのである。

　とはいえ、二十日に法念召喚を命じる院宣が下され、二十一日に冬綱が後宇多院の「任被仰下旨」せて田畠売却の証拠文書を提出し、二十二日には田畠の売却を理由に冬綱の知行が召し放たれるという展開は、あまりにもでき過ぎているように思われる。つまり、法念との訴訟において冬綱に有利な裁定を下したうえで、冬綱を処罰するための証拠文書を提出させ、熟議を尽くしたとは思えない勘状をもとに冬綱の知行を没収し、自らの近臣の家人に矢野荘を与えるという一連の経緯は、後宇多院が冬綱を意図的に排斥したと考えるべきではないか。

　冬綱は年貢を支払えない理由として田畠の売却を挙げ、その証拠文書を提出しており、田畠の売却を問題とは認識しておらず【史料1】、そもそも鎌倉期において、所領の売却は広く見られる現象であった。「放券公領」の罪とは、後宇多院の方針に律令をすり合わせるなかで示された法解釈と言えよう。また同じく鎌倉末期、摂津国小林荘をめぐる相論の際、後宇多院が内々に評定を開き、律令を恣意的に解釈することで万里小路宣房に有利な裁定を下そうとした事例は、冬綱の排斥過程と酷似している。[31]こうした点から見て、冬綱の排斥は後宇多院の意志によるものと見て間違いない。

　先行研究では冬綱の処罰理由について、文字通り「放券公領」によるものとされ、それ以上の検討はほとんど加えられてこなかった。しかし、ここまで見てきたように、後宇多院が意図的に冬綱を排斥した可能性は極めて高く、次節ではその理由についてさらに考察を加えたい。

2　後宇多院による「領家御相論」への干渉

ここでは、後宇多院による冬綱排斥の理由について考える手がかりとして、冬綱が田畠売却の証拠として提出した二通の注進状に検討を加える。

まず、【史料1】と同日付で作成された雑掌誓念からの注進状（以下、証拠文書A）を見ると[32]、この史料では、矢野荘例名領家方の総田数六七町八段一〇代のうち、「他人契約分」、「人給」、「後室幷長恵阿闍梨、構謀書押領分」、「法念押領重藤外公田」を差し引くと、冬綱が支配するのは僅か一〇余町しかないと述べている[33]。

そして、冬綱のもとに残された田地自体もほぼ有名無実となっていたことが、延慶元年十二月日付僧智円からの注進状（以下、証拠文書B）からわかる[34]。この史料の前半部では、「惣田数拾壱町廿五（代脱）加長恵幷後室相論之地定」、損田二町を引いた得田九町二五代（分米六三石三斗五升）からの得分が、冬綱の手元に入っていないことを示す明細が列挙され、冬綱は得分を得るどころか一斗二合分の赤字となっていたとする。そして後半部では、こうした経営状況のため矢野荘から本家の得分計二四貫文も納入できないばかりか、「依領家御相論」って、米・大豆以下の作物計三四貫八五〇文を長恵等の代官が差し押さえたとされ、僧智円は冬綱に対し計五八貫八五〇文の免除を求めている。

ここで興味深いのは、長恵という人物によって米以下を差し押さえられている理由が領家の相論によるということである。長恵については、証拠文書B前半部において「東寺長恵代官」が「称月充用途」し、八貫一六八文（＝九石七斗）を百姓から徴収しており、長恵が東寺僧であったとわかる。そして、証拠文書A・Bにおける他の長恵に関する記述を見ると、証拠文書Aでは長恵と後室が六町七反一五代を押領したとされ、証拠文書Bでは冒頭の総田数の割書に見えるように、冬綱のもとに残された田地一一町余を巡り、冬綱と長恵・後室が相論している。このように、冬綱と長恵・後室は、荘内の土地を巡り、対立関係にあった。

では冬綱と長恵・後室の争いがなぜ領家の相論になるのか。こうした疑問に答えるうえで、まず後室とはどのような人物であったのか検討したい。

【史料3】[35]

『寂願童名』（朱筆）

愛王御前被レ成二愚息一候、返〻悦入候、是ハ以外老後ニ成候に、家つく（継）へ（可）き人も候ハぬ、歎入候て、随分御長子を申請候畢、家の絶候ハん事も歎存候之上、青女事なとも心苦覚候つるに、返〻悦入候、此上者、矢野庄幷吉河上庄文書等ハ、可レ譲二此人一候、但御存日間ハ、大小事一向可レ有二御進退一候、老耄之間、一定付二庄家一ても、そゝろ事、下知する事も候ぬと覚候、可レ有二御進退一由、申候ぬる上者、如レ然事も、一向為二御沙汰一、当家事、可レ有二御扶持一候也、愛王殿又為二御子一、争可レ被レ有二御計一候哉、今ハ何事も心安候、女房事、相構可下令レ入二御意一給上候也、恐〻謹言、

弘安八年六月二日　　　　範親（藤原）

法性寺殿（藤原為信）

これは冬綱が範親の養子となった際に、範親が冬綱の実父為信に送っ

た書状である。この書状によれば、範親は老年になったものの、後継者となる子もおらず、家が絶えることや「青女」（＝年若い女性、妻の謙称）の行く末について心苦しく思っていたので、為信の長男である冬綱を養子に迎えたことについて喜び、礼を述べている。そして、矢野荘と吉河上荘の文書は冬綱に譲り、為信が存命の間は、すべて為信が支配することを認めている。ただし譲渡するからには、範親の家を保護し、「女房」のことについて、意にかけるよう念をおしている。

現存する史料からは、範親には二人の妻の存在を確認できる。一人は「亡妻」であり、(36) もう一人は【史料3】に見える「青女」である。時代は下るが、嘉暦年中、東寺と冬綱が矢野荘をめぐって争った際、東寺側が作成した陳状土代には「ｏ《範親》或放券他人、或譲与妻女之間、冬綱本知行十一町余」と、範親が所領を他人に売却したり、妻女に譲与したため、冬綱の知行が一一町余しかないと述べられている。(37) 前妻が早くに死亡していたことに鑑みれば、後室とは範親が所領を譲与した妻女を指し、【史料3】で範親が行く末を案じている女房と考えるのが自然である。つまり領家の相論とは、範親の遺領の配分を巡る冬綱と範親後室との対立を意味したのである。

この冬綱と範親後室の争いに、長恵はどのように関わってくるのだろうか。ここで注目されるのは、徳治二年七月、範親がその死の直前、長恵に対して自らの所持する文書を譲渡していることである。(38) なぜ範親が長恵に文書を譲ったのかは不明であるものの、後室と長恵が協力していることから、後室を長恵に託したと理解するのが妥当であろう。こうして、範親の遺領を巡る争いに長恵は後室側の立場で関与することとなった。そして、証拠文書Bに記されるように、長恵は代官を派遣し、年貢を取り立て、冬綱に納入されるはずの得分を港で差し押さえるなど、紛争の前面に出て後室の名代として活動したのである。

では、冬綱と長恵・後室との相論が、後宇多院による冬綱排斥にどうつながるのだろうか。これについて考えるうえで、先に挙げた東寺作成の陳状土代の記述は重要である。この史料で東寺は、延慶二年の冬綱排斥について、「冬綱与長恵アサリ《（阿闍梨）》相論之時、互以為謀書之旨訴訟之間、延慶年中当庄被召放冬綱知行」と述べ、冬綱と長恵の相論の結果、冬綱の知行が没収されたと認識している。つまり、冬綱と範親後室の相論に、長恵が後室側で関与していたことが、後宇多院による介入を招いたのであった。となると、後宇多院が冬綱を排斥する要因となった長恵とはどのような人物であったのかを述べなければならないが、これについては次章に譲りたい。

以上のように、後宇多院によって冬綱が排斥された結果、矢野荘は院近臣である万里小路宣房の家人光浄が知行することになった。その際、長恵が冬綱と争った後室の権益は光浄の下で保全された。すなわち、冬綱の排斥後、その実父である為信が返付運動を行った際、最初に返付されたのは「矢野例名、除重藤名幷範親朝臣沽脚分、冬綱朝臣本知行拾壱町余」であり、後室側が知行を主張していた六町七反一五代は返付対象から除かれていた。(39) また応長元年（一三一一）、矢野荘は為信に一円返付されたものの、(40) 冬綱と為信は親子仲が悪いことに加え、(41) 冬綱排斥の経緯からして為信が後室の権益を敢えて侵害するとは考えにくく、後室の権益は保護されたと考えられる。

三　東寺供僧長恵と後宇多院による寄進

本章では、長恵がどのような人物であったのか、現存する史料から判明する限りを述べた後、ここまでの考察を踏まえ、なぜ後宇多院は矢野荘を寄進したのか、再考を加えたい。

1　長恵の足跡

後室の名代として矢野荘に関与した長恵が東寺僧であったことは、前章で検討した証拠文書Bの記述から明らかである。そして、この時期の東寺には確かに長恵という僧侶の存在を確認でき、十八口方供僧の四季行事を務めていたことから、長恵は十八口方供僧の一人であったと考えられる[42]。また、徳治三年（一三〇八）に行われた後宇多院の伝法灌頂の様子を記した「後宇多院御灌頂記」によれば、伴僧の一人として長恵も参列していたことが確認される。この史料では、長恵の名前の隣に「東（寺）刑部卿」という傍注が付され[43]、長恵の官途名は刑部卿と比定できる。さらに、伴僧の僧位については、律師以上になると、傍注にその旨が記載されるものの、長恵には僧位の記載が見えないことから、律師の下の阿闍梨位（大法師）であったと考えられる[44]。そのため、矢野荘に関与した「長恵アサリ」と、十四世紀初頭に東寺の供僧であった刑部卿長恵阿闍梨は、同一人物とみて間違いない。

続いて、東寺における長恵の動向について検討を加えたい。右に示した長恵の官途名や僧位を踏まえるならば、長恵に関する史料は、嘉元三年（一三〇五）「東寺供僧評定事書」で「刑部卿阿闍梨御房」として現れるのを初見とする[45]。このとき長恵は、若狭国太良荘の年貢輸送を巡る大津の問丸との相論解決に向けて行動し、近江へ下向している。長恵の供僧としての活動は、嘉元三年から延慶三年（一三一〇）までは確実であるものの、それ以降については不明である[46]。長恵は供僧としての活動が確認できる六年弱の間に、若狭国太良荘や丹波国大山荘、伊予国弓削島荘といった、十八口供僧方荘園に関する様々な事柄を把握し、携わっていた。特に大山荘では、隣接する宮田荘との間で用水相論が行われており、長恵が和解交渉に関与していたことが確認できる[47]。このように、長恵は供僧の一員として荘園経営に通じており、後室の名代として矢野荘の相論に関わる資質を備えた人物であった。

さて、矢野荘での長恵については、前章で検討した証拠文書A・Bがその主な史料であり、荘内の土地六町七反一五代を押さえるとともに、冬綱が支配した一一町余の田地にも代官を派遣して年貢を徴収し、また冬綱に送られる年貢を差し押さえていたことなどが知られる。その後の長恵の動向は不明であるが、正和元年末、一時的に矢野荘の知行を回復した冬綱は、翌正和二年四月から五月にかけて再び訴訟を開始し、五月二十四日には「継母并長恵事」と題する院宣が発給されている[48]。このことから、長恵がその後も後室の名代として矢野荘に関与していたことがうかがえる。また、後宇多院による東寺への寄進後、矢野荘の経営を任された僧導智が、東寺から文書を借り出した際の文書請取状案には、範親が長恵に譲渡した文書も含まれている[49]。すなわち、長恵が所持した文書が東寺へ渡り、東寺の荘園経営に資するものであったことが示唆される。

以上より、長恵は後宇多院の伝法灌頂にも参列した東寺十八口方の供僧であり、長恵が所持していた文書は東寺へ引き継がれていたことが明らかになった。これらの事実と、後宇多院が矢野荘を東寺へ寄進した事実とは何の関係もないのだろうか。

2　後宇多院による矢野荘寄進

延慶二年に冬綱の知行が没収された後、冬綱の実父為信は矢野荘の返付運動を開始した。その結果、翌年には「冬綱朝臣本知行拾壱町余」が、応長元年（一三一一）には領家方全体が為信へ返付された。[50]翌正和元年末、死期が迫った為信は矢野荘を冬綱へ譲与し亡くなった。[51]為信は生前、冬綱に安堵の院宣を下すよう吉田定房に求め、定房も追って下すことを約束したものの、院宣が下されることはなかった。[52]

前節で述べたように、知行を回復した冬綱は再び長恵に対して訴訟を起こすが、それから間もなく、後宇多院は冬綱に対し、万里小路殿の厢修理役を課した。[53]この課役は、矢野荘の一年分の年貢では補いきれないほどの負担であり、[54]経済的に困窮していた冬綱が支払うことは困難であった。これに対し、冬綱が異議を申したところ、同年十一月三十日、冬綱は再び知行を没収され、[55]その一週間後の十二月七日、矢野荘は他の三所とともに東寺へ寄進された。

後宇多院が再度冬綱を排斥した理由はどう考えるべきであろうか。まず為信の死後、安堵の院宣を下していない点から、冬綱からの没収は既定路線であったことが考えられる。加えて、冬綱が長恵・後室に対し再び訴訟を行っていることも、その理由として想定できる。そもそも長恵との相論こそが後宇多院による冬綱排斥の理由であり、冬綱による長恵への訴訟は、再びその排除へ繋がったと考えられるためである。

とはいえ、なぜ後宇多院は長恵にこれほど肩入れしたのか。現時点では、長恵の生まれも後宇多院との直接的関係も不明である。[56]そのため、後宇多院がその興隆に情熱を注いでいた東寺の供僧長恵と、自身の近臣でもない藤原冬綱が大覚寺統領をめぐって係争していた際、後宇多院は長恵の側に立ち、冬綱を退けたと理解しておきたい。

そして、長恵と冬綱の紛争に介入する過程において、後宇多院のなかでの矢野荘への位置づけにも変化が生じていた。すなわち、前回の冬綱排斥時には大覚寺統領の整備を視野にいれ、後室の権益を保全しつつ近臣である万里小路宣房の家人光浄に知行させた。しかし今回は、冬綱の相手方である長恵が供僧を務め、後宇多院自身も興隆に力を入れていた東寺に矢野荘を寄進している。

網野氏によれば、徳治三年に東寺西院御影堂で伝法灌頂を受法し、「六箇御願」を宣立した後宇多院が、御願の一つである東寺領の整備を実行に移すのは応長年間以降であった。つまり、後宇多院のなかで矢野荘は、大覚寺統の財源から東寺の経済基盤へと位置づけが改められていた。その背景には、東寺供僧長恵による矢野荘への関与があり、後宇多院は、数ある王家領荘園のなかでも、新たな東寺の経済基盤として円滑なスタートを切ることができる荘園と判断して、矢野荘を寄進したと考えられる。このことは、長恵から東寺へ文書が伝来し、それらが東寺の荘園経営に資するものであったことからも明らかである。

おわりに

本論文では、①なぜ後宇多院は矢野荘を寄進対象として選んだのか、②矢野荘はどのような経緯をへて東寺領化したのか、を明らかにすべく考察を行った。これまで、①について言及したのは、櫻井彦氏による論考のみであり、同氏は、後宇多院は大覚寺統領の整備を推進し、経営不振の領家藤原氏を排斥し東寺に寄進することで、同寺による矢野荘の復興を期待したと論じた。②については、矢野荘と東寺の関係が正和二年の後宇多院による寄進によって始まったとする網野善彦氏に代表される見解が踏襲されてきた。しかし、鎌倉末期の矢野荘関係史料を精査すると、この時期藤原氏内部で紛争があり、それに東寺の供僧が関与していたことが判明する。特に寄進以前から東寺僧が関わっていたことは、矢野荘が東寺領化する経緯を明らかにするのみならず、後宇多院がどのような所領を選んで寄進していたのかという、東寺興隆政策の実態にも迫る問題と考える。以下、本論文の成果をまとめたい。

第一章では、まず矢野荘の上級所職（＝本家・領家）への理解について先行研究を改めて検討し、女院の下で矢野荘を相伝してきた藤原氏について、鎌倉後期における位置づけは、領家と捉えるのが妥当であることを確認した。そのうえで、藤原氏の領家としての地位が、女院領の終焉や下地中分という政治的変動のなかで大きく動揺していたことを述べた。

第二章では、後宇多院によって藤原冬綱の知行が没収されるまでの過程を整理したうえで、それが意図的かつ強引に進められたことを指摘した。そして、なぜ後宇多院が冬綱を排斥したのかについて、その背景には藤原範親の遺領を巡る冬綱と範親後室との相論があり、東寺僧長恵が後室側で関与していたことから、後宇多院は長恵側で相論に介入し、冬綱を排斥したことを明らかにした。

第三章では、現存史料から長恵という人物について判明する限りを述べた。長恵は後宇多院の伝法灌頂に参列した東寺十八口方の供僧であり、供僧の一人として十八口供僧方荘園の経営にも参画していた。また冬綱排斥後も後室の名代として矢野荘に関与し、東寺領化後には長恵から東寺へ矢野荘の文書が伝来していたことが明らかになった。続いて、延慶二年の冬綱排斥後、冬綱の実父為信による返付運動を経て、矢野荘が東寺に寄進されるまでの経緯をまとめ、後宇多院の寄進理由について再考を加えた。すなわち、後宇多院が東寺の経済基盤を整備すべく王家領荘園を寄進する際、東寺供僧であった長恵が関与していた矢野荘は、最も適した荘園の一つであったのである。

こうして矢野荘が東寺領化された理由・経緯が明らかになったことで、正和二年に寄進された荘園はいずれも、それ以前から東寺との間に何らかの関係を有していたことが判明した。これらの荘園は、「御寄附之四ヶ所」とされ[57]、後宇多院忌日に行われる論義法要の料所に充てられるなど、後宇多院の「御願寺」としての東寺を支える重要な経済基盤となった[58]。また、これらの荘園は、室町後期まで東寺領としての実態を維持した荘園である。特に、膝下領ではない矢野荘において、東寺の供僧・学衆が、数々の困難に直面しながらも、一五〇年近くに渡って、その直接支配に心血を注いだ理由を解明することは、室町期の東寺による荘園経営を考えるうえでも重要である。とはいえ、現時点でそれについて論じる用意はなく、一まず擱筆し、後考を期したい。

注

（1）網野善彦「鎌倉末期の諸矛盾」（同『悪党と海賊』法政大学出版局、一九九五年、初出は一九七〇年）。
（2）網野善彦『中世東寺と東寺領荘園』（東京大学出版会、一九七八年）。なお特に断りがない限り、本論文で言及する網野氏の成果はこの著書を指す。
（3）主なものとして辻善之助「密教興隆」（同『日本仏教史』第三巻、岩波書店、一九四九年）、前掲注（2）網野氏著書、永村眞「寺院と天皇」（永原慶二編『講座　前近代の天皇』第三巻、青木書店、一九九三年）、真木隆行「後宇多天皇の密教受法」（大阪大学文学部日本史研究室編『古代中世の社会と国家』清文堂出版、一九九八年）、横内裕人「仁和寺と大覚寺」（同『日本中世の仏教と東アジア』塙書房、二〇〇八年、初出は一九九八年）、藤井雅子「後宇多法皇と聖俗社会」（同『中世醍醐寺と真言密教』勉誠出版、二〇〇八年）が挙げられる。
（4）永原慶二『荘園』（吉川弘文館、一九九八年）表24。
（5）正和二年十二月七日「後宇多法皇宸筆荘園・敷地等施入状」（「東寺文書」御宸翰之部四号、『相生市史』矢野荘史料　編年文書四七号、以下『相生』編年と略記する）。
（6）拝師荘・上桂荘については前掲注（2）網野氏著書で既に指摘。八条院町については、東寺至近の距離であることに加え、鎌倉中期頃から東寺僧が土地を所有し、鎌倉末期に東寺へ寄進した事例が複数検出される（「東寺百合文書」ト函七六号―二他、以下「東百」と略記する）。
（7）櫻井彦「矢野荘における寺田法念の立場」（同『悪党と地域社会の研究』校倉書房、二〇〇六年）。
（8）『相生市史』第一巻・第二巻（一九八四年・一九八六年）、馬田綾子「矢野荘」（『講座日本荘園史』第八巻、二〇〇一年）。
（9）前掲注（8）馬田氏論文。
（10）西谷正浩「荘園所職の性格」（同『日本中世の所有構造』塙書房、二〇〇六年、初出は二〇〇二年）。
（11）伴瀬明美「院政期～鎌倉期における女院領について」（『日本史研究』三七四号、一九九三年）、長田郁子「鎌倉期の八条院領と天皇家」（『古文書研究』五一号、二〇〇〇年）。
（12）年月日不詳「矢野荘相伝文書目録」（「東百」カ函二三九号―一、『相生』編年三〇号―一）。
（13）（嘉暦三年）月日不詳「藤原寂願事書案」（「東百」み函九四号―一、『相生市史』編年八一号―一）、年不詳十二月十四日「沙弥法蓮書状」（「東百」テ函一九〇号、『相生』編年九一号）。
（14）年月日不詳「例名文書目録」（『教王護国寺文書』二五〇号、『相生』編年四五号）、正安元年十二月十四日「例名東方地頭分下地中分分帳案」（「東百」み函八号、『相生』編年二二号）、（延慶二年）八月（二十一日）「例名雑掌誓念注進状案」（「東百」み函九四号―三、『相生』編年八一号―三）。
（15）後宇多院が東寺に所領を寄進した前掲注（5）「後宇多法皇宸筆荘園・敷地等施入状」では矢野荘について「歓喜光院領内也、預所職冬綱相伝地、而依為便宜地、立替他所、永所施入也」とあり、実態はともかく、本家からみた冬綱はあくまで預所であった。
（16）「海蔵和尚紀年録」正和二年条、元亨元年条（『続群書類従』第九輯下）。なお『明月記』安貞元年九月二十四日条には「歓喜光院破壊、已及顛倒之期歟、南廂如無」とあり、歓喜光院の荒廃は十三世紀前半から常態化していたと見られる。
（17）野口華世「安嘉門院と女院領荘園」（『日本史研究』四五六号、二〇〇〇年）。
（18）前掲注（17）野口氏論文では、女院領の終焉とともに知行者が交代したことを想定する。これに関して、室町院領内の最勝光院領であった備前国長田荘では、室町院の死後間もなく亀山院によって平繁成の知行が召し放たれ、後宇多院によって大覚寺大金剛院に寄進された（高橋一樹『鎌倉幕府と中世荘園制』塙書房、二〇〇四年）。筆者も女院領の終焉とともに知行者が改変される傾向にあったと考えるが、その網羅的検討は後考を俟ちたい。

(19) 小川弘和「播磨国矢野荘海老名氏考」（『日本歴史』六三二号・『地方史研究』二九四号、二〇〇一年）。

(20) 拙稿「鎌倉末期播磨国矢野荘の領域構成」（『鎌倉遺文研究』三五号、二〇一五年）。

(21) 嘉元四年六月十二日「大覚寺統領目録」（「竹内文平氏所蔵文書」、『相生』編年二八号）。本文書の文書名については、前掲注（17）野口氏論文参照。

(22) 永仁三年（一二九五）、冬綱は範親から文書などを譲られ（「松雲寺文書」、『相生』編年一七号）、永仁五年には室町院から知行を安堵された（「東百」い函四号、『相生』編年一九号）。しかし範親は、その後も荘内の土地を他人に売却するなど主体的な活動が確認される。徳治二年、後宇多院から冬綱に知行安堵の院宣が下されたのは（徳治二年十一月三十日「後宇多法皇院宣」、「東百」ヒ函二九号、『相生』編年二九号）、範親の死期が迫ってのことであり（後掲注（23）参照）、冬綱が実質的に範親の跡を継いだのはこのときと考えられる。

(23) 範親の史料上の終見は、冬綱に書状を遣わした徳治二年十二月十二日である（前掲注（14）「例名文書目録」）。延慶二年八月には、範親は「故中務大輔殿」とされ、その死は確実である。また、本章第2節で述べるように、範親の遺領をめぐって冬綱と範親の後室は対立し、延慶元年十二月の時点で既に相論が行われている。そのため、範親は徳治二年末から延慶元年の間に、死去したと推定される。

(24) 前掲注（22）「後宇多法皇院宣」の追書には「御年貢無懈怠、可被沙汰進候也、」と記され、また【史料1】で冬綱は、年貢が支払えない理由を述べ、その免除を求めていることから、藤原氏の年貢未進は恒常的であったと考えられる。

(25) （延慶二年）八月二十一日「藤原冬綱書状案」（「東百」レ函一九号—一、『相生』編年三三号—一）

(26) 奉行の人名比定や院宣の内容は、前掲注（14）「例名文書目録」に拠る。

(27) 後宇多院によって冬綱の知行が没収された後、藤原氏側は、「契約」の相手が親類や所縁のある人物であり、売却ではなかったと主張した（前掲注（14）「例名雑掌誓念注進状」朱筆部分、前掲注（13）「藤原寂願事書案」）。実際、冬綱が提出した証拠文書の一通（延慶二年八月二十一日「例名雑掌誓念注進状」、「東百」テ函一〇号、『相生』編年三二号）に見える、範親が契約した三名の内、寂性、美濃律師色心妻女については、親類であったことが他の史料からも確認される（寂性については後掲注（28）を参照。美濃律師色心妻女については、嘉元四年八月二十九日「藤原有信譲状」、「美吉文書」、『相生市史』編年二六号を参照）。とはいえ、【史料1】で冬綱は、範親の契約を「他人ニ契約」と述べており、その主張には齟齬が生じている。

(28) 先行研究では、寂性について述べるところがほとんどなかった。この人物は、藤原氏の一門とされ、矢野荘例名の預所を務め、範親と「契約」することで寺田氏が持つ重藤名の上級領主権を手に入れ、そのほか荘内に預所佃五町五反（冬綱知行地に三町、重藤名に二町五反）を持っていた（前掲注（14）「例名雑掌誓念注進状案」、延慶元年十二月日「例名領家方年貢散用状案」、「東百」レ函一九号—三、『相生市史』編年三三号—三）。『尊卑文脉』では、寂性が冬綱の実祖父伊信の弟にあたり【図1】、山僧であったことが記されている。当該期に山僧が荘園経営に従事したことは、網野氏をはじめとする先学が指摘するところであり、範親は、親族で荘園経営に長じた寂性を預所に補任していたと推察される。

(29) 延慶二年八月二十二日「後宇多法皇院宣案」（「東百」テ函一一号—六、『相生』編年三四号—六）。

(30) 延慶二年八月二十一日「諸官勘状案」（「東百」テ函一一号—一〜三、『相生』編年三四号—一〜三）。

(31)『花園天皇日記』元亨三年七月十九日条。この相論については、市沢哲「鎌倉後期公家社会の構造と「治天の君」」（同『日本中世公家政治史の研究』校倉書房、二〇一一年）に詳しい。

(32) 前掲注（27）「例名雑掌誓念注進状」。

(33) 正安元年十一月十五日「例名実検取帳案」（「東百」テ函八号、『相生』編年二一号）を集計すると、領家方の総面積は百町を越える。一方、ここで掲げられている総田数六七町八反一〇代は大田文記載の公田の面積と考えられ、検注帳に記載された面積よりも少ない数値が記されている（酒井紀美「南北朝・室町期の公田と農民」、同『日本中世の在地社会』吉川弘文館、一九九九年、初出は一九七六年）。一方、証拠文書Aに記載の重藤名や寺田氏が押領した百姓名の面積は、「例名実検取帳案」を集計して出る値と近似し、藤原氏が自らの困窮を際立たせるため、総田数は公田の面積を、押領された土地は実際の面積を記載した可能性が高い。

(34) 前掲注（28）「例名領家方年貢散用状案」。

(35) 弘安八年六月二日「藤原範親書状案」（「白河本東寺百合文書」八六号、『相生』編年一五号）。

(36) 前掲注（27）「藤原有信譲状」、前掲注（14）「例名雑掌誓念注進状案」。

(37)（嘉暦三年）月日不詳「東寺陳状土代」（「東百」ケ函三三一号、『相生』編年八四号）。

(38) 正和三年二月八日「導智例名文書請取状案」（「東百」カ函二八号、『相生』編年四九号）。

(39) 延慶三年四月十日「後宇多法皇院宣案」（「東百」み函九四号―四、『相生市史』編年八一号―四）。一一町余以外の土地については、近藤光浄の知行が維持された（延慶三年四月十日「万里小路宣房奉書案」、「東百」み函九四号―五、『相生市史』編年八一号―五）。

(40) 応長元年三月十四日「後宇多法皇院宣案」（「東百」九四号―六、『相生市史』編年八一号―六）。

(41) 冬綱は為信の長男でありながら、弟為理が藤原本家の嫡子となったことで遺恨が生じていた。そのため、矢野荘が為信に返付された際、冬綱は為信に敵対し告訴したとされる（前掲注（37）「東寺陳状土代」）。また、為信に矢野荘を返付する院宣の追書には、実の親子でありながら冬綱を扶持するよう命じる文言が付されており（前掲注（40）「後宇多院院宣案」）、両者の関係をうかがい知ることができる。

(42) 嘉元三年閏十二月二十一日「東寺四季行事役定文案」（『教王護国寺文書』二〇三号）。

(43) 徳治三年正月「後宇多院御灌頂記」（「東寺文書」丙号外一四号―一）。「後宇多院御灌頂記」は、『群書類従』第二四輯や『後宇多天皇実録』に翻刻があるものの、写本を底本としたためか、僧名に傍注は付されておらず原本を参照する必要がある。

(44)『群書類従』の「後宇多院御灌頂記」では、僧位ごとに伴僧が記載され、長恵は阿闍梨とされる。こうした点も長恵を阿闍梨と考える理由の一つである。

(45)「嘉元三年冬季引付」（「東百」ら函二号、『若狭国太良荘史料集成』第二巻一五八号）。

(46) 嘉元三年から延慶元年の「供僧引付」には、「刑部卿阿闍梨」を名乗る僧侶を毎年連続して確認できることから、この「刑部卿阿闍梨」は長恵と比定できる。一方、正和二年以降に見える「刑部卿阿闍梨」については、以下の理由から長恵ではないと考えている。正和元年（一三一二）、後宇多院は拝師荘を料所として、新たに三口の供僧を西院御影堂に置いた。この時、供僧となった三名の内の一人に融舜（後に弘縁と改名）がいる（「東宝記」第七）。この融舜は、刑部卿を仮名とし（「東宝記」、「仁和寺諸院家記」）、文保元年（一三一七）の時点で大法師であることから（「東寺現住僧綱大法師等連署申状」、「東寺文書」六芸之部七号―二）、融舜もまた「刑部卿阿闍梨」を名乗った可能性が高い。また、正和年間以降に見える「刑部卿阿闍梨」を長恵とする積極的史料も存在しない。そのため、長恵は正和年間以降には東寺を離れていたと理解しておきたい。

(47)（徳治三年）八月二十日「丹波国宮田庄沙汰人道恵書状」（「東百」や函一三二号、『教王護国寺文書』二一六号）。

（48）前掲注（14）「例名文書目録」。正和二年四月から五月に冬綱が「長恵事」と題する書状を繰り返し作成し、訴訟を行っていると考えられることから、五月二十四日付の院宣も正和二年のものと解釈した。

（49）前掲注（38）「導智例名文書請取状案」。加えて、前掲注（14）「例名文書目録」は東寺に寄進される直前までの文書が記されており、矢野荘が東寺領化する際に引き継がれた文書の目録と推察される。そのなかには、「長恵事」と題した冬綱書状も含まれており、これは相論の過程で長恵が入手したものにほかならず、長恵から東寺へ文書が伝来したのは確実といえよう。なお後年、東寺が冬綱から取得した文書の目録は、年月日不詳「例名文書目録」（『教王』二五一号、『相生』編年三一号）である。

（50）前掲注（39）・（40）参照。櫻井氏は、為信の返付運動が成功した理由として、為信がのちの「法性寺家」の嫡流であり大覚寺統に近い存在であったことを指摘する。筆者もこの見解には同意であるが、①冬綱は養子に出て女院司家たる分家を継いでいたこと、②為信と冬綱は対立関係にあったことから（前掲注（41）参照）、藤原氏本家の動向とは分けて捉えるべきと考える。

（51）正和元年十二月九日「藤原為信寂融書状案」（「白河本東寺百合文書」八六号、『相生』編年三九号）。冬綱と対立関係にあったとはいえ、為信は実親として例名を譲渡したと考えられる。しかし冬綱は為信の葬儀にも出向かなかったとされ、後年の相論の際、東寺は不孝な冬綱が為信の跡を継いだと称するのは不当と指弾している（前掲注（37）「東寺陳状土代」）。

（52）前掲注（51）「藤原為信寂融書状案」、正和元年十二月二十日「吉田定房書状案」（「白河本東寺百合文書」八六号、『相生』編年四〇号）。

（53）正和二年九月十五日「後宇多法皇院宣案」（白河本東寺百合文書八六号、『相生市史』編年四四号）。

（54）前掲注（13）「藤原寂願事書案」。

（55）（正和二年）十一月三十日「春宮尊治親王令旨案」（「白河本東寺百合文書」八六号、『相生市史』編年四六号）。

（56）刑部卿阿闍梨という官途名・僧位から、長恵は学侶クラスの寺僧であったと考えられる（富田正弘「中世東寺の寺官組織について」、『資料館紀要』一三号、一九八五年）。特に官途名については、実父または、その僧侶が猶子となった「猶父」の官職をもって呼称されたことから、長恵の父親（猶父）は刑部卿の地位にあったと推察される。先述したように、範親は死の間際、矢野荘の文書を譲っており、長恵と密接な関係にあったことが想定される。これを踏まえ、藤原氏一族の官職を調べると、正安二年（一三〇〇）、冬綱の実父為信は、刑部卿に任じられており（『公卿補任』）、嘉元三年（一三〇五）に長恵が東寺供僧として登場するタイミングとも近いことから、長恵は為信の（猶）子であり、親族の立場から相論に関与した可能性は十分想定できる。とはいえ、これを直接示す史料は見つかっておらず、あくまで可能性の指摘に留まる。

（57）「学衆方引付」貞和元年六月二十三日条（「東百」ム函一七号、『相生』引付集三号）他。

（58）上島享「中世仏教と真言宗」（智山勧学会編『中世の仏教　頼瑜僧正を中心として』青史出版、二〇〇五年）。

【附記】本論文は、JSPS科研費（課題番号16J04879）による研究成果の一部である。

（早稲田大学大学院文学研究科博士後期課程、日本学術振興会特別研究員）

「銘尽（龍造寺本）」から見える中世刀剣書の成立とその受容

――中状土代の裏に書写された現存最古の刀剣書――

吉原弘道

はじめに

中世刀剣書は、各書（写本）で個別に書名が付けられているが、一般的には「〇〇銘尽」の名称で呼ばれているものが多い（本稿では成立年代の下限が戦国時代までの刀剣伝書を中世刀剣書と定義する）。内容も各書で異なるが、刀工の名前、刀工の解説（異称・官途・師弟関係・親族関係・国・系統・時代・作風・代表作など）、系図、茎図、後鳥羽院番鍛冶結番次第などの組み合わせからなる。中世刀剣書に関する研究には、主に刀剣研究の立場からと国文学研究の立場からのものが多い。

刀剣研究からの主要な研究（一部書誌学的な研究も含む）には、小川琢治「刀剣目利の源流――付　相州鍛冶補考――」[1]、鹿島則泰「古鈔本銘尽について（上）・（下）」[2]、三矢宮松『観智院本銘尽解説』[3]、辻本直男「「中世に於ける刀剣書」の研究（一）～（四）」[4]、福永酔剣「古剣書の正宗（上）・（中）・（下）」・「古剣書の話（一）～（九）」[5]、川口陟「刀剣鑑定の源流と古刀剣書」[6]、間宮光治「観智院本銘尽について」・「刀剣古伝書についての考え方（一）・（二）」・「銘尽正安本写と観智院本銘尽との比較」[7]、得能一男『刀剣書事典』・「刀剣伝書小史」[8]などがある。

国文学研究からの主要な研究には、鈴木雄一「重代の太刀――「銘尽」の説話世界を中心に――」[9]、鈴木彰「伊勢貞親本『銘尽』の構成と伝来」・「中世刀剣伝書の社会的位相――儀礼社会と「銘」に関する知識――」・「重代の太刀の相伝――刀剣伝書の生成基盤と軍記物語――」[10]、渡瀬淳子「「剣巻」の成立背景――熱田系神話の再検討と刀剣伝書の世界――」[11]などがある。

このように中世刀剣書に関しては、刀剣研究や国文学研究の立場から様々な研究がなされてきた。しかし、従来の研究では、刀剣書の書誌的な紹介や部分的な利用に留まるものが多く、刀剣書の内容全般に及ぶ研究は少ない。さらに、部分的な利用も、刀剣研究や国文学研究の補助史料としてのものが多い。このように取り扱われてきた中世刀剣書であるが、刀剣研究や国文学研究の補助史料に留まらない多くの貴重な情報を内包しており、それ自体が研究対象たりうる存在なのである。

そこで著者は、重要文化財に指定され日本最古の刀剣書（最古写本）とされてきた応永三十年（一四二三）の奥書を有する「銘尽（観智院本）」（以下、「観智院本銘尽」と表記する）を取り上げ[12]、刀剣書としての性格から位置づけまで全般的な研究を行った。拙稿「重要文化財「銘尽

（観智院本）」の復元とその性格――中世刀剣書の祖型をめぐって――」[13]で現状から復元したうえで全般的な研究を行い、「銘尽（観智院本）」の収録刀工（一）」[14]・「「銘尽（観智院本）」の収録刀工（二）」[15]で収録刀工を個別に整理・検討した。

その結果、「観智院本銘尽」を現状の前欠本から前後が揃った完本へと復元することができ、「観智院本銘尽」の全体像を解明することが可能となった。そして、「観智院本銘尽」が、各種の中世刀剣書を寄せ集めて筆写したものではなく、既に一書として集成されていたものを筆写したものであることがわかった。さらに、復元した「観智院本銘尽」と三系統の中世刀剣書を比較し、「観智院本銘尽」と三系統の中世刀剣書とで祖本が共通する部分があり、復元が正しいことも裏付けられた。さらに、「観智院本銘尽」が、鎌倉時代後期～南北朝時代前期に成立した底本を忠実に写したもので、鎌倉時代後期に遡る祖本（中世刀剣書の祖型）にも近い写本であることが明らかになった。これにより「観智院本銘尽」が、転写時期だけではなく、内容的にも日本最古の刀剣書として高く評価すべきものであると位置づけることができた。

ところが、日本最古の刀剣書（最古写本）とされてきた室町時代に書写された「観智院本銘尽」よりも、半世紀以上も古い南北朝時代に書写されたと考えられる刀剣書を新たに発見した。そこで本稿では、最古の刀剣書と考えられる「銘尽（龍造寺本）」（以下、「龍造寺本銘尽」と表記する）を取り上げ、書写年代が南北朝時代に遡ることを明らかにし、「龍造寺本銘尽」・「宇都宮銘尽」をめぐる関係者から中世社会での刀剣書の成立とその受容についても検討していきたい。

「龍造寺本銘尽」は、佐賀県立図書館に所蔵されている佐賀県指定重要文化財「龍造寺家文書」の中に存在している。具体的には、（観応二年・一三五一）龍造寺家政申状土代（請求記号―龍二七七）・観応二年十二月日龍造寺家政申状土代（請求記号―龍二三五）の裏に書写されている。（観応二年）龍造寺家政申状土代・観応二年十二月日龍造寺家政申状土代については、『佐賀県史料集成　古文書編』[16]・『南北朝遺文　九州編』[17]などで既に翻刻されている。しかし、裏に書写された「龍造寺本銘尽」については、これまで翻刻も言及もされてこなかった新発見の刀剣書である。

一　「龍造寺本銘尽」の紹介

最初に、（観応二年）龍造寺家政申状土代（図版Ⅰ―①）・観応二年十二月日龍造寺家政申状土代（図版Ⅱ―①）と「龍造寺本銘尽」（図版Ⅰ―②・図版Ⅱ―②）を図版で紹介する。なお、図版Ⅱ―②は、巻子装にされているため、巻子の裏から裏打紙越しに墨付きの部分しか見ることができない[18]。

続いて、図版で示した（観応二年）龍造寺家政申状土代（申状A）・観応二年十二月日龍造寺家政申状土代（申状B）と「龍造寺本銘尽」（銘尽A・銘尽B）の全文を紹介する。

【A文書―①（申状A）】

龍造寺又七家政并又四郎家平・同舎弟孫六・孫九郎・
孫十郎等謹庭中言上、

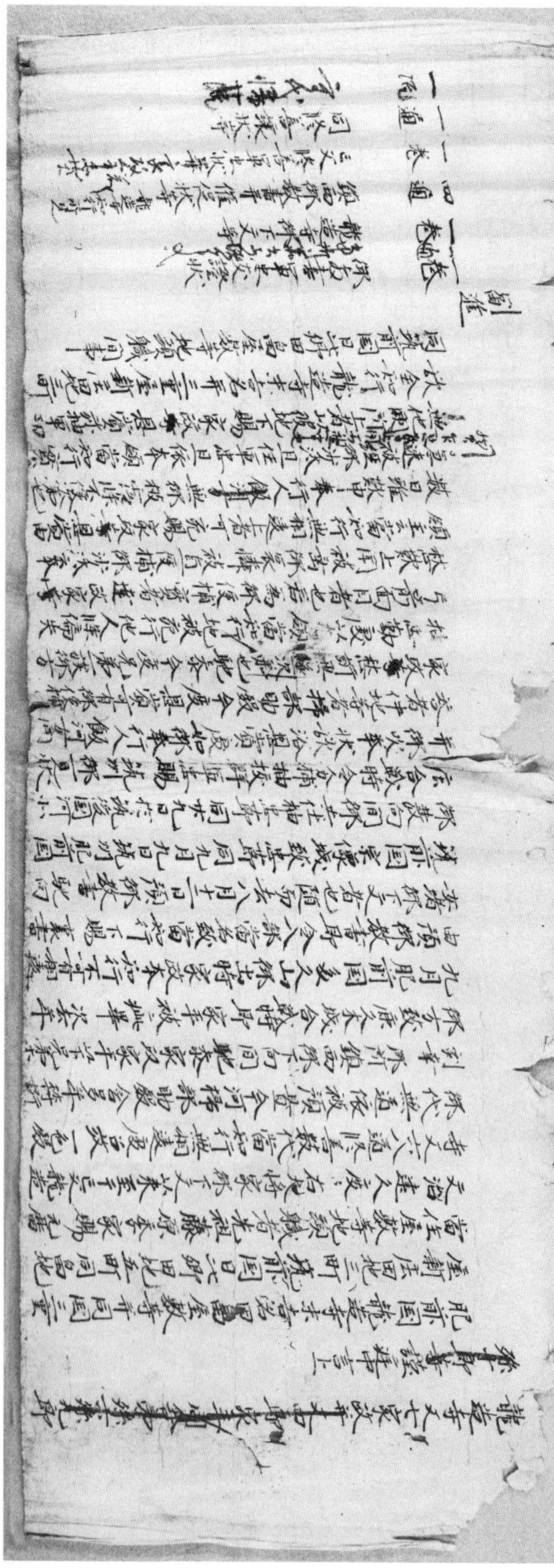

【図版I―①】

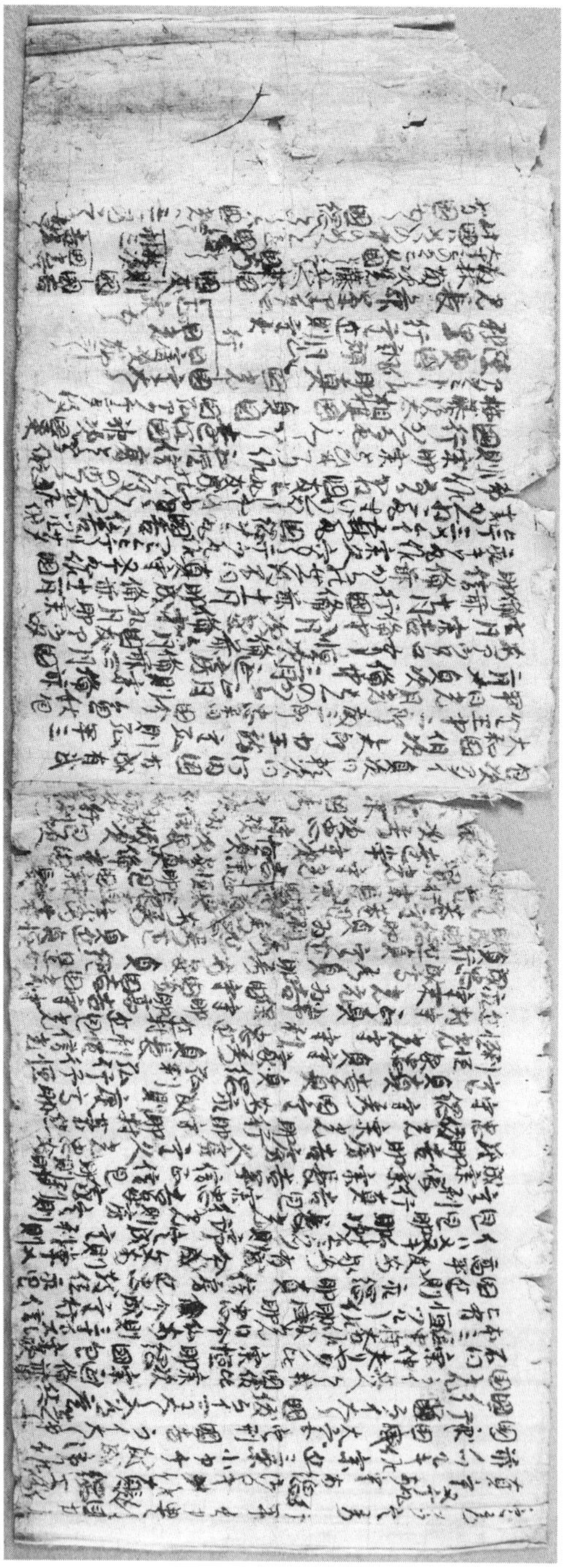

【図版I―②】

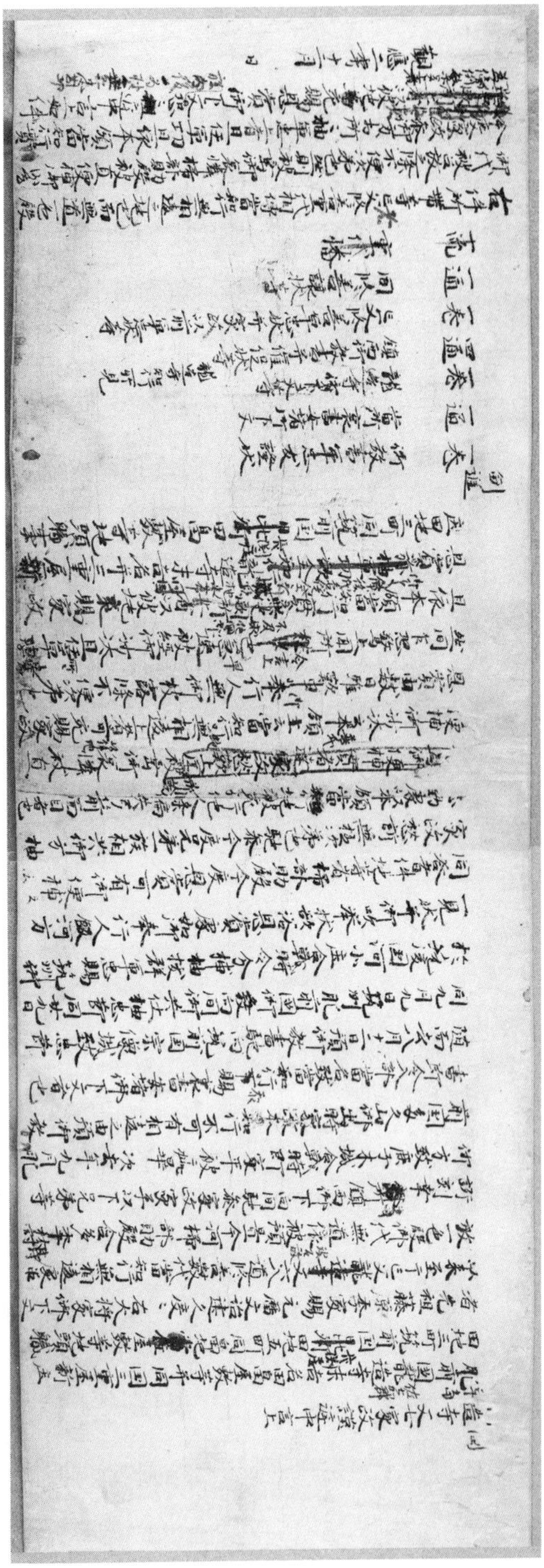

【図版Ⅱ—①】

（以下、巻子裏紙で見えず）

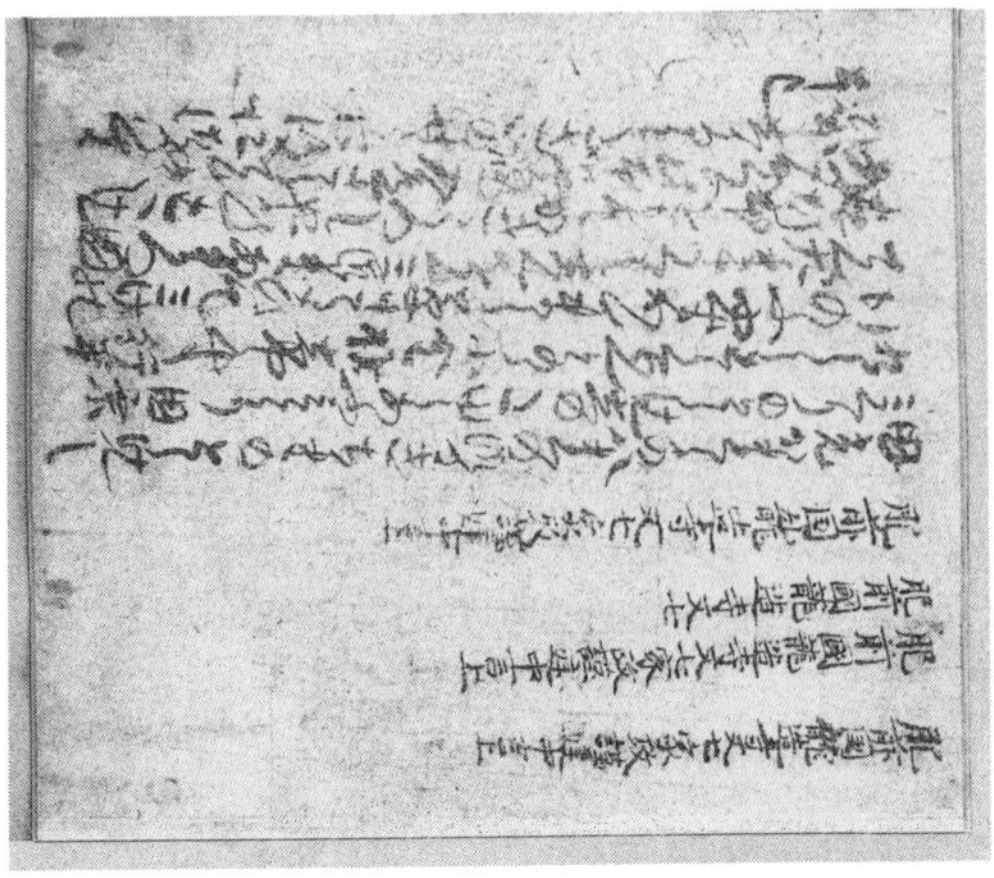

【図版Ⅱ—②】

肥前国龍造寺末吉名田畠・屋敷等幷同国三重
屋新庄田地三町・筑前国日比郷田地五町・同畠地・
当住屋敷等地頭職者、先祖藤原（高木）季家賜元暦・
文治・建久度々　右大将（源頼朝）家御下文以来、至于亡父龍造
寺又六入道修善（家親）数代当知行無相違処、召放一色殿（範氏・道猷）
御代無道、依被預置今河掃部助（経頼）殿、含多年欝訴
刻、幸　御所（足利直冬）鎮西御下向間、馳参家政・家平以下兄弟等
御方、致鹿（子）久木城合戦時、即家平被疵畢、次去年
九月肥前国多久山御出時、家政本知行不可有相違
由、預御教書、即令入部当名、致当知行、下賜　裏書
安堵御下文者也、随而去八月十二日預御教書、馳向
筑前国宗像城、致忠節、同九月九日筑州（少弐頼尚）肥前国
御発向間、御共仕柚〔抽〕忠節、同廿九日於筑後国河北
……庄合戦時、令分捕抽抜群軍忠、賜　筑州御一見状…（紙継目）…
幷御吹挙状、欲浴恩賞処、如御奉行人飯河方問
答者、件地等者、掃部助殿今度恩賞可有御便捕〔補〕、
家政等愁訴無極次第也、馳参今度兄弟一族御方、
抽忠勤処、以□〔本〕領当知行地、被充行他人条、偏失
弓箭面目者也、若為御便捕〔補〕実者、達政家等
愁歎上聞、被垂御哀憐、被直便捕〔補〕御沙汰、云本
領主、云当知行、無相違上者、可充賜家政等恩賞由、
数日雖歎申、奉行人飯河方無御披露条、不便次第也、
○急速被経御沙汰、且任軍忠、且依本領当知行実、
「然間乍恐驚上聞、所愁申也、」
無他闕所上者、以彼地下賜家政等恩賞、弥抽軍功、
欲全知行龍造寺末吉名幷三重屋新庄田地三町・
同筑前国日比郷田畠・屋敷等地頭職間事、

副進
一巻　御教書・軍忠支証状
「一通　当所裏書安堵御下文」
一巻　龍造寺御下文等
四通　鎮西御教書幷催促状等龍造寺知行所見、
一巻　亡父修善軍忠状「幷家政以前○軍忠状等」
一通　同修善譲状等
「一流　重代幡一流」

○異筆は、「　」で示した。

【A文書―②（銘尽A）】
定秀　ソウ（僧）定秀　行平　長力〔刀〕　豊後国力〔刀〕作
　ヌケ（抜）丸
真守　安守　安綱　つる（剣）キヲ作　真綱〔清カ〕三ノ人エチ（越）
前ノツルキ作　宗近　三条小カチ（鍛冶）　友成　御作
国永　国盛　大宮　定刑〔利〕　国吉　ライ（来）大郎カしくふ（叔父）
国行国　ライ大郎　国俊　ライマコ（孫）大郎入道　広兵
国光　ライ兵へ（衛）　了戒　国俊比　宗次　宗延　備前国
不同　宗仲　夫リヤクノ比（天暦）　宗恒　助綱　国包　宗次
本三位中将（平重衡）大力〔刀〕作　友光　日分仏　安則　三寸ノハスレ（忘）
ヒ（樋）有　恒　ツルキ作　助盛　助忠　介成　介成　重行　信

国　近則　永綱　助真　信房　近忠　散位永包〔昌〕
高平　友安　家安　有成　今成　文安　則常　メ（銘）
イハメヌキ（目貫）ノアナ（穴）ノ上ニウツ（打）　則房　定成　重利　則
包　包助　助次　長光　行光　則房　定則
重利　行真　吉包　宗忠　吉家　家利
成宗　依宗　宗長　吉平　信正　信包　助則　助
茂　助吉　助房　吉房　久房　重久　光忠　安
忠　俊光　宗光　助行　助守　助村　基近
守綱　守秀　国重　安永　友則　康高　助
重　貞真　吉真　貞綱　弘利　弘行　行恒
利恒　家忠　貞守　家秀　貞〔真〕長　利恒　信光
恒光　光守　守利　忠近　近村　近包　光
近　村守　正真　常保　守助　助高　吉守　守
永　守末　光元　為吉　国守　国安　国吉　国光
成忠　成高　秀貞　助秀　安家　貞経　是介
貞〔真〕行　近貞〔真〕　重近　秀近　秀正　貞〔真〕近　貞〔真〕恒
助成　国綱　助貞　為利　秀綱　安秀　宗安　基
定　基重　基包　宗利　有真　長直　頼正
助是　行宗　長宗　国友　正恒　助包　国宗　長
光　景光　守光　吉宗　家真　備中国
□□〔不同カ〕　遠常〔常遠〕　守次　恒次　次家　俊次　包次
□〔次カ〕依　次秀　次忠　時次　為信　為次　行利
□〔行〕末　重末　国秀　重次　弘家〔次カ〕　行次　アヲイ（青井）也

…………………………………………（紙継目）…………………………………………

包次　アヲイ　貞次　同　頼次　同　河内国　有成　有武
大和国　但次　乙大郎　力王　龍〔瀧〕　重弘　則弘　平三〔郎脱〕
金王　中二郎　藤三郎　忠香　国介　兼秋〔林カ〕　包
平〔永カ〕　日光　月光　はん（番）のかち（鍛冶）　正月　則宗　備前
二月ノ　貞次　備中　三月　延房　備前　四月　国
安　アウタロ（粟田ヽ）　五月　恒次　備前　六月　国友　アウタロ
七月　宗吉　備中　八月　次家　備中　九月　助宗
備前　十月　行国　備前　十一月　助成　備前　十二月
助信〔延〕　備前　かち（鍛冶）のせん（前）後不同　真守　ヌケ（抜）丸作　国
永　キク（菊）丸作　宗久〔近〕　六（百）もヽテウ（蝶）丸作　フシユ（諷誦）　ヒケキリ（髭切）　サタ（定秀）
ヒテ　三めユイ　五林（輪）丸　国綱　ヲニ（鬼）丸　国吉　住吉ツルキ（剣）作
すかん（助包）　ねこ（猫）丸　すけかん〔ひ〕（助平）　ほうしやう（保昌）のふ■ころ（懐添ヽ）〔と〕作
御作　なりかね　国友　乙丸　友成　のと殿（能登・平教経）のさくら（桜）丸作
則宗　助宗　とひきり（飛切）作　正恒　信房　とうかり（遠雁）
国行　かんな（鉋）丸　うつうかり〔面かけカ〕（面影カ）　遠江国　神次　国来
梅藤源太　相模国　貞国　国弘　アクケンタ殿ノ（悪源太・源義平）
アヲミトリ（青緑）作　助真
陸奥国　諷誦　月山
我里　行重　近則　重長
光長　舞草　アウタロ（粟田）
藤林　藤次　行光〔国久〕　藤兵へ　頼国〔国頼〕
大すミのかミ（隅守）　久国　とう（藤）二郎　国安

国光┬国重　大郎
　　├国房〔広〕　次郎五郎
　行├国光〔行〕　藤三郎
　　└正宗　同五郎

頼国〔国頼〕─国友┬則国┬国吉
　　　　　　　　　└林次　└国光　四郎

此国ハめいの中のめいとも　国清　とう──林三──吉光
四郎　藤四郎
有国　五郎　国綱　とう六　国光ハ三二の二郎

○便宜上、刀工・目次・注記などの間には空白を入れ区分した。

【B文書──①（申状B）】

□□〔肥前〕国
□〔龍〕造寺又七家政謹庭中言上、
肥前国「早当」「佐嘉郡」龍造寺末吉名田畠・屋敷等并同国三重屋新庄
田地三町・筑前国日比郷「長渕庄」田地五町・同畠地・当住屋敷等地頭職
者、先祖藤原季家（高木）賜元暦・文治・建久度々　右大将家（源頼朝）御下文
以来、至于亡父龍造寺又六入道修善（家親）数代当知行無相違処、召
放一色殿（範氏・道猷）御代無道「被召放、」依被預置今河掃部助殿（経頼）、含多季「秊」欝
訴刻、幸　御所「当」（足利直冬）鎮西御下向間、馳参家政・家平以下兄弟等
御方、致鹿子木城合戦時、即家平被疵畢、次去年九月肥
前国多久山御出時、家政本知行不可有相違之由預御教
書、即令入部当名、致当■「知」行、「忝」下賜裏書安堵御下文者也、
随而去八月十二日預御教書、馳向筑前国宗像城致忠節、
同九月九日筑州（少弐頼尚）肥前国御発向間、御共仕抽忠節、同廿九日
於筑後国河北庄合戦時、令分捕抽抜群軍忠、賜筑州御
一見状并御吹挙状、欲浴恩賞処、如御奉行人■「飯」河方
問答者、件地等者、掃部助殿今度恩賞可有御便捕〔補〕云云、
家政愁訴無極次第也、馳参今度兄弟一族相共御方抽
…□〔忠〕勤処、以本領当■「知」行地、被充行他人条、偏失弓箭面目者也、…（紙継目）…

□〔若〕為御便捕〔補〕実者、達家政愁歎上聞、「所詮」被垂御哀憐、被直
便捕〔補〕御沙汰、云「普代」本領主、云当知行「地、」無相違上者、「以件地、」可充賜家政
恩賞由数日雖歎申、「御」奉行人無御披露条、不便次第也、
然間乍恐驚上聞、所愁申候也、「令言上」「早」急速被経御沙汰、且任「所々」軍功等、「忠節」
且依本領当知行実、「不及求他闕所」無他闕所上者、以彼地下賜「充」家政
恩賞、弥抽軍功欲全知行龍造寺末吉名并三重屋敷「新」「御下文、備後代亀鏡、全知行、■弥欲抽忠節、同国」
庄田地三町・同筑前国日比郷「長渕庄」田畠・屋敷等地頭職事、

副進
一巻　御教書・軍忠支証状
一通　当所裏書安堵御下文
一巻　龍造寺御下文等
四通　鎮西御教書并催促状等龍造寺知行所見、
一巻　亡父修善軍忠状并家政以前軍忠状等
一通　同修善譲状等
一流　重代幡

右、件所帯等「者、」亡父修善重代相伝、当知行無相違之地也、而無道一色殿
御代被召放之条、不便次第也、然則被垂御哀憐、掃部助殿被直便捕〔補〕御沙汰、
今度家政参御方、於所々抽軍忠上者、且任軍功、且依本領当知行実、「任傍例繁多上者」
無他闕所上者、以彼地為充賜恩賞御下文、「弥■後■為抽■無二忠勤、」「為傍例繁多上者」恐々粗庭中言上如件、

観応二季十二月　日

○異筆は、「　」で示した。

【B文書―②（銘尽B）】

（異筆・申状Aと同筆）「肥前国龍造寺又七家政謹庭中言上、
肥前国龍造寺又七家政謹庭中言上、
肥前国龍造寺又七、
肥前国龍造寺又七家政謹庭中言上、」
国光　かまくら《鎌倉》の八まん《幡》のつるき《剣》　ちま《治間》のとうけんし《藤源次》
〔エ脱〕ミくり《咲栗》の《衍》　とうけんし《藤源次》のたゆう《大夫》　あふミとり《青緑》　国宗
九らうはうくわんとの《郎判官殿・源義経》ゝ小金作　しやうす《上手》　行平
行のふ《延》　やすかん　まう《舞》草　さたひて《定秀》　ミけ《三池》の
てんた《典太》　まさくに《正国》　しんをん　ミつま　あまつ《天》国
右ひ《秘》本をもて、かき《書》うつし《写》おハん《畢》、■《こ》いけん
ある■《へ》く候、此本ハやな《簗》の入道さうてん《相伝》の
ひ《秘》本しるしてこさい《巨細》のせ候由、後につかハす《遣》
本也、

○便宜上、刀工・目次・注記などの間には空白を入れ区分した。

最後に、A文書（申状A・銘尽A）とB文書（申状B・銘尽B）の現状について触れておきたい。A文書は、未成巻の状態で保管されており、全二紙（三三・〇×四七・六cm＋三三・一×四七・六cm）の継紙である。銘尽Aは、2紙目・1紙目の裏に書写されている。B文書は、申状Bを表として近年に成巻されており、全二紙（三三・一×四八・八cm＋三三・一×四八・八cm）の継紙である。銘尽Bは、2紙目の裏に書写されており、巻子の裏から見えるように墨付きの部分が窓開けされている。

二　「龍造寺本銘尽」の成立

本章では、「龍造寺本銘尽」の成立について具体的に検討していきたい。まず問題となるのが、龍造寺家政申状土代（申状A・B）と「龍造寺本銘尽」（銘尽A・B）のどちらが紙背文書なのかである。

紙背文書とは、不要になった文書の裏を料紙として再利用した際、最初に使用された文書の方を指すものである。[19]B文書―①・②の成巻状態からすれば、現状では銘尽Bが紙背文書かのように取り扱われている。しかし、料紙全体の使用方法を見れば、申状Bが料紙全体を使用しているのに対して、銘尽Bは一紙分しか使用していない。さらに、銘尽Bの前には、「肥前国龍造寺又七家政謹庭中言上」・「肥前国龍造寺又七」・「肥前国龍造寺又七家政謹庭中言上」・「肥前国龍造寺又七家政謹庭中言上」と四行に渡って申状の書出が下書きされている。この四行は、表から続く申状Bの下書きの一部である。

既に四行が書かれていたから銘尽Bは、料紙の初めからではなく中途半端な四行の後から筆写するしかなかった。このことから銘尽Bは、反古紙である申状Bの裏の余白部分を使って筆写されたものということになる。銘尽Bの料紙の使用方法から銘尽Aも、最初に申状Aの料紙として使用され、それが反古紙とされてから裏に銘尽Aが書かれたことがわかる。つまり、申状A・申状Bの方が、紙背文書なのである。

二通の龍造寺家政申状土代は、同一の申状の下書きであるが、両者の修正箇所を比較すれば申状Aで訂正された箇所は申状Bでは修正されている。このことから申状Aの方が、申状Bよりも先に書かれたことがわ

かる。最初に書出・事書・副進目録だけの（事実書と年月日が省略された）申状Aが作られ、それを訂正した首尾一貫した下書きの申状Bが作られたのである。そして、申状Bを清書したものが、最終的な申状（正文）として提出されたと考えられる。

なお、龍造寺家政申状土代（申状A・B）は、料紙の末尾に十分な余白があり、それぞれ欠落のない完結した土代である。下書き自体も、二通しか作られなかったと考えられる。裏に写された「龍造寺本銘尽」（銘尽A・B）も、料紙に十分な余白があり、内容的にも連続していて欠落のない完結したものと考えられる。

次に問題となるのが、「龍造寺本銘尽」が何時・誰によって・誰のものを書写したのかである。

書写された時期は、龍造寺家政申状土代が紙背文書なのだから「龍造寺本銘尽」は観応二年（一三五一）十二月以降に書写されたことになる。中世社会では、紙が貴重であったため一般的に不要となった文書は反古紙として再利用されている。中世の公家・寺社及び金沢文庫の場合は、日記・典籍・聖経などの料紙として再利用された文書（反古紙）が「かたまり」として残っており[20]、反古紙が長期間保存されて再利用される場合があったことがわかる。これに対して一般的な地方武士の場合は、再利用した文書（反古紙）は管見の限り（少なくとも九州地方では）単体でごく僅かしか残っておらず、ほとんどの反古紙は日常的に直ぐ使用され廃棄されたと考えられる[21]。

一般的な地方武士である龍造寺氏も、伝来文書である「龍造寺文書」の中に本事例以外に再利用された文書（反古紙）は残っていない。龍造寺氏の場合も、不要となった文書は直ぐに反古紙として再利用されてほとんどが廃棄されたと考えられる。また、反古紙の再利用に際しては、継紙などはバラバラにされて再利用されている場合が多いが[22]、本事例では龍造寺家政申状土代（申状A・B）が糊で接着された継紙のままの状態で再利用されており、再利用されていない（銘尽が写されていない）申状Bの一紙目までも残っている。

これらのことと「龍造寺本銘尽」（銘尽A・B）を写すため二通の同一申状の土代がセットで利用されていることを考え合わせれば、龍造寺家政申状土代が不要となった時点（観応二年十二月）で直ぐに必要とされ再利用された可能性が高いと考える[23]。

「龍造寺本銘尽」を書写した人物については、まず龍造寺家政申状土代の作成者が注目される。しかし、「龍造寺本銘尽」の筆跡は、申状土代の本文を作成した人物の筆跡とは類似性がない。これに対して、申状土代の本文と別筆である訂正者の筆跡とは類似性がある。申状Aから申状Bへの修正過程で訂正者により、申請者が一族連名から惣領単独へと大きく変更されている。このような訂正を指示できるのは、惣領である家政本人しかなく、訂正者が家政本人であった可能性は高い。

ただ、「龍造寺本銘尽」は、内容だけを手早く筆写したものと考えられ（後述）、早書きのため同筆かどうかまでの判断は困難である。いずれにしても、紙背文書を作成した主体は龍造寺氏であり、龍造寺氏の伝来文書として残存したものである。「龍造寺本銘尽」を筆写した人物は、家政本人か周辺の人物として問題ないと考える[24]。

では、誰が所持していた「銘尽」を写したのだろうか。注目されるのが、末尾の奥書「右ひ《（秘）》本をもて、かきうつし《（書）（写）》おハん《（畢）》、■《こ》いけんある■《へ》く候、此本ハやな《（簗）》の入道さうてん《（相伝）》のひ《（秘）》本しるしてこさい《（巨細）》のせ候由、後につかハす《（遣）》本也」である。しかし、末尾の奥書は、内容的に「銘尽」の正式な本奥書というべきもの（龍造寺氏が親本となった「銘尽」の奥書を写したもの）であり、龍造寺氏が筆写した時に作文して書いた書写奥書ではない。このため、末尾の奥書から、龍造寺氏による転写の直接的な経緯を明らかにすることはできない。

刀剣が必需品であった武家社会で刀剣書が必要とされたことは疑いようがなく、室町～戦国時代になると刀剣書（写本）は武家社会の上層部から将軍周辺の役人・遁世者及び寺院・地方武士まで幅広く普及して所蔵されている。[25]しかし、鎌倉時代後期～南北朝時代前期の段階までは、一部の人物しか刀剣書を所持していなかったと考えられる。その証拠に、鎌倉時代後期に遡るオリジナルに近い姿を伝える中世刀剣書の写本は、現時点で「観智院本銘尽」と新発見の「龍造寺本銘尽」の二つしか見つかっていない。さらに、現存する写本のほとんどが、戦国～江戸時代に筆写されたものであり、内容的にも室町時代以降に成立したり改変が加えられたりしたものである。

このような中で地方武士である龍造寺氏が、南北朝時代前期に「銘尽」（刀剣書）を目にして筆写する機会は極めて限られてくる。そこで、筆写時期と考えられる観応二年十二月頃の龍造寺氏の動向から検討していきたい。

龍造寺家政申状土代（申状A・B）は、恩賞として旧領回復を訴えていた家政が奉行人の怠慢を足利直冬へ「庭中」（直訴）して救済してもらうために作成したものである。これから観応二年十二月に家政が、直冬の陣中に滞在していたことがわかる。さらに、龍造寺氏は九州に下向した直冬に味方し、貞和六年（一三五〇）から行動を共にしていた。[26]こういった状況下、「銘尽」を目にして筆写する機会があるとすれば、直冬本人もしくは直冬の関係者が所持していた「銘尽」であった可能性が考えられる。

「龍造寺本銘尽」の親本は、正式な本奥書を有する秘本の「銘尽」（刀剣書）である。南北朝時代前期の段階で秘本の「銘尽」を所持している人物として、室町幕府の初代将軍足利尊氏の子供で足利直義の養子でもある直冬本人もしくは直冬の関係者であれば十分に可能性はある。さらに、「銘尽」ではないが、南北朝時代後期に九州探題として赴任した今川了俊は多くの典籍類（和歌・物語・連歌関係など）を九州に携行していた。[27]また、戦国時代ではあるが、籠手田定経は合戦の際に陣中で大内氏の家臣から故実書を書写させてもらっているし、[28]畠山政近は合戦に「銘尽」を携行して紛失している。[29]これらのことから直冬本人もしくは直冬の関係者が、九州下向に際して「銘尽」を含めた典籍類を携行していた可能性は十分にあると考える。

推測の域を出ないが「龍造寺本銘尽」は、観応二年十二月頃に龍造寺氏（家政本人か周辺の人物）が直冬の陣中で直冬本人もしくは直冬の関係者が所持していた「銘尽」を見せてもらい、暫時借用して陣中で都合良く手元にあった二通の龍造寺家政申状土代（不要となった文書）の裏を利用して短時間で書写したものとイメージしている。

三　「龍造寺本銘尽」の性格

本章では、「龍造寺本銘尽」の性格について内容面から迫っていきたい。まず、目次と思われるものを抽出してみよう（本文に目次がなく地域性・流派に注目して筆者が付した仮目次は「　」で示した）。

【「龍造寺本銘尽」の構成】

（配列）（目　　次）

1　「（豊後国）」
2　「（伯耆国）」
3　「（山城国）」・「（来）」
4　備前国不同
5　備中国□□《不同ヵ》
6　河内国
7　大和国
8　はん《番》のかち《鍛冶》
9　かち《鍛冶》のせん《前》後不同
10　遠江国・「（加賀国）」
11　相模国
12　陸奥国
13　アウタ《粟田》口
14　「かち《鍛冶》のせん《前》後不同」
15　しやうす《上手》
16　「奥書」

1～16が、「龍造寺本銘尽」の目次（項目）であり、主要な内容を示したものでもある。10については、遠江国と記載があるが、加賀国の刀工も含まれていて「散在国」として取り扱うべきものと考えられる。

国別で見れば、4―備前・5―備中を始めとして、1―豊後・2―伯耆・3―山城・6―河内・7―大和・11―相模・12―陸奥と主要な刀剣生産地の刀工が収録されている。流派でも、3―来・11―鎌倉鍛冶（系図）・13―粟田口（系図）と主要な流派の刀工が収録されている。そして、8―後鳥羽院番鍛冶結番次第、9・14―有名刀工と名物を集めたもの、15―有名刀工を集めたものまで収録されている。さらに、16―奥書まで有する「龍造寺本銘尽」は、収録内容からすれば一冊の「銘尽」として纏まりのあるものといえる。

現状の「龍造寺本銘尽」は、全ての項目が続けて隙間なく書写されているが、親本は項目ごとに十分な余白を持たせて筆写された写本（冊子）だったと考えられる。さらに、全体的に誤字・脱字が散見され、目次の国に該当しない刀工が含まれていたり、他の項目からの混入と思われる箇所があったりする。これらの点から「龍造寺本銘尽」は、オリジナルの形式を反映させた精密な写しではなく、内容だけを手早く筆写したものと考えられる。このため転写に際して、筆写漏れが生じたり、注記などが省略されたりしている可能性がある。そこで、他の中世刀剣書と比較して記載内容を確認しておきたい。

「龍造寺本銘尽」は、「観智院本銘尽」[30]と「長享本銘尽」[31]とに類似する項目が複数ある。その中でも特に類似性がある項目は、9・14の「かち《鍛冶》のせん《前》後不同」である。次の表Ⅰは、三者（剣作鍛冶前後不同）を対照させたものである（各刀工の上の数字は実際の配列順を示している）。まず、表Ⅰを通して三者を比較してみたい。

表Ⅰからわかるように三者は、内容が共通していて同一の根源（祖本）から派生したものである。異同はあるが、「龍造寺本銘尽」が注記などを省略していないことが確認される。ただ、「龍造寺本銘尽」は、表Ⅰの17と18の間に別の項目が入り（銘尽Aと銘尽Bとに分断して筆写され）、表Ⅰの13・14では刀工の混入と記事の脱落が見られる。

配列・内容からすれば、「長享本銘尽」よりも「観智院本銘尽」に近い。とはいえ、一部の内容では「長享本銘尽」の方に近い箇所もある。このことは、「龍造寺本銘尽」が「観智院本銘尽」と「長享本銘尽」の中間的な系統であることを示している。この中間的な傾向は、13の「アウタ口（粟田）」でも認められる。三者を掲示し、比較してみたい。

【龍造寺本銘尽】 アウタ口（粟田）

- 藤林
- 藤次
- 行光（国久）藤兵へ、
- 大すミのかミ（隅守）、
- 久国とう（藤）二郎、
- 此国ハめいの中のめいとも、
- 有国五郎、
- 国綱とう六、
- 国光ハ三二の二郎、
- 頼国（国頼）—国友—則国—国吉
  - 国安
  - 国清とう四郎、
  - 林次
  - 林三
  - 国光四郎、
  - 吉光藤四郎、

○注記は、文字のポイントを下げて区別した。

【観智院本銘尽】 粟田口鍛治（冶）系図

- 国家
  - 国友藤林—則国
    - 国吉
    - 国光
    - 吉光[redacted]
  - 久国依後鳥羽院御宇師範、
  - 国安大隅守ニにんす（任）、
  - 国清
  - 有国
  - 国綱

【長享本銘尽】 山城国京中ノ鍛冶平安城粟田口京中前後不同

- △国頼非鍛冶、—国家
  - 国友—則国藤右馬允、
    - 国吉—林次藤兵衛尉トモ打、同名肥ニアリ、—林三
    - 国光四郎兵衛尉、ヨコヤスリ（横鑢）、
    - 国延左馬允、
    - 吉光肥後ニモアリ、
    - 正光藤三、
  - 国安藤三郎、
  - 国清藤三（四）郎、
  - 有国
  - 国縄（綱）藤六左近入道、鬼丸作、
  - 久国
  - □（景）国

○茎図は、省略した。

粟田口系図も、三者共通していて同一の根源（祖本）から派生したものである。ここでも異同はあるが、「龍造寺本銘尽」は、系図の配列がバラバラになった部分があり、転写の際に形式などへの配慮がなされていない。全体的には、「観智院本銘尽」よりも「長享本銘尽」に近く、林次・林三の記載も「長享本銘尽」にしかない。9・14の「かち（鍛冶）のせん（前）後不同」とは逆だが、「龍造寺本銘尽」が「観智院本銘尽」と「長享本銘尽」の中間的な系統であることがわかる。

これらの比較から「龍造寺本銘尽」は、注記などを省略しておらず、「観智院本銘尽」と「長享本銘尽」の中間的な系統のものであると位置づけられる。鎌倉時代後期〜南北朝時代前期に遡る内容を有する「観智院本銘尽」㉜と類似する記述が多いことは、「龍造寺本銘尽」が内容的に鎌倉時代まで遡ることを示唆している。

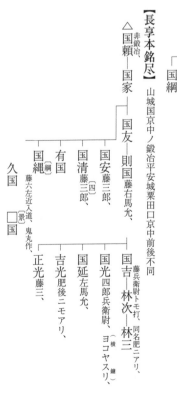

【表Ⅰ　剣作鍛治前後不同の比較】

「龍造寺本銘尽」かち（鍛冶）のせん（前）後不同		「観智院本銘尽」剣作鍛治〔冶〕前後不同		「長享本銘尽」剣ヲ造鍛治〔冶〕前後不同	
				01	長円　ウスミトリ（薄緑）ヲ作、
01	真守　ヌケ（抜）丸作、	01	真守　平家抜丸作、	02	真守　抜丸ヲ作、
02	国永　キク（菊）丸作、	02	国永　菊丸作、	03	国永　菊丸作、
03	宗久〔近〕　六もゝ（百）テウ（蝶）丸作、	03	宗近　てう（蝶）丸作、	07	宗近　寺丸作、三日月丸、鵜丸作、
04	フシユ（諷誦）　ヒケキリ（髭切）、	04	諷誦　ひけきり（髭切）お作、	04	諷誦　以頭〔鬚〕切作、
05	サタヒテ（定秀）　三めユイ、五林（輪）丸、	05	定秀　わたすい丸作、五輪丸作、是佐々木重代、	05	定秀　三目ユイ、五リン（輪）丸作、
06	国綱　ヲニ（鬼）丸、	12	国縄〔綱〕　つなきり（綱切）・鬼丸ヲ作、	12	国綱　鬼丸作、
07	国吉　住吉ツルキ（剣）作、	13	〈粟田口〉国吉　住吉大明神御剣作、	13	国吉　住吉剣作、
08	すけかん（助包）　ねこ（猫）丸、	06	助包　備前、孫々〔ねこ〕（猫）丸作、	06	助包　横〔猫〕丸作、
09	すけかん〔ひ〕（助平）　ほうしやう（保昌）のふところ（懐）忝（添）作、	07	助平　備前、保昌懐剣作、	08	助平　保昌懐太刀作、
		08	神息　おもなし〔と〕丸作、	10	神息　ヲトナシヲ作、
10	御作　なりかね、	09	御作丸		
11	国友　乙丸、	10	国友　粟田口、おと（乙）丸作、	11	国友　乙丸作、
		11	国安　粟田口、水細〔毛〕丸、	09	国安　水毛作、
12	友成　のと（能登）（平教経）殿のさくら（桜）丸作、	14	友成　能登殿（平教経）、桜丸作、	14	友成　能登殿（平教経）、サヽ丸作、
13	則宗　「助宗」　とひきり（飛切）作、	15	則宗　備前、とひきり（飛切）丸、	15	則宗　日切丸作、
14	「助宗」			28	助宗　菊丸作、
15	正恒	16	正恒　足利又太郎（忠綱）、細〔綱〕切丸作、	25	正恒　鬼切作、
16	信房　とうかり（遠雁）、	17	信房　備前、遠雁丸作、	16	信房　トヲカリ（遠雁）作、

17	国行　かんな（鉋）丸、うつうかり〔面かけカ〕（面影カ）、	18	国行　「鎌倉八幡御剣作、」	17	国行　カンナ（鉋）丸作、チツキ丸作、
18	国光　かまくら（鎌倉）の八まん（幡）のつるき（剣）、	19	「鎌倉八幡御剣作、」	18	国光　鎌倉八幡御剣作、
		20	高平　備前、畠山（重忠）、向平作、	21	高平　畠山（重忠）殿、蛇切丸作、
19	ちま（治間）のとうけんし（藤源次）〔エ脱〕ミくり（咲栗）の（衍）、	21	沼間源藤次　〔エ脱〕三くち〔ミくり〕（咲栗）丸作、	19	治間　エミクリ（咲栗）丸ヲ作、
20	とうけんし（藤源次）のたゆう（大夫）　あふミとり（青緑）、	22	藤源次太夫　あをミとり（青緑）お作、	20	国弘　悪源太義平ノ青ミトリ（緑）作、
21	国宗　九らうはうくわんとの（郎判官殿）（源義経）ゝ小金作、	23	国宗　九郎判官（源義経）、うすミとり（薄緑）お作、	22	国宗　九郎判官殿（源義経）御剣作、
		24	安縄〔綱〕　利仁（藤原）御剣作、上手也、	23	安縄〔綱〕　鬼丸作、
		25	天国　村雲剣作、	30	天国　小烏丸作、
		26	藤戸　白ひけ（鬚）の大明神御剣作、		
		27	天藤　春日大神御剣作、		
				24	包平　釜歯作、
				26	延房　ハツ丸作、
				27	宗吉　小美女桜丸作、
				29	我里馬　烏丸作、
				31	久国　粟田口、大隅権守、後鳥羽院号御師、

収録された個別刀工についても、他の中世刀剣書の収録刀工と比較・検討した。詳細については別稿で論じるが、行論上で必要な検討結果を簡単に紹介しておきたい。(33)「龍造寺本銘尽」の収録刀工は、総数で約二八〇人（重複も含む）を数え、「観智院本銘尽」・「長享本銘尽」に収録されている刀工が大半を占めている。ただ、一割強、「観智院本銘尽」・「長享本銘尽」に収録されていないが他の中世刀剣書に収録されている刀工、既知の中世刀剣書に未収録の刀工が含まれる。(34)このことから「龍造寺本銘尽」の祖本は、既知の中世刀剣書と共通しつつも、一冊の「銘尽」としては未知の中世刀剣書といえる。

収録された刀工の下限としては、鎌倉鍛冶の「貞宗」と長船鍛冶の「兼光」が注目される。この二人は、鎌倉時代末期～南北朝時代に渡って活躍した有名刀工である。(35)「龍造寺本銘尽」には、二人の記載はなく、鎌倉鍛冶では「正宗」と長船鍛冶では「景光」と二人の前代の刀工までしか収録されていない。これに対して「観智院本銘尽」には、「貞宗」・「兼光」が収録されており、[36] 収録刀工からすれば「龍造寺本銘尽」の方がより古い形態を残しているといえる。

以上の検討結果から「龍造寺本銘尽」は、正式な奥書を持ち、収録された刀工の総数も約二八〇人を数え、内容的に一冊の「銘尽」として纏まった鎌倉時代に遡る内容を持つ中世刀剣書と位置づけられる。そして、最古の写本である「龍造寺本銘尽」の発見により、「観智院本銘尽」と「長亨本銘尽」の一部が古い形態を残していることも裏付けられた。

四　中世刀剣書の受容と成立

「龍造寺本銘尽」の親本については、末尾の奥書「右ひ《（秘）》本をもて、かき《（書）》うつし《（写）》おハ《（畢）》ん、■《こ》いけんある■《へ》く候、此本ハやな《（簗）》の入道さうてん《（相伝）》のひ《（秘）》本しるしてこさい《（巨細）》《と》のせ候由、後につか《（遣）》《と》ハす本也」が注目される。この奥書は、親本となった「銘尽」の本奥書を龍造寺氏が写したものである（前述、二章参照）。奥書から「龍造寺本銘尽」の親本が、「やな《（簗）》の入道さうてん《（相伝）》のひ《（秘）》本」の転写本であったことがわかる。

「龍造寺本銘尽」が書写されたのが南北朝時代なのだから、親本が書写されたのは南北朝時代以前ということになる。親本よりもさらに古い「やな《（簗）》の入道さうてん《（相伝）》のひ《（秘）》本」は、内容からも鎌倉時代まで遡るものと考えて問題ない。当然、簗入道も鎌倉時代の人物ということになる。

この簗入道について、「宇都宮銘尽」[37] と総称される中世刀剣書の奥書から検討していきたい。

【史料A】「宇都宮銘尽（貞親本）[38]」

（奥書①）「宇都《（津）》宮参河入道本也、
簗刑部左衛門入道円阿口伝本也、
先孝玉《（考玉）》五林玖公自筆大集法成之、
主重阿判　　　　　　　　　　」

（奥書②）「此一冊、故伊勢守貞親朝臣、以重阿相
伝秘本写之、所持之処、依大内左京大夫《（義興）》
殿御所望、書写之訖、
長亨《（享）》弐年戊申八月日　　　伊勢備中守 瑞笑軒ト云、常喜　」

（奥書③）「銘尽之本、去々年明応八年己未十二月十九、
天王寺陣破而河内国高屋城、同廿日
敗北之砌、紛失之間、於周防国難去
借用而写之、
文亀元年辛酉年五月廿一日　前上総介（畠山）政近在判 春秋満六十、
（花押影）」

【史料B】「宇都宮銘尽（利永本）[39]」

（奥書①）「△右之証《せう》本者、簗《やなの》刑部左衛門尉入道円阿之
直説《ちきせつ》也、宇都宮参河入道順《しゆん》阿」

幸阿《玉林》　重阿　氏利永

（奥書②）「△ゆめ〳〵《（努々）》くわいけん《（外見）》あるへからす、ひ《（秘）》すへし〳〵、」

しゆんあ――本阿〈順といとこ《（従兄弟）》なり、〉　〇宗――金――春――同〈しゆんと又いとこ《（従兄弟）》、めハきかす、〉

しゅんか《キルヤ》やうし（養子）也、
まん阿—能　しゅん二十四さいにておくれ候、

八十二歳 ○順—┬—幸 四十余—重 六十二—清 卅二—見 連歌の上手也、
　　　　　　　└—善同 卅三　」

（奥書③）「于□天文十四年□□（乙巳卯月）□□五日（「時」）
本阿（花押影）（印）
本阿（花押影）」

○異筆は、「　」で示した。

【史料C】「宇都宮銘尽（照安本）[40]」

（奥書①）「明徳二年八月日書之、
伊勢駿河入道
沙弥照安在判
以伊勢駿州之抄本書写之訖、厥以善本
本令校合訖、他本令書写副此本也、
公方様之御本と云々、
舜阿—┬—幸阿——重阿——清阿——見阿
　　　└—善阿　」

（奥書②）「大永三癸未年霜月吉日書写畢、」

三種類の写本は、若干の異同はあるが中核となる部分（「宇都宮銘尽」）が共通している。「宇都宮銘尽」は、史料A—奥書①の「簗刑部左衛門入道円阿口伝本」と史料B—奥書①の「簗刑部左衛門尉入道円阿之直説」との記載からすれば、簗刑部左衛門入道の教えを宇都宮参河入道が纏めたものということになる。この簗刑部左衛門入道は、「龍造寺本銘尽」の簗入道と名字・入道している点が共通し、刀剣にも精通している点から同一人物と考えられる。

「宇都宮銘尽」の成立年代については、史料C—奥書①の解釈が重要になる。史料C—奥書①は、ア「明徳二年八月日書之」、イ「伊勢駿河入道沙弥照安在判」、ウ「以伊勢駿州之抄本書写之訖、厥以善本令校合訖、他本令書写副此本也、公方様之御本と云々」、エ「舜阿—幸阿—重阿—清阿—見阿／—善阿」の四つのブロックに区分できる。

まず、ア・イの関係であるが、ア「明徳二年八月日書之」の次行に書かれたイ「伊勢駿河入道沙弥照安在判」は通常ならば一連のものと理解すべきである。だが、照安は、明徳二年（一三九一）には生まれていない[41]。さらに、年月日の下も、筆写したことを意味する「写之」ではなく「書之」である。これらの点からすれば、親本に書かれていたアを照安が写したと考えるのが自然である。若干の疑念は残るが、アから「宇都宮銘尽」の成立年代は南北朝時代まで遡ると考えられる。

また、ウは、「以伊勢駿州之抄本書写之訖」との記述から照安の写本を転写した人物による書写奥書であることがわかる。そして、ウの「厥以善本令校合訖、他本令書写副此本也」との記載から、校合に使われたエの相承系図が書かれた別本の存在が確認される。さらに、ウの「公方様之御本と云々」との記載から、「宇都宮銘尽」が室町幕府の足利将軍家に伝来していたこともわかる。

続いて、「宇都宮銘尽」の相承と転写について、史料A〜Cの奥書から整理すれば次のようになる。

史料A　a簗刑部左衛門入道→宇都宮参河入道→玉林（幸阿）→重阿

↓貞親↓常喜↓政近↓

史料B　[a]築刑部左衛門入道↓宇都宮参河入道↓玉林（幸阿）↓重阿
↓利永↓
[b]築刑部左衛門入道↓宇都宮参河入道↓玉林（幸阿）↓重阿
↓（清阿↓見阿↓）

史料C　[a]築刑部左衛門入道↓宇都宮参河入道↓（？）
↓照安↓
[b]築刑部左衛門入道↓宇都宮参河入道↓玉林（幸阿）↓重阿
↓（清阿↓見阿↓）

以上を纏めれば、ほとんどの伝本で口伝（原型）―築刑部左衛門入道、祖本―宇都宮参河入道、相承―玉林（幸阿）、相承―重阿までは共通している。この中の主要な人物を年代順に整理し、関連史料などで生没・活動時期を推定すれば次のようになる。

築刑部左衛門入道（円阿）↓鎌倉時代・南北朝時代？
宇都宮参河入道（順阿・舜阿）↓鎌倉時代・南北朝時代・室町時代？
　応安二年（一三六九）「元亀元年刀剣目利書」奥書（要検討(42)）
　応永十三年（一四〇六）「鎌倉鍛冶聞書」奥書（要検討(43)）
玉林（幸阿）↓南北朝時代・室町時代
重阿↓南北朝時代？・室町時代
伊勢照安（貞雅(44)）↓室町時代・戦国時代（御内書右筆）
　応永元年（一三九四）生年
　文明六年（一四七四）没年
斎藤利永(45)↓室町時代（美濃国守護代・土岐氏家臣）
　宝徳二年（一四五〇）「関鍛冶系図(46)」
　長禄四年（一四六〇）没年
伊勢貞親(47)↓室町時代・戦国時代（政所執事）
　応永二十四年（一四一七）生年
　文明五年（一四七三）没年

まず注目したいのは、「宇都宮銘尽」を相承もしくは転写した伊勢照安・斎藤利永・伊勢貞親である。三人が「宇都宮銘尽」を相承もしくは転写した時期は、三人の活動時期などから一四〇〇年代中頃と考えられる。とすれば、三人より古い世代の玉林（幸阿）・重阿は活動時期の中心が一四〇〇年代前半まで遡りうるし、さらに古い世代の築刑部左衛門入道・宇都宮参河入道は活動時期の中心が一三〇〇年代まで遡りうる。

宇都宮参河入道が一三〇〇年代（南北朝時代）まで遡る人物であることは、「宇都宮銘尽」の成立が南北朝時代まで遡ると考えられることから裏付けられる。とすれば、宇都宮参河入道が師事した築刑部左衛門入道は前述したように鎌倉時代の人物で問題ないし、宇都宮参河入道に師事した玉林（幸阿）も南北朝時代まで遡る人物ということになる。以下、築刑部左衛門入道・宇都宮参河入道・玉林（幸阿）・重阿に絞って具体的な人物像を明らかにしていきたい。

築刑部左衛門入道について、史料D～F（中世刀剣書）の記事から検討していきたい。

【史料D】「鍛冶名字考(48)」
秦包平（中略）薭穂作者、重衡（平）太刀也、カノ薭穂ヲトウロノ大夫
相伝シテ質ニヲキ（置）ケルヲ、築ノ形部〔刑〕、〔脱文アリ〕

【史料E】「佐々木本銘尽」[49]

包平　秦包平云、（中略）亦後鳥羽院或ハ金歯云御剣此作也、此蒲穂ハ昔輔仁親王家候人大夫公相伝、而質物ニ置ケルヲ梁刑部左衛門廿貫文ニ請所持之、

【史料F】「喜阿本銘尽（日比谷本）」[50]

包平　（中略）又後鳥羽院ノ蒲穂ト云御剣此作也、ソレモ秦ノ字ヲハ不打、彼剣ヲトウロ大夫公相伝シテ、質物ニオキ（置）タリシヲ梁ノ刑部左衛門廿貫ニテウケ（請）テ所持ス、

一連の記事は、包平作の蒲穂（薭穂・蒲穂）という名刀に関するものである。若干の異同はあるが名刀蒲穂の伝来は、「重衡」・「後鳥羽院」が所持し、「トウロ大夫公」・「輔仁親王家候人大夫公」が相伝して質物に入れ、簗刑部左衛門が請け出したということになる。この簗刑部左衛門は、簗刑部左衛門入道と名字・名乗りが共通しており、名刀の価値を理解している（刀剣に詳しい）点から同一人物と考えられる。[51]

そこで問題となるのが、簗刑部左衛門が質物から請け出した時期である。このことに関して、次の「長享本銘尽」の記事に注目したい。

【史料G】「長享本銘尽」[52]

秦包平　後鳥羽院蒲蕙ト云剣ヲ作、蒲蕙ヲ政所太夫ト云者相伝アリ□（シ）カ、関東将軍久明親王ノ御□（室）権中納言ノツホネ（局）ハ種兼カイモト（妹）也、三ノ宝ヲ内是一也、之業刑部左衛門ト嘉建（元）四年丙午歳彼ツホネ同年ニ死去ス、其後ニトウロ大夫ト云者是ヲ伝也、（中略）又後鳥羽院ノ蕙蒲ト云剣ハ秦字不打也、彼アヤメヲトウロ太夫カ質ニヲケル（置下上）ヲ竹杲（簗）刑部左衛門而覧文（廿貫）所ニテ請出テ所持ス、

史料D～Fを踏まえて史料Gを読めば、後鳥羽院が所持していた蒲穂（蒲蕙）を政所大夫が相伝し、鎌倉幕府の八代将軍久明親王（一二七六～一三二八）の妻である権中納言局の宝物となり、嘉元四年（一三〇六）に権中納言局が死去してトウロ大夫[53]が相伝して質物に入れ、それを簗刑部左衛門が請け出したということになる。史料D～Gを総合すれば簗刑部左衛門が質物から請け出したのは、トウロ大夫が蒲穂を相伝した一三〇六年頃からさほど時間が経過していない時期と考えられる。

なお、久明親王の妻は、嘉元四年に死去した惟康親王の娘（正室）、三条公親の娘（側室）、延慶元年（一三〇八）以降に久良親王を産んだ冷泉為相の娘（側室）が知られる。[54]三人の中で権中納言局が誰かであるが、没年的には惟康親王の娘そのものであるが、呼称的には父親が権中納言であった為相の娘が近い。本来は、惟康親王の娘だったものが、為相の娘と混同して呼称を誤認してしまったと考えられる。

簗刑部左衛門入道の出自については、上森岱乗氏が「多功系図」から宇都宮頼綱の四男宗朝の末裔である簗氏とされる。[55]しかし、上森氏の指摘された簗氏は、南北朝時代もしくは戦国時代の人物とされる朝光に始まるとされ、[56]鎌倉時代後期を中心に活動した簗刑部左衛門入道とは時代的に重ならない。

一次史料で確認できる簗氏には、長禄四年に結城氏の家臣と考えられる「簗備中入道」[57]、文明九年（一四七七）頃に宇都宮氏の家臣であった「簗右京亮」がいる。[58]この簗右京亮の先祖について松本一夫氏は、[59]多功氏（宗朝の子とする簗三郎左右衛門業朝[60]）もしくは横田氏（頼業の曽孫とす

る簗三郎左衛門業朝[61]の庶流とされる。宗朝（一二二〇〜一二九二）[62]の孫世代もしくは頼業（一一九五〜一二七七）[63]の曽孫世代であれば、簗刑部左衛門入道と世代的に重なり、左衛門の名乗りも刑部左衛門に通じるものがある。

簗刑部左衛門入道が、宇都宮歌壇で有名な下野宇都宮氏の一族であれば文化的な素養も高く、鎌倉や京都で刀剣の知識・鑑識を得る機会にも恵まれたはずである。さらに、鎌倉時代に下野国では時宗が浸透し[64]、宇都宮氏に時宗の信者も多く[65]、横田氏の一族も信者であった[66]。宇都宮氏の一族であれば、阿弥号を使っても問題ない[67]。これらの点から簗刑部左衛門入道は、下野宇都宮氏の一族と考えられる。

宇都宮参河入道については、小川琢治氏が元弘二年（一三三二）に北条氏一族の阿曽弾正少弼・名越遠江入道と共に上洛した宇都宮三河守とされる[68]。上森氏は、福永酔剣氏の説を踏まえ[69]、美濃国南宮神社社家となった宇都宮氏に連なる文安二年（一四四五）に七十九歳で死去した宇都宮三河入道正藤とされる[70]。間宮光治氏は、鎌倉時代最末期〜南北朝時代末期の間に活躍した下野国の宇都宮氏とされる[71]。大筋では、小川氏・間宮氏の見解に従うべきと考える。しかし、両者が根拠とされた「元亀元年刀剣目利書」の奥書は、要検討のものであるため再考の必要性がある（前述、注42参照）。

まず、刀剣書以外で、宇都宮参河入道に関する中世にまで遡る史料を確認しておこう。

【史料H】「土岐家聞書」[72]

一鍛治の中に可然物と云位あり、其おこる所の子細は、鹿苑院殿（足利義満）の御時、宇津（都）宮入道天下の目利たりしに、或時殿中にて仰出されし旨、諸侍に下さるゝ御太刀をば、定而聊爾におもふべからざる歟、然るによからぬものを下されんは然るべからず、可然物を注し申べき由仰出さるゝ時、則御前にて注したるもの也、然る間数も多からず、又上作・名（作脱）などは不加書之、

史料Hや刀剣書の記事などから宇都宮参河入道は、室町幕府の三代将軍である足利義満[73]（一三五八〜一四〇八）に仕えて「可然物」を選出した刀剣の第一人者とされてきた人物である[74]。義満に仕えたとすれば、宇都宮参河入道は少なくとも南北朝時代後期まで生存していたことになる。そこで問題となるのが、鎌倉時代後期を中心に活動した簗刑部左衛門入道に師事した宇都宮参河入道が、南北朝時代後期〜室町時代初期の義満と年齢的に接点があるかどうかである。この点について、宇都宮参河入道の生年から検討していきたい。

宇都宮参河入道の年齢については、史料B—奥書②に「順八十二歳」という記載がある。史料B—奥書②の系図では、宇都宮参河入道（順阿・舜阿）以外の人物にも年齢が付されている。この年齢は、単純に考えれば没年齢と考えるべきである。しかし、善阿（三十三歳）・清阿（三十二歳）を没年齢とした場合、平均寿命が短かった時代とはいえ没年が早過ぎる感があり、二人がほぼ同年代で死去したことになるのも偶然として片付けるには疑問が残る。さらに、三十代前半で亡くなったとすれば、次代へ継承する時間的な余裕があったかどうかも疑問である。

史料B—奥書②の系図が相承系図であることを考慮すれば、付された年齢が没年齢ではなく相承された年齢と考えることもできる。仮に相承

された年齢と考えれば、幸阿（四十余歳）・善阿（三十三歳）・清阿（三十二歳）という年齢は秘伝を相承されるのに相応しい年齢である。ただ、重阿（六十二歳）が問題である。六十二歳は、秘伝を相承された年齢としては遅過ぎる。しかし、重阿の六十二歳と始祖である宇都宮参河入道の八十二歳という高齢の記載とを考え合わせれば、二人の年齢は「相承された年齢」ではなく「相承した年齢」と考えることもできる。つまり、宇都宮参河入道が八十二歳の時に幸阿（四十余歳）・善阿（三十三歳）に相承し、[75]重阿が六十二歳の時に清阿（三十二歳）に相承したと二つに切り離して読むことが可能である。[76]

いずれにしても、史料B―奥書②から宇都宮参河入道が長命（八十二歳以上まで生存）であったことがわかる。さらに、「鎌倉鍛冶聞書」の奥書が偽書の可能性が高いことから、[77]宇都宮参河入道の没年は応永年間以前と考えても問題ない。これらを踏まえて義満の将軍在任期間（一三六八～一三九四）に八十二歳だったと仮定すれば、生年は一二八七～一三一三の鎌倉時代後期ということになる。

では、宇都宮参河入道とは誰だったのだろうか。南北朝時代に「宇都宮三河」を名乗った人物として、室町幕府方の「宇都宮三河権守」・「宇都宮三河守入道」の貞宗（後述）、南朝方の「宇都宮三河守」[78]、直義方・幕府方の「宇都宮三河三郎」[79]、幕府方の「宇都宮三河守」[80]、幕府方の「宇都宮参河」[81]の道経、幕府方の「宇都宮前参河守」の詮綱[82]が史料で確認できる。

これらの人物の中で、宇都宮参河入道の有力な候補は貞宗である。貞宗は、鎌倉時代末期に伊予国守護を勤め[83]、元応元年（一三一九）に「狩野□〔三〕河三郎貞宗」[84]、正慶二年・元弘三年（一三三三）に「宇都宮三河権守伊予国[85]」、同年に「守護参河権守貞宗」[86]と史料にある。そして、建武二年（一三三五）に「宇津〔都〕宮参川権守」[87]、暦応四年（一三四一）に「養子宇都宮参河入道子息」[88]、康永三年（一三四四）に引付衆として「宇都宮三河守入道」[89]、貞和五年（一三四九）に引付衆として「宇都宮三川権守入道」[90]、文和四年（一三五五）に「宇都宮参河入道」[91]、延文三年（一三五八）に評定衆として「宇都宮三河入道道眼」[92]、貞治元年（一三六二）に評定衆として「宇津〔都〕参〔宮脱〕川入道」[93]と史料にある。

さらに、「太平記」にも、鎌倉幕府方として正慶元年（一三三二）に「宇都宮三河権守」[94]、室町幕府方として貞和三年（一三四七）・貞和四年（一三四八）・貞和五年・康安元年（一三六一）に「宇都宮三河入道」とあり、[95]一三六一年段階まで軍勢を率いて戦っている。

貞宗であれば、引付衆・評定衆として将軍の側に仕え、宇都宮参河入道と時代的にもほぼ重なる。とはいえ、鎌倉時代末期に守護に任じられていた貞宗が、一三五八年に生まれた義満と接点があったかどうかは年齢的に微妙である。そこで、貞宗の生年について検討してみたい。

貞宗の父親宇都宮泰宗は、[96]弘長二年（一二六二）もしくは文永三年（一二六六）に生まれた宇都宮貞綱の弟であり、[97]嘉暦二年（一三二七）に死去している。[98]泰宗の生年は、一二六二年以降もしくは一二六六年以降ということになる。とすれば、息子である貞宗が生まれたのは、仮に二十代（二十～二十九歳）の子供として一二八一年以降～一二九〇年以降もしくは一二八五年以降～一二九四年以降ということになる。貞宗が長命であれば義満と接点があっても問題ない。

また、伊予国守護として泰宗は、永仁元年（一二九三）～正安四年（一三〇二）の間のいずれかの時点で在職していたとされる(99)。これに対して貞宗は、元応元年（一三一九）が守護在職の初見である。この初見史料で貞宗は、「三河三郎」と呼ばれており、「三河権守」に任官される以前で若年であった可能性が高い。仮に初見史料の一三一九年段階で十代後半～二十代前半だったとすれば(100)、貞宗の生年は一三〇〇年前後となり(101)、八十二歳までは生きていた宇都宮参河入道と同一人物であれば義満と十分な接点を持てる。

少なくとも貞宗は、義満が生まれた一三五八年から四年後の一三六二年まで現役の評定衆として活動しており、一三六一年まで軍勢を率いて現役で戦っている。この時点で貞宗が、それ程高齢だったとは考え難い。さらに、貞宗であれば、父親の泰宗が時宗と深い関わりを持っており(102)、阿弥号を使っても問題ない。なにより、下野宇都宮氏の流れであれば、貞宗と築刑部左衛門入道とは同族ということになり、秘伝とされた刀剣の知識・鑑識を伝授されるのに相応しい人物である。なお、宇都宮参河入道が「可然物」を選出したのは、義満が将軍権力を確立した康暦の政変が起こった一三七九年以降の可能性が高く(103)、宇都宮参河入道が貞宗だとすれば晩年の七十代後半～八十代に該当すると考えられる。

玉林（幸阿）については(104)、史料A―奥書①に「先孝五林玖公」、史料B―奥書①に「幸阿《玉林》」、史料C―奥書①に「幸阿」とある。玉林（幸阿）は、宇都宮参河入道に師事した人物であり、南北朝時代を中心に活動した人物ということになる。南北朝時代の玉林には曲舞作者として有名な玉林（琳阿）がいるが(105)、該当しそうな幸阿は確認できなかった。玉林（琳阿）は、義満に仕えていたが、勘気を蒙って永和二年（一三七六）閏七月～康暦（一三七九～一三八一）の頃に東国へ下り、許されて復帰した人物である(106)。両者は、時代的にほぼ重なる。しかし、玉林（幸阿）は、史料B・Cに拠れば幸阿であって琳阿ではない。

この点について注目したいのが、史料A―奥書①の「先孝五林玖公」という記載である。「宇都宮銘尽（貞親本）」は、数回の転写で誤字が生じており、「先孝五林玖公」の一部も誤字とすれば「先考・玉林琳公」と読むこともできる(107)。こう読めば、玉林（幸阿）と玉林（琳阿）を同一人物と考えることもできる。仮に同一人物とすれば、後年に琳阿が幸阿と改めたのか、幸阿が琳阿の誤伝かである可能性もある。

少なくとも、先考（亡父）・玉林までは読めるので、重阿は玉林（幸阿）の子供と考えられる。子供の重阿が将軍に仕えた遁世者であることから（後述）、玉林（琳阿）と同一人物かどうかは別にしても玉林（幸阿）が将軍に仕えた遁世者であった可能性は高い。なお、玉林（琳阿）と重阿には、連歌に通じているという共通点がある(108)。

重阿については、鈴木彰氏が重阿と斎藤利永が同一人物の可能性があるという上森氏の説を否定され(109)、重阿の素性は未詳とせざるをえないとされつつ、六代将軍足利義教（在職：一四二九～一四四一）に仕えた地下の遁世者「重阿」に注目されている(110)。結論からいえば、鈴木氏の指摘された「重阿」と「宇都宮銘尽」の重阿は時代的に重なり、同一人物と考えられる。但し、義教に仕えたのは、重阿の人生後半であり、義教以前から将軍家に仕えていたことが確認される。

「臼杵本銘尽」には、「十月　行国　備前、河内国下云説有、御所之重阿弥ニ西蔵院《坊》尋ト《と》云」とあり、[111] 重阿が御所（柳営）に仕えた遁世者だったことがわかる。さらに、「宇都宮銘尽（利永本）」には、「三毛典田か事、三上入道、勝定院殿《足利義持》へ進上の刀ニめい《銘》うち《打》たり、重阿もこれ一こし《腰》、めい《銘》を一けん《見》といふ《云》」とあり、重阿は四代将軍足利義持（在職：一三九四～一四二三）へ献上された三池典太在銘の名刀を見ている。このことから重阿は、義持～義教に仕えた遁世者であり、将軍家の名刀を柄から外して茎の銘文まで見られる立場にあったことがわかる。つまり、重阿は、将軍家の刀剣を鑑別・管理する立場にあったと考えられる。

最後に、「龍造寺本銘尽」・「宇都宮銘尽」と「観智院本銘尽」の関係性から中世刀剣書の成立について検討しておきたい。次の表Ⅱは、三者（「観智院本銘尽」・「龍造寺本銘尽」・「宇都宮銘尽（貞親本）」）を目次（項目）ごとに対照させたものである。以下、表Ⅱを通して三者の共通性について検討してみたい。

【表Ⅱ 「観智院本銘尽」・「龍造寺本銘尽」・「宇都宮銘尽」の対照】

「観智院本銘尽」[112]			「龍造寺本銘尽」・「宇都宮銘尽（貞親本）」[113]	
配列	目次	掲載丁	配列	目次
	1ブロック			
1	大宝年中	1	宇2	大宝年中鍛冶
2	「和銅（年中）」	1	宇3	和銅年中
3	「大銅《同》（年中）」	1	宇4	大銅《同》年中
4	一条院御宇	2～3	宇5	一条院御宇
5	「白河のいん《院》御宇」	3	宇6	白川院御宇
6	ちんせいかち《鎮西鍛冶》	3	宇7	後白川院御宇
7	奥州かち《鍛冶》	3～4		
8	後鳥羽院御宇	4～5	宇8	後鳥羽院御宇
9	後鳥羽院御宇鍛冶結番次第	5～6	龍8 宇9	はん《番》のかち《鍛冶》 鍛冶結番
10	粟田口鍛冶系図	6	龍13 宇10	アウタ口《粟田》 粟田口鍛冶系図
11	奈良鍛冶	6	宇11	太《大》和国古今
12	伯耆鍛冶	6～7	宇12	古今所々時代不同
13	来系図①	7	宇13	来系図
14	鎌倉鍛冶	7～8	宇14	近比鎌倉鍛冶
15	「（古今所々時代不同）」	8	宇12	古今所々時代不同
16	備前・備中雑鍛冶交名	8～9	宇15 宇16	備前国古今不同少々 備中国古今少々時代不同
	2ブロック			
17	太刀・刀作善悪日之事	9		
18	古今諸国鍛冶之銘	10～16		
19	「（陸奥・河内等鍛冶）」	16		
20	銘尽	16	宇1	「（銘尽）」
	3ブロック			
21	神代鍛冶	16～17		

22	日本国剣冶銘	17～28		
23	後鳥羽院御宇被召抜鍛冶十二月結番次第	28～30		
24	「日本国剣冶銘」	30～34		
25	青井系図	34～35		
26	粟田口系図	35		
27	千手院系図	35		
28	来系図②	35		
29	相模鍛冶系図	35～36	龍11	相模国
30	「（山城国）」	36		
31	大和国	36～37	龍7	大和国
32	備前国鍛冶次第不同	37～38	龍4	備前国不同
33	備中鍛冶次第不同	38～39	龍5	備中国□□（不同カ）
34	筑紫鍛冶次第不同	39		
35	陸奥鍛冶次第不同	39～40	龍12	陸奥国
36	伯耆国鍛冶次第不同	40		
37	散在国	40	龍6 龍10	河内国 遠江国
38	不知国鍛冶	40～41		
39	剣作鍛冶前後不同	41	龍9 龍14	かち（鍛冶）のせん（前）後不同 「かち（鍛冶）のせん（前）後不同」
40	神代より当代まで上手之事	42	龍15	しやうす（上手）

41	「奥書①」	42		
42	諸国名	43～45		
43	「奥書②」	45		

表Ⅱからわかるように「龍造寺本銘尽」は、「観智院本銘尽」1ブロックの9～10と3ブロックの29・31～33・35・37・39～40に共通性がある。これに対して「宇都宮銘尽」は、「観智院本銘尽」1ブロックの1～6・8～16と2ブロックの20に共通性がある。[114] 構成・内容的には、「観智院本銘尽」1・3ブロックの一部は「龍造寺本銘尽」＝簗刑部左衛門入道の所持した刀剣書、「観智院本銘尽」1ブロックは「宇都宮銘尽」の原型＝簗刑部左衛門入道の口伝（実際は簗刑部左衛門入道が著した刀剣書）というべきものである。

さらに、「観智院本銘尽」2ブロックの18と3ブロックの22の本文には、22に「正安（一二九九～一三〇二）迄」・18に「正和五年（一三一六）迄」という二つの鎌倉時代後期の起算年（年号）が付されている。[115] この二つの年号は、簗刑部左衛門入道が活動した時代そのものである。「観智院本銘尽」に簗刑部左衛門入道が所持した刀剣書と著した刀剣書の内容が含まれていることと重ね合わせれば、18・22も簗刑部左衛門入道が既存の刀剣書を集成したものか、諸説を踏まえて独自に編み出した刀剣書かである可能性が高い。

また、22の日本国剣冶銘は、3ブロックの24「日本国剣冶銘」と内容的に続いている。22・24のセットと18を合わせれば、「観智院本銘尽」本体（41―奥書①・42―諸国名・43―奥書②を除く部分）の半分超にも及ぶ分量となる。これと9～10・29・31～33・35・37・39～40（「龍造寺本銘尽」の内容部分）＋1～6・8～16・20（「宇都宮銘尽」の内容部分）を合わせれば、「観智院本銘尽」本体がほぼ揃うことになる。

以上のことから「観智院本銘尽」は、簗刑部左衛門入道により集大成された中世刀剣書（その転写本の一つ）と考えられる。この点からして鎌倉時代後期は、重要な中世刀剣書が成立した時期と位置づけられる。

おわりに

本稿では、新発見の日本最古の刀剣書である「龍造寺本銘尽」を通して、中世社会での刀剣書の成立とその受容について明らかにしてきた。その成果を踏まえて、武士である宇都宮参河入道から刀剣の知識・鑑識を相承された阿弥号を持つ遁世者の立場について検討しておきたい。

鎌倉時代から続く刀剣の知識・鑑識は、簗刑部左衛門入道から宇都宮参河入道へ、宇都宮参河入道から玉林（幸阿）・善阿へ、玉林（幸阿）から重阿へと受け継がれていった。その後、重阿から清阿へ、清阿から見阿へと受け継がれている。まず、重阿以降の二人、清阿・見阿について触れておきたい。

室町時代の清阿には、早歌で有名な田島清阿（盛阿）がいるが[116]、重阿と世代的に重なる[117]。このため、重阿と三十歳の年齢差のある子供もしくは門弟と考えられる清阿（前述、史料B）とは別人である。「宇都宮銘尽」の清阿の候補としては、田島清阿の可能性も残るが「満済准后日記」の応永三十二年（一四二五）十二月十一日条に「遁世者二人智阿・清阿[118]」とある人物がいる。

清阿から受け継いだ見阿については、応仁元年（一四六七）に将軍に仕えていた見阿弥が確認できる[119]。同一人物かどうかの判断は難しいが、世代的には清阿の子供でも門弟でも問題ない。

これらの阿弥号を持つ遁世者の中には、中世刀剣書の本文中にも登場する人物がいる。それは善阿と重阿の二人であり、他に阿弥号を持つ別の遁世者の名前が一緒に出てくる。「宇都宮銘尽（貞親本）」には、「重口云」・「重口」（重阿口伝云）、「善口」（善阿口伝）として善阿と重阿の記載がある。「宇都宮銘尽（利永本）」には、「ほん《（本）》阿ミ申ける」、「重阿もこれ一こし《（腰）》、めい《（銘）》を一けん《（見）》といふ《（云）》」、「善阿、慶音殿ニ申ける」として本阿と善阿・重阿の記載がある。「往昔抄」には、「重阿弥云」・「重阿云」、「金阿云」・「金阿説」、「能阿弥百貫文代をさす」・「能阿弥ナントハ」として重阿と金阿・能阿の記載がある[120]。一連の人々は、口伝・自説などを紹介された刀剣に詳しい人物である。重阿については前述したので、善阿・金阿・能阿・本阿の四人について具体的な人物像を明らかにしていきたい。

善阿は、宇都宮参河入道に師事しており（前述、史料B・C）、南北朝時代を中心に活動した人物ということになる。さらに、玉林（幸阿）・重阿の事例から、将軍に仕えた遁世者であった可能性が高い。南北朝時代後期～室町時代初期の善阿には、三代将軍足利義満に仕えて御倉を管理し、中国絵画に鑑蔵印を捺した遁世者の善阿弥がいる[121]。両者は、時代・立場が重なり、同一人物の可能性が高い。

金阿は、「往昔抄」で重阿と同列に扱われ、能阿とは扱いが異なっている。[122] このことから金阿は、能阿より古い重阿と同じ世代の人物と考えられる。金阿に該当すると考えられるのが、「教言卿記」の応永十三年（一四〇六）四月二十一日条に「墨絵ノ遁世者金阿弥在所一条烏丸云々」とある絵師の金阿弥である。[123] この金阿弥は、義満（将軍は四代将軍足利義持）に仕えて御倉を管理し、中国絵画の鑑定もしている。[124]

能阿（一三九七～一四七一）は、六代将軍足利義教～八代将軍足利義政（在職：一四四九～一四七三）に仕えた遁世者であり、御物を使って会所の飾りを行ったり、中国絵画を鑑定・評価したりしている。[125] そして、刀剣に関しても、「能阿本銘尽」を編纂した第一人者である。[126]「往昔抄」には、久国の太刀の注記として「能阿弥百貫文代をさす」とあり、[127] 能阿が刀剣の代付（鑑定・評価）をしていたことも確認される。

本阿は、足利将軍家に仕えた研師の本阿弥と考えられる。本阿弥家は、足利将軍家に研師として仕え、豊臣秀吉・徳川将軍家に研師・鑑定家として仕え、本阿弥の屋号を代々称した家柄である。[128] 戦国時代の本阿は、「大舘常興日記」の天文十年（一五四一）二月二十一日条に「二銘のこ（拭）わせられ候へきにつきて、本阿ミ依所労、弟をまいらせてのこい可申由申候」、[129]「年中恒例記」に「一当月彼岸に三ケ度入日・中日・あく日、本阿来候て、西の御座敷にて御重代並御太刀等ヲ拭ひ申也」[130] とあるように足利家重代の家宝である刀剣などの手入れを担当している。[131]

この四人の中で善阿・金阿・能阿の三人は、将軍に仕えた遁世者で将軍家の御物と関係の深い人物と考えられる。

将軍に仕えた遁世者の中には、将軍家の御倉を管理していたものがいる。[132] 御倉では、唐物（絵画・陶磁器・漆器など）から武具（刀剣・鎧など）まで多岐に亘る御物が管理されていた。[133] このため御物を管理していた遁世者は、絵画だけではなく刀剣にも詳しかったはずである。さらに、御物には、宝物と軽物（換金・物納品）が存在したとされる。[134] 将軍家が所蔵した刀剣にも、重代の家宝である刀剣、宝物とされた刀剣、軽物とされた刀剣が存在したはずである。重代の家宝である刀剣は、御所（柳営）内の御小袖間で管理されていた。[135] 宝物とされた刀剣の一部は、将軍の佩刀として使用されたと考えられる。[136] その他の刀剣（宝物・軽物）は、御倉などで管理され、進物（贈答品）として下賜されたり、換金・物納されたりしたと考えられる。[137]

「土岐家聞書」（前述、史料H）からもわかるように義満の時代には、刀剣の贈答（献上・下賜）が盛んになり、幕府内にも刀剣に詳しい人物が必要になった。最初に宇都宮参河入道が、刀剣の第一人者として義満の命を受けて「可然物」（下賜するに相応しい刀剣＝刀工名）を選出した。その宇都宮参河入道に師事したのが、玉林（幸阿）と善阿という義満に仕えたと考えられる遁世者である。これは単なる偶然とは考え難く、将軍家の刀剣を鑑別・管理する専門家（刀剣に詳しい人物）が必要になったため、義満の命を受けて玉林（幸阿）と善阿が高齢の宇都宮参河入道に師事したと考えるべきである。こう考えれば、秘伝とされた刀剣の知識・鑑識を二人の遁世者が相承された理由も説明できる。

室町幕府の足利将軍家には、諸方から多くの刀剣が献上され、諸方へ多くの刀剣を下賜している。[138] こういった刀剣の贈答システムを運用するには、刀剣を鑑別したり管理したりする刀剣に詳しい人物が必要である。その役割の中心は、義満時代に玉林（幸阿）・善阿が勤め、義持～義教時代に重阿・金阿・清阿へと引き継がれ、義政時代に能阿・見阿が引き継いだと考えられる。その知識・鑑識の源泉は、南北朝時代の宇都宮参河入道、鎌倉時代後期の簗刑部左衛門入道にあったのである。この点からして簗刑部左衛門入道は、室町時代以降の武家社会で継承された刀剣に関する知識・鑑識の祖と位置づけることができる。

注

（1）小川琢治「刀剣目利の源流――付　相州鍛冶補考――」（『史林』一三―四、一九二八年）。

（2）鹿島則泰「古鈔本銘尽について（上）・（下）」（『書誌学』一―一・二、一九三三年）。

（3）三矢宮松『観智院本銘尽解説』、『銘尽　観智院本』（便利堂、一九三九年）の付録である。

（4）辻本直男「「中世に於ける刀剣書」の研究（一）～（四）」（『刀剣美術』二二・二三・三〇・四〇、一九五三～一九五六年）。

（5）福永酔剣「古剣書の正宗（上）・（中）・（下）」（『刀剣と歴史』四五九・四六二・四六三、一九七一年）、「古剣書の話（一）～（九）」（『刀剣と歴史』四八三～四九六、一九七五～一九七七年）。

（6）川口陟「刀剣鑑定の源流と古刀剣書」（『定本　日本刀剣全史』五、歴史図書社、一九七三年）。

（7）間宮光治「観智院本銘尽について」（『刀剣美術』三二一、一九八三年）、「刀剣古伝書についての考え方（一）・（二）」（『大素人』二〇・二一、一九八三年）、「銘尽正安本写と観智院本銘尽との比較」（『鎌倉鍛冶　藻塩草』、佐藤貴子、一九八八年、初出は一九八四年）。

（8）得能一男『刀剣書事典』（刀剣春秋、二〇一六年、初出は一九八二～一九九二年）、「刀剣伝書小史」（『保存版　日本刀図鑑』、光芸出版、二〇〇七年、初出は二〇〇二年）。

（9）鈴木雄一「重代の太刀――「銘尽」の説話世界を中心に――」（『文学史研究』三五、一九九四年）。

（10）鈴木彰「伊勢貞親本『銘尽』の構成と伝来」（『平家物語の展開と中世社会』、汲古書院、二〇〇六年、初出は二〇〇二年）、「中世刀剣伝書の社会的位相――儀礼社会と「銘」に関する知識――」（『平家物語の展開と中世社会』、二〇〇六年）、「重代の太刀の相伝――刀剣伝書の生成基盤と軍記物語――」（『平家物語の展開と中世社会』、二〇〇六年）。

（11）渡瀬淳子「「剣巻」の成立背景――熱田系神話の再検討と刀剣伝書の世界――」（『室町の知的基盤と言説形成』、勉誠出版、二〇一六年、初出は二〇〇二年）。

（12）「観智院本銘尽」については、国立国会図書館ホームページの解題（http://www.ndl.go.jp/exhibit/50/html/catalog/c026.html）に以下の記述がある。「銘尽」、応永三十年（一四二三）写、一冊、二七・五×二一・〇cm、重要文化財。現存するわが国最古の刀剣書。本文中に「正和五年」（一三一六）の記述があることから、内容は鎌倉末期に成立した刀剣書とみられるが、奥書に「応永卅年十二月廿一日」とあり、室町時代の転写本である。

（13）拙稿「重要文化財「銘尽（観智院本）」の復元とその性格――中世刀剣書の祖型をめぐって――」（『九州産業大学基礎教育センター研究紀要』一、二〇一一年）。なお、「重要文化財「銘尽（観智院本）」の復元とその性格（一）――中世刀剣書の祖型をめぐって――」（『刀剣美術』七〇四、二〇一五年）、「重要文化財「銘尽（観智院本）」の復元とその性格（二）――中世刀剣書の祖型をめぐって――」（『刀剣美術』七〇五、二〇一五年）として『刀剣美術』に再録されている。

（14）拙稿「「銘尽（観智院本）」の収録刀工（一）」（『九州産業大学基礎教育センター研究紀要』四、二〇一四年）。

（15）拙稿「「銘尽（観智院本）」の収録刀工（二）」（『九州産業大学基礎教育センター研究紀要』五、二〇一五年）。

（16）『佐賀県史料集成　古文書編』三（佐賀県立図書館、一九五八年）、二一三～二一五頁。但し、（観応二年）龍造寺家政申状土代は未収録である。

(17) 『南北朝遺文　九州編』三（東京堂出版、一九八三年）、三三〇五号・三三〇四号。

(18) 成巻前の状態は、東京大学史料編纂所の写真帳「龍造寺文書」（六一七一・九二―一六）で確認した。

(19) 田中稔「紙背文書」（『中世史料論考』、吉川弘文館、一九九三年、初出は一九八〇年）、一七四頁。

(20) 田中前掲「紙背文書」、一七八～一八二頁。

(21) 中世の公家・寺社及び金沢文庫の紙背文書に関する研究はあるが、一般的な地方武士の紙背文書に関する研究は管見の限りでは見当たらない。これは史料的な制約によるものであり、一般的な地方武士がどのようなサイクルで不要となった文書を再利用していたのかは不明であるといわざるをえない。

(22) 田中前掲「紙背文書」、一八八頁。

(23) 福島金治氏は、金沢文庫の事例から文書が廃棄されるまでの期間は書状（二～三ヶ月から七年前後）、暦・記録類（七～二〇年前後）、公文書（七～五〇年）とされる（「紙背文書論――金沢文庫文書の場合――」、『九州史学』一一四、一九九六年、七頁）。土代の場合は、正文が完成すれば役割を終えて直ぐに廃棄（再利用）が可能となる。

(24) 同時代の龍造寺氏が作成した文書（正文）で「龍造寺本銘尽」（銘尽A・B）と同じ筆跡がないか、東京大学史料編纂所の写真帳「龍造寺文書」で下記の文書と「龍造寺本銘尽」（銘尽A・B）の筆跡を比較した。①貞和六年十月日龍造寺実善申状并足利直冬裏書、②康永三年三月二十日上円譲状、③貞和六年五月日龍造寺家平軍忠状、④観応二年十一月日龍造寺家平軍忠状、⑤延文五年十一月日龍造寺家平軍忠状、⑥貞和四年九月二十一日藤原宗喜譲状。この中の①・⑥は、「龍造寺本銘尽」と筆跡が類似するが同筆とまでは判断できなかった。

(25) 鈴木前掲「重代の太刀――「銘尽」の説話世界を中心に――」、二八頁。なお、「宇都宮銘尽（照安本）」に「公方様之御本と云々」とあり（史料C）、「能阿本銘尽（旧本節用集）」に「公方様御本申出書写之」とあり（『印度本節用集　古本四種研究並びに総合索引』影印篇、勉誠社、一九七四年、三二四頁）、室町幕府の足利将軍家に刀剣書が所蔵されていたことが確認される。

(26) 観応二年前後の足利直冬と龍造寺氏の関係史料には、申状A・B以外に『南北朝遺文　九州編』三―二七七〇号・二九〇三号・二九三四号・二九八二号・三〇三二号・三一四九号・三一六八号・三二七三号・三二七六号・三二九二号・三三四九号・三三五四号・三三五八号などがある。

(27) 川添昭二『中世九州の政治・文化史』（海鳥社、二〇〇三年）、一一二～一一四頁。

(28) 菊池紳一「籠手田氏関連の中世史料について――伝来と武家故実書を中心に――」（『史料纂集古文書編　籠手田文書』、八木書店、二〇一三年）。

(29) 鈴木前掲「伊勢貞親本『銘尽』の構成と伝来」、五四九頁。

(30) 「観智院本銘尽」の翻刻には、辻善之助・三矢宮松・本間順治・辻本直男編『観智院本銘尽釈文』（『銘尽　観智院本』付録）、本間薫山（順治）編「古伝書釈文　観智院本銘尽（一）～（九）」（『刀剣美術』二三七～二四五、一九七六～一九七七年）がある。

(31) 「長享本銘尽」の翻刻には、本間薫山（順治）編「古伝書釈文　長享銘尽抄（一）～（七）」（『刀剣美術』二六二～二六八、一九七八～一九七九年）がある。

(32) 拙稿前掲「重要文化財「銘尽（観智院本）」の復元とその性格――中世刀剣書の祖型をめぐって――」、一一五頁。

(33) 「龍造寺本銘尽」の収録刀工については、別稿「「銘尽（龍造寺本）」の収録刀工」を準備している。

(34) 「龍造寺本銘尽」に収録された個別刀工の判別は、他の項目からの混入や誤字が多く困難なものがある。今後、更なる検討が必要である。

(35) 本間薫山（順治）『日本の美術一四二　正宗――相州伝の流れ――』（至文堂、一九七八年）、四三～四五頁。広井雄一『日本の美術七三　備前鍛冶』（至文堂、一九七二年）、七五～七八頁。

(36) 拙稿前掲「「銘尽（観智院本）」の収録刀工（二）」、七一・七二頁。

(37) 「宇都宮銘尽」については、得能前掲『刀剣書事典』（一二一～一二二頁）、鈴木前掲「伊勢貞親本『銘尽』の構成と伝来」がある。

(38) 「宇都宮銘尽（貞親本）」は、和鋼博物館に「銘尽（宇都宮名尽）」（二）として所蔵されている。

(39) 「宇都宮銘尽（利永本）」は、日本美術刀剣保存協会に「簗氏正長銘尽」（二）として所蔵されている。

(40) 「宇都宮銘尽（照安本）」は、得能一男「古書遍歴（二三）～（二五）――『明徳二年鍛冶銘集』（一）～（三）――」（『刀剣春秋』二八〇～二八二、一九八四年）に「明徳二年鍛冶銘集」（得能氏の所蔵本）として掲載されている。所在不明のため全体像を確認できないが、掲載された写真などで確認できる本体部分は「宇都宮銘尽」である。

(41) 「枢要集」は、伊勢照安を「文明三年五月十七日、七十八歳卒」とする（『続群書類従』二四上、一八八頁）。しかし、藤本鞍斎氏は、「伊勢系図」（『続群書類従』六上、一〇七～一〇八頁）と文明四年に製作された鞍の存在から文明六年正月朔日卒（八十一歳）で生年が応永元年（一三九四）とされる（「『明徳二年鍛冶銘集』の著者について」、『刀剣春秋』二八五、一九八四年）。

(42) 「元亀元年刀剣目利書」は、日本美術刀剣保存協会に「元亀元年刀剣目利書」（四）として所蔵されている。小笠原信夫氏は、「「元亀元年刀剣目利書」（上・中・下三冊本）があるが、原本ではなく江戸初期の写本で正和三年に名越遠江入道崇喜の書で応安二年に宇津宮参河入道が筆写したと記している。しかし、少なくとも中・下二巻は竹屋系の書で『新刊秘伝抄』より遡るものではないようで、本稿では採らない」とされ、成立が近世まで下る可能性を示唆されている（「正宗弟子説の成立過程――「古今銘尽」開版の諸条件――」、『ＭＵＳＥＵＭ』四九七、一九九二年、二二頁）。また、福永酔剣氏は、奥書の「元亀元年庚午三月十日」が改元前（改元は四月二十三日）に使用された要検討の未来年号であることを指摘されている（「古剣書の話（七）」、『刀剣と歴史』四九三、一九七六年、三六頁）。

(43) 「鎌倉鍛冶聞書」の翻刻には、本間薫山（順治）編「古伝書釈文鎌倉鍛冶聞書（一）～（三）」（『刀剣美術』二九七～二九九、一九八一年）がある。「鎌倉鍛冶聞書」の評価について上森岱乗氏が、肯定派の意見として「これは宇津宮三河入道の現在数少ない確実な伝書の一冊として貴重である」、否定派の意見として「本の体裁や文章からも応永頃のものではない。江戸時代になって本阿弥の関係者が偽作したものと思う」という評価を引用されている（「刀剣目利きの大先達宇津宮参河入道考　付名越遠江入道考」、『刀剣美術』三五〇、一九八六年、四頁）。

(44) 「伊勢系図」（『続群書類従』六上、一〇七～一〇八頁）。なお、伊勢照安については、藤本前掲「『明徳二年鍛冶銘集』の著者について」がある。

(45) 「碧山日録」寛正元年（一四六〇）五月二十九日条（『大日本古記録碧山日録』上、岩波書店、二〇一三年、一二〇頁）。横山住雄氏は、斎藤利永の生年を一四一〇年頃とされる（『美濃の土岐・斎藤氏　利永・妙椿と一族（改訂版）』、濃尾歴史研究所、一九九七年、六三～六四頁）。なお、利永については、横山前掲『美濃の土岐・斎藤氏　利永・妙椿と一族（改訂版）』がある。

(46) 「関鍛冶系図」（『関鍛冶の起源をさぐる』、関市、一九九五年）、二七七～二八四頁。なお、「関鍛冶系図」については、尾関章「宝徳系図と美濃斎藤氏」（『関鍛冶の起源をさぐる』、一九九五年）、「六角遠征以後の前斎藤氏について――「宝徳系図と美濃斎藤氏」補遺――」（『論集戦国大名と国衆一六　美濃斎藤氏』、岩田書院、二〇一四年、初出は一九九五年）、「美濃国関鍛冶「宝徳系図」本文の信憑性」（『刀剣美術』七一一、二〇一六年）がある。

(47) 「尊卑分脈」桓武平氏・伊勢流（『新訂増補国史大系六〇下　尊卑分脈』四、二八頁）、「伊勢系図」（『続群書類従』六上、一〇四頁）。なお、伊勢貞親については、鈴木前掲「伊勢貞親本『銘尽』の構成と伝来」がある。

(48) 『天理図書館善本叢書和書之部七二―一　古道集』一（八木書店、

一九八六年）、三七三頁。

(49)「佐々木本銘尽」は、日本美術刀剣保存協会に「佐々木氏延暦寺本銘尽」（五）として所蔵されている。

(50)「喜阿本銘尽（日比谷本）」は、東京都立中央図書館（加賀文庫）に「日本国中鍛冶文集」（七五六―N―三）として所蔵されている。

(51) 上森氏も、「佐々木本銘尽」を引用され二人が同一人物であることを指摘されている（「簗氏本銘尽にみる古伝書の継承者列伝」、『創立四十周年記念募集論文集』、日本美術刀剣保存協会、一九八八年、一一一頁）。但し、簗刑部左衛門は、南北朝時代末期～室町時代初期の人物とされる。

(52) 本間前掲「古伝書釈文　長享銘尽抄（三）」、五一～五二頁。

(53) トウロ大夫は、久明親王に仕えた関東祗候の廷臣（公卿・殿上人）と考えられる。湯山学氏が、久明に仕えた公卿・殿上人を抽出されている（「関東祗候の廷臣――宮将軍家近臣層に関する覚書――」、『増補版　相模国の中世史』、岩田書院、二〇一三年）。しかし、トウロ大夫を特定することはできなかった。

(54)『後深草天皇実録』二（ゆまに書房、二〇〇九年）、七五五～七五九頁。なお、冷泉為相の娘は、久明が帰洛した後の延慶三年（一三一〇）に久良親王を産んでいる（『後深草天皇実録』二、七五九頁）。

(55) 上森前掲「簗氏本銘尽にみる古伝書の継承者列伝」、一一〇～一一一頁。

(56)「多功系図」に拠れば、「朝光、河内守五郎、領簗郷、仍号簗」とあり（『校訂増補　下野国誌』、下野新聞社、一九八九年、四三一頁）、朝光（南北朝時代もしくは戦国時代）より簗氏が始まるように記載されている。一次史料で朝光の存在は確認できないが、「多功系図」では康暦二年（一三八〇）の小山城攻め（小山義政の乱）に簗五郎朝光の名前があり（『上三川町史　資料編』原始・古代・中世、上三川町、一九七九年、五四四頁）、「東国擾乱記」では永禄元年（一五五八）の多功城での合戦に多功氏の家臣として簗河内守朝光の名前がある（『校訂増補　下野国誌』、三九八頁）。両者は、同名の別人の可能性もあるし、時代の誤認による同一人物の可能性もある。

(57)「御内書案」（長禄四年）四月二十八日足利義政御内書案（『続群書類従』二三下、二九四～二九五頁）。簗備中入道は、同時に発給された感状の受給者から下総の簗氏と考えられる。下総の簗氏については、「永享記」永享十二年（一四四〇）正月条（『続群書類従』二〇上、一八四頁）に結城氏の家臣として「簗修理亮・同将監」の名前がある。

(58)「小田部文書」（文明九年ヵ）十一月十九日足利成氏感状写、八月二十五日宇都宮成綱感状写（『上三川町史　資料編』原始・古代・中世、五〇一頁）。

(59) 松本一夫「鎌倉～戦国前期における宇都宮氏の被官について」（『中世下野の権力と社会』、岩田書院、二〇〇九年）、二四五頁。

(60)「宇都宮正統系図」（『栃木県史　史料編』中世四、栃木県、一九七九年、四七九頁）。

(61)「宇都宮系図」（『系図纂要』六上、名著出版、一九九二年、一二〇頁）。

(62)「多功系図」では、承久二年（一二二〇）年に生まれ、正応五年（一二九二）に七十三歳で死去したとする（『上三川町史　資料編』原始・古代・中世、五四三頁）。「吾妻鏡」では、初見が暦仁元年（一二三八）に「宇都宮新左衛門尉」（『新訂増補国史大系三三　吾妻鏡』二、二二三頁）、終見が弘長三年（一二六三）に「石見前司」とある（『新訂増補国史大系三三　吾妻鏡』二、八三一頁）。生没年は、概ね妥当であると考えられる。

(63)「宇都宮（横田）系図」では、建治三年（一二七七）年に八十三歳で死去したとする（『上三川町史　資料編』原始・古代・中世、五一五頁）。「吾妻鏡」では、初見が承久元年（一二一九）に「宇都宮四郎」（『新訂増補国史大系三二　吾妻鏡』一、七五七頁）、終見が弘長三年に「越中前司頼業」とある（『新訂増補国史大系三三　吾妻鏡』二、八四四頁）。没年・没年齢は、概ね妥当であると考えられる。

(64) 菊池卓「第五章第二節　時宗」（『宇都宮市史』中世通史編、宇都宮市、一九八一年）、三五二～三六四頁。

(65) 湯山学「「他阿上人法語」に見える武士」（『中世南関東の武士と時宗』、岩田書院、二〇一二年、初出は一九七五年）、二〇～二九頁。

(66) 大橋俊雄編『時宗二祖他阿上人法語』（大蔵出版、一九七五年）、六五頁。

(67) 「他阿上人法語」には、「宇都宮円阿弥陀仏」の名前があり（『時宗二祖他阿上人法語』、一三六頁）、簗刑部左衛門入道と阿弥号が共通していて時代的にも重なる。同一人物かどうかは判断できないが、宇都宮一族に円阿がいたことが確認される。

(68) 小川前掲「刀剣目利の源流――付　相州鍛冶補考――」、五頁。

(69) 福永酔剣「古剣書の話（三）」（『刀剣と歴史』四八五、一九七五年）、四四頁。

(70) 上森前掲「刀剣目利きの大先達　宇津宮参河入道考　付名越遠江入道考」、五～九頁。

(71) 間宮光治「武家目利者　宇津宮参河入道」（『刀剣美術』四七九、一九九六年）、七頁。

(72) 「土岐家聞書」（『群書類従』二三、二四四頁）。

(73) 足利義満については、小川剛生『中公新書二一七九　足利義満――公武に君臨した室町将軍――』（中央公論新社、二〇一二年）がある。

(74) 川口前掲「刀剣鑑定の源流と古刀剣書」、二五五～二五八頁。

(75) 宇都宮参河入道から幸阿・善阿が刀剣の知識・鑑識を相承したのは、一三七九年以降と考えられる「可然物」を選出した後の可能性が高いと考える。宇都宮参河入道が貞宗だとすれば、晩年の七十代後半～八十代に該当し、八十二歳の時である可能性は高い。

(76) 斎藤利永が重阿に師事したのは、たびたび在京していた二〇～三〇代（一四三二～一四四九）と考えられる（横山前掲『美濃の土岐・斎藤氏　利永・妙椿と一族（改訂版）』、四八～四九頁）。清阿が三十二歳で相承したと考えれば、利永とほぼ同年代で相承したことになる。

(77) 「鎌倉鍛冶聞書」の全体が、偽書であるかどうかは更なる検討が必要である。しかし、少なくとも奥書に関しては、宇都宮参河入道→本阿→木本入道宗則と本阿弥家を介した相承を強調している点から後世の仮託である可能性が高い。

(78) 「太平記」の観応元年（一三五〇）の記事に名前がある（『新校　太平記』下、思文閣、一九七六年、一九一頁）。「征西大将軍宮譜」は、宇都宮三河守を宇都宮隆房とする（『肥後文献叢書』六、歴史図書社、一九七一年、一〇四頁）。

(79) 「鹿王院文書」・「東北大学日本史研究室保管文書」（貞和元年・一三四五）天龍寺供養随兵等交名写（『南北朝遺文　関東編』三、一五八五号・一五八七号）、「長善寺文書」観応三年（一三五二）七月二十五日鷲見加賀丸軍忠状写（『南北朝遺文　関東編』三、二三二三号）、「園太暦」文和二年（一三五三）七月九日条（『園太暦』四、続群書類従完成会、一九七一年、三三七頁）。

(80) 「宝篋院殿将軍宣下記」延文三年（一三五八）十二月二十二日条（『南北朝遺文　関東編』四、二八三三号）。『南北朝遺文　関東編』四は、要検討の文書とする。このため、本稿では採用しない。

(81) 「六波羅密寺文書」貞治二年（一三六三）五月四日宇都宮道経奉加状（『南北朝遺文　関東編』四、三〇九一号）。道経は、宇都宮貞宗（道眼）と同一人物の可能性がある。両者は、世代的に重なっていて法名も一文字違いである。法名の記載は、「御評定着座次第」（『群書類従』二九、一五〇頁）にしかなく、同書が法名を誤った可能性もある。さらに、六波羅密寺の造営には、幕府関係者が多く奉加しており、前年まで在職が確認される評定衆の貞宗が奉加した可能性は高い。また、六波羅密寺は、時宗の開祖である一遍が敬慕した空也に縁のある寺院であり、時宗との関係が想定される貞宗が奉加するのに相応しい。

(82) 「六波羅密寺文書」（貞治二年ヵ）宇都宮詮綱奉加状（『南北朝遺文　関東編』四、三一四九号）。詮綱は、道経と一緒に奉加しており、二人の奉加状の本文が同筆と見られることから親子の可能性が高い。さらに、官途の三河守が宇都宮貞宗と同じであり、貞宗の息子の可能性がある。また、将軍の側に仕えた貞宗の息子であれば、二代将軍足利義詮から「詮」の偏諱を受けうる立場にある。

(83) 佐藤進一『増訂鎌倉幕府守護制度の研究――諸国守護沿革考証編

――』（東京大学出版会、一九七一年）、二〇五～二〇六頁。

(84)「小早川家文書」元応元年閏七月二十五日六波羅御教書写（『鎌倉遺文』三五、二七一七六号）。

(85)「光明寺残篇」（正慶二年）関東軍勢交名（『鎌倉遺文』四一、三二一三六号）。

(86)「忽那文書」元弘三年三月二十八日忽那重清軍忠状（『鎌倉遺文』四一、三二〇六八号）。東京大学史料編纂所の写真帳「忽那文書」（六一七一・八三―六）では、「守護参河権守貞宗」が書かれた箇所は破損していて判読できない。しかし、「忽那文書」（年月日未詳）忽那一族軍忠次第注文（『南北朝遺文　関東編』二、一三七九号）に破損箇所が引用されており、「守護参河権守貞宗」の部分を補うことができる。

(87)「足利尊氏関東下向宿次・合戦注文」建武二年八月十二日条（『南北朝遺文　関東編』一、二七〇号）。

(88)「美吉文書」暦応四年八月七日摂津親秀譲状并置文（『南北朝遺文　関東編』二、一二五六号）。

(89)「結城文書」（康永三年）室町幕府引付番等注文（『南北朝遺文　関東編』二、一四八五号）。なお、引付衆の「宇都宮三河入道」について佐藤進一氏も、鎌倉時代末期の伊予国守護である宇都宮貞宗、「足利尊氏関東下向宿次・合戦注文」建武二年八月十二日条の「宇津宮参河権守」、「士林証文」暦応四年八月七日摂津親秀譲状写の「宇都宮三河入道」、「御評定着座次第」延文三年の「宇都宮三河入道道眼」と同一人物とされる（『日本中世史論集』、岩波書店、一九九〇年、二二七頁）。

(90)「新田神社文書」（貞和五年）引付衆交名注文写（『鹿児島県史料旧記雑録拾遺』家わけ一〇、鹿児島県、二〇〇五年、三九三～三九四頁）。

(91)「賢俊僧正日記」文和四年五月十八日条（『醍醐寺文化財研究所研究紀要』一三、一九九三年、六二頁）。

(92)「御評定着座次第」延文三年（『群書類従』二九、一五〇頁）。

(93)「師守記」貞治元年十月十日条（『史料纂集古記録編　師守記』六、続群書類従完成会、一九七二年、一六頁）。

(94)『新校　太平記』上（思文閣、一九七六年）、一三九頁。

(95)『新校　太平記』下、一〇九・一二六・一三一・一六八・四四一・四五二頁。

(96)『新訂増補国史大系五八　尊卑分脈』一、三六三頁。

(97)宇都宮貞綱の生年について磯川いづみ氏は、弘長二年（一二六二）もしくは文永三年（一二六六）とされる（「忽那家文書「前常陸介書状」の再検討――伊予守護の確定に向けて――」、『鎌倉遺文研究』二二、二〇〇八年、五六・六二頁）。

(98)「常楽記」（『群書類従』二九、二二二頁）。

(99)磯川氏は、伊予国守護の在職徴証である「忽那文書」六月二日前常陸介書状（『鎌倉遺文』一一、七七二〇号）を永仁元年（一二九三）～正安四年（一三〇二）の間に宇都宮泰宗が発給した文書であるとされる（磯川前掲「忽那家文書「前常陸介書状」の再検討――伊予守護の確定に向けて――」、五六頁）。

(100)十代後半～二十代前半での守護在職は、年齢的に早過ぎるように感じる。しかし、父親の宇都宮泰宗が、正和五年（一三一六）に兄で惣領の宇都宮貞綱が死去したことにより（後述）、兄の幼少の息子宇都宮公綱を補佐するため、在国勤務していた伊予国守護職（市村高男「中世宇都宮氏の成立と展開――下野・豊前・伊予の三流の関係を探る――」、『中世宇都宮氏の世界』、彩流社、二〇一三年、六六頁）を息子へ譲り、下野国へ帰ったと考えれば若年での就任も不自然ではない。

(101)宇都宮貞綱の場合、息子の宇都宮公綱が生まれたのが乾元元年（一三〇二）もしくは徳治元年（一三〇六）とされ（松本一夫「宇都宮公綱論」、『中世宇都宮氏の世界』、二〇一三年、一四八・一五七頁）、死去したのが正和五年である（「宇都宮系図」、『続群書類従』六下、三九頁）。兄弟であっても、子供ができる年齢は区々であるが、宇都宮貞宗が一三〇〇年前後に生まれた蓋然性はある。

(102)『時宗二祖他阿上人法語』、一三〇～一三二頁。

(103)小川前掲『中公新書二一七九　足利義満――公武に君臨した室町将軍――』、七〇～七一頁。

(104) 上森氏は、玉林（幸阿）を応永十七年（一四一〇）に生まれた蒔絵師幸阿弥の祖である土岐四郎左衛門道長とされる（上森前掲「簗氏本銘尽にみる古伝書の継承者列伝」、一一一頁）。

(105) 南北朝時代の玉林については、竹本幹夫「琳阿考――南北朝期曲舞作者の横顔――」（『芸能史研究』五三、一九七六年）がある。

(106) 竹本前掲「琳阿考――南北朝期曲舞作者の横顔――」、八頁。

(107) 鈴木氏も、「先孝」は「先考」か、「五林」は「玉林」のことかとされる（鈴木前掲「伊勢貞親本『銘尽』の構成と伝来」、五六三頁）。

(108) 竹本前掲「琳阿考――南北朝期曲舞作者の横顔――」、六頁。鈴木前掲「伊勢貞親本『銘尽』の構成と伝来」、五五四頁。なお、重阿の連歌活動については、三角範子「足利義教邸月次連歌会について」（『九州史学』一二二、一九九九年）がある。

(109) 上森前掲「簗氏本銘尽にみる古伝書の継承者列伝」、一一一～一一二頁。

(110) 鈴木前掲「伊勢貞親本『銘尽』の構成と伝来」、五五四～五五五頁。なお、『国書人名辞典』二（岩波書店、一九九五年、四七三頁）は、重阿を金蓮寺の僧侶で二条良基の門下とし、一三八七～一四三三年間の活動が確認される人物とする。しかし、初見史料と終見史料の間が四六年もあり、両者は別人と考えられる。「宇都宮銘尽」の重阿の初見史料は、一四一四年の「応永廿一年頓証寺法楽百首」と考える（『続群書類従』一四下、六六七・六七〇頁）。

(111) 「臼杵本銘尽」は、臼杵市教育委員会に「（仮題）鍛治銘尽」（七門―刀―一七―一）として所蔵されている。

(112) 「観智院本銘尽」のブロック・目次（項目）については、拙稿前掲「重要文化財「銘尽（観智院本）」の復元とその性格――中世刀剣書の祖型をめぐって――」（一〇八～一〇九頁）・「「銘尽（観智院本）」の収録刀工（一）」（六三～六四頁）で復元したものを利用した。

(113) 「宇都宮銘尽（貞親本）」の目次（項目）については、鈴木前掲「伊勢貞親本『銘尽』の構成と伝来」（五五一頁）を参考に抽出した。

(114) 拙稿前掲「重要文化財「銘尽（観智院本）」の復元とその性格――中世刀剣書の祖型をめぐって――」、一一〇頁。

(115) 拙稿前掲「重要文化財「銘尽（観智院本）」の復元とその性格――中世刀剣書の祖型をめぐって――」、一一四頁。

(116) 外村久江『早歌の研究』（至文堂、一九六五年）、一九五頁。なお、田島清阿の出自は、室町幕府の近臣もしくは大名の被官（守護代クラス）とされる（外村前掲『早歌の研究』、一九七頁）。

(117) 田島清阿（盛阿）の没年については、十三回忌が宝徳二年（一四五〇）頃に行われており（外村前掲『早歌の研究』、二一六頁）、一四三八年頃に没したと考えられる。

(118) 「満済准后日記」応永三十二年十二月十一日条（『続群書類従補遺一　満済准后日記』上、三三六頁）。

(119) 「朽木文書」（応仁元年）十一月二十二日見阿弥書状（『史料纂集古文書編　朽木文書』一、続群書類従完成会、一九七八年、一四六～一四七頁）。

(120) 辻本直男『往昔抄解説』（永藤一、一九七八年）、二・一七・五一・八九頁。なお、刀工が用いた阿弥号は除いた。

(121) 桜井英治「「御物」の経済――室町幕府財政における贈与と商業――」（『国立歴史民俗博物館研究報告』九二、二〇〇二年）、一二〇～一二三頁。山本泰一「足利義満時代の善阿弥と鑑蔵印について」（『室町将軍家の至宝を探る』、徳川美術館、二〇〇八年）。

(122) 「往昔抄」は、斎藤利永の息子である斎藤利安（元粛公）が編集したものとされる（尾関前掲「宝徳系図と美濃斎藤氏」、二三七～二三九頁）。一四五〇～一五〇四年の間の活動が確認される利安は（尾関前掲「宝徳系図と美濃斎藤氏」、二三六～二三八頁）、能阿（一三九七～一四七一）の活動時期と重なる時代がある。

(123) 『史料纂集古記録編　教言卿記』一（続群書類従完成会、一九七〇年）、一五六頁。

(124) 佐藤豊三「将軍家「御成」について（四）――足利将軍の寺家への御成と献物――」（『金鯱叢書』四、一九七七年）、五六九頁。

(125) 山下裕二「能阿弥伝の再検証」（『室町絵画の残像』、中央公論美術出版、二〇〇〇年）。

(126)「能阿本銘尽（内閣本）」の文明十五年三月の奥書には、「此正銘尽事、従能阿難波十郎兵衛尉行豊、依有子細書写相伝畢」とある。難波行豊が、能阿の存生中（文明三年以前）に能阿から「銘尽」を相伝されたことがわかる。小山金波氏は、能阿から行豊が「銘尽」を相伝されたのを長禄・応仁頃とされる（『赤松政則――その能阿弥流作刀と長船勝光・宗光――』、日本美術刀剣保存協会姫路支部、一九七七年、六一頁）。なお、「能阿本銘尽（内閣本）」は、国立公文書館に「鍛冶銘尽」（一五四―〇一九二）として所蔵されている。

(127) 辻本前掲『往昔抄解説』、二頁。

(128) 福永酔剣『本阿弥家の人々』（中原信夫、二〇〇九年）。

(129)『続史料大成一六　大館常興日記』二、一六九頁。

(130)『続群書類従』二三下、一六六頁。

(131) 史料B―奥書②には、最初の一行目に「本阿順といとこ《従兄弟》なり」とある。この本阿が、順阿（宇都宮参河入道）の従兄弟だとすれば南北朝時代の人物ということになり、研師の本阿弥家の始祖に当たる人物の可能性もある。しかし、史料B―奥書②の最初の三行は、他に関連する記載や史料がなく、位置づけや解釈が難しいため今後の課題としたい。

(132) 家塚智子「同朋衆の系譜――足利義満期の遁世者をめぐって――」（『世界人権問題研究センター研究紀要』一七、二〇一二年）。

(133) 佐藤豊三「室町時代の贈答刀剣について」（『金鯱叢書』一五、一九八八年）、三二七～三二八頁。

(134) 佐藤前掲「室町時代の贈答刀剣について」、三二八～三二九頁。

(135) 久保賢司「鎌倉公方家の重代の家宝に関する一試論――成氏の登場と伝来家宝および喜連川足利家宝物小考――」（『中世下野の権力と社会』、岩田書院、二〇〇九年）、四五～四八頁。鈴木彰「足利将軍家の重代の太刀――「御小袖の間」の所蔵品から――」（『平家物語の展開と中世社会』、二〇〇六年）。

(136)「条々聞書貞丈抄」には、「御物は、公方様の御はかせ《（佩刀）》になり候太刀也、御はかせとは、御はき《（佩）》料也、進上には、御はき料になり候様なる銘作を進上する也」とある（『続々群書類従』七、五七九頁）。江戸時代の伊勢貞丈の注釈ではあるが、室町幕府の足利将軍家の御物となった刀剣の一部が将軍の佩刀となったことがわかる。

(137) 将軍に仕えた遁世者が、足利将軍家の刀剣の売却などを担当し、将軍家の刀剣の一部を管理していたことが史料から確認される（佐藤前掲「室町時代の贈答刀剣について」、三二八頁）。

(138) 佐藤前掲「室町時代の贈答刀剣について」。

【附記】

「龍造寺文書」の原本調査・掲載をご許可くださった佐賀県立図書館及び原本調査に際してお世話になった本多美穂氏、中世刀剣書の原本調査をご許可くださった公益財団法人日本美術刀剣保存協会・和鋼博物館・臼杵市教育委員会・東京都立中央図書館に深謝申し上げたい。なお、本稿は、二〇一四年度～二〇一六年度日本学術振興会科学研究費基盤研究（C）「平安～鎌倉時代における刀鍛冶の基礎的研究――刀鍛冶データベースの構築――」（課題番号：二六三七〇一四七）・二〇一七年度～二〇一九年度日本学術振興会科学研究費基盤研究（C）「室町～戦国時代における日本刀の贈答と在銘刀剣の美術的評価に関する基礎的研究」（課題番号：一七K〇二三三四）による研究成果の一部である。

（九州産業大学准教授）

天正四年洛中勧進の特質に関する一考察

長崎健吾

はじめに

「天正四年洛中勧進」とは、天正四（一五七六）年十月頃から翌年五月頃にかけて京都の法華宗（日蓮宗）諸本山が洛中に居住する檀那に対して実施した勧進を指す。[1]この勧進については昭和五十七年に頂妙寺（京都市左京区）で発見された『京都十六本山会合用書類』（以下『書類』）によってその存在が明らかになった。[2]『書類』は京都法華宗の諸本山が天文法華の乱後に結成した合議組織「会合」によって作成・保管されてきた文書群であり、中世末期から近世にかけての教団の実態を示す史料が多数含まれている。

『書類』のなかでも、天正四年洛中勧進に関する史料（以下「勧進史料」）は早い段階から研究者の注目を集めてきた。勧進史料には洛中の檀那約一四〇〇名の名前、彼らの居住する町名、帰依する寺院と僧坊、勧進に対する出資額（奉加額）などの情報が記載されている。洛中の法華宗寺院とその基盤である都市民との関係について多くの考察材料を提供する史料であり、都市民に関する単純な情報量で考えても中世を通じて最大級の文書群といえる。

洛中勧進と勧進史料については既に古川元也、[3]河内将芳[4]によって詳細な検討が加えられている。また、近年は経済史・都市史といった分野でも注目を集めつつある。[5]しかし、勧進の実施過程や各文書の作成過程については未解明の点が多く、論者の間で見解の不一致も散見される。そこで本稿では、洛中勧進の実施過程を具体的に明らかにすることを目指して勧進史料に再検討を加えていく。特に重視したいのは、勧進の実施過程において教団・檀那・町の三者がどのような位置を占めているのかという点である。この点を明らかにすることは、天正四年洛中勧進全体の性格を画定し、勧進史料の有効な活用方法を考える上で重要な意義を持つだろう。

第一章　奉加者・奉加額の決定過程

第一節　奉加者の決定過程
――羅漢風呂町・北小路室町の事例から

本論に入るに先だち、先行研究によって勧進史料について概観しておく。⑥

勧進史料は勧進における銭の流れに基づいてA洛中勧進記録（いわゆる奉加帳、後掲【史料一・三・四】等）⑦、B諸寺勧進帳（【史料二・五】等）、C諸寺勧進銭萬納分（【史料六】）、D諸寺御勧進之未進分（四―五）、E諸寺勧進之内遣方（四―五）の五つに整理することができる。A・Bはいずれも洛中における集金の過程で作成された文書と見られ、檀那、奉加額、寺院名等の情報が町ごとに記載されている。A・Bに記載された情報はほぼ同一であるが、Aは基本的に一紙一紙が個々の町に対応した独立の文書であり、様式にもばらつきがあるのに対し、Bは四冊の冊子に綴じられて記載様式も統一され、巻末では勧進の結果（合計奉加額・檀那数）が寺院ごとに集計されている。以上からBはAの内容を統一された様式のもとにまとめたものであり、AからBへの流れに檀那側からの奉加金が寺院側で集計されていく過程が現れていると考えられる。

次にC諸寺勧進銭萬納分は各町における納入状況（納入された金額）を、D諸寺御勧進之未進分は勧進において未進が存在する町々とその金額をまとめた文書である。C・Dはともに勧進の最終段階でまとめられた文書と考えられる。最後にE諸寺勧進之内遣方は、勧進によって集められた銭の使途を記した文書である。同文書からは資金の大半が織田政権周辺の有力者に対する献金に宛てられていることが分かる。以上の他にも『書類』中には若干の関連史料が含まれるが、勧進の実施に直接かかわる文書は以上が全てといってよい。記録類など教団外の同時代史料にも関連記事は見出されない。

以上の史料から勧進の実施過程を考察する上で問題となるのは次の二点である。第一に出資する檀那の顔ぶれや各檀那の奉加額がどのようにして決定されていたのかという点、第二に各檀那の奉加額と、町単位での納入額との関係をどのように理解するかという点である。この問題について最も詳細に検討しているのは古川元也である。⑧

古川は、各町が納入する金額は教団側によって決定され、町々に課されたものとしている。⑨こうして教団から課された金額が町内の檀那に割り当てられることで、各檀那の奉加額が決定されたと理解するのである。また、最終的な檀那の奉加額に端数がほとんど見られないことから、町々における金額の割り当ては「何らかの基準に基づく地口銭に近いもの」だったと推測している。古川説の核心は、各檀那の奉加額が檀那自身によって決められたものではなく、まず教団側が各町に金額を割り当て、それが一定の基準に基づいて振り分けられることで各檀那の金額が決定されたと理解する点にあるといえよう。こうした理解に基づいて古川は、天正四年洛中勧進は強制力を伴う「徴税的勧進」だったとする解釈を提示している。

古川説は重要な指摘を多く含んでいるが、疑問点もある。まず、勧進史料に現れる各檀那の奉加額は数十貫文に及ぶものから数十文程度のものまで、非常に多様である。果たして、こうした様々な金額を各檀那に割り当てるための「何らかの基準」が存在しえただろうか。また古川は、各町への金額割り当ては教団側による当該町に居住する檀那数の把握に基づいてなされたとする。しかし一方で河内将芳は、教団側は勧進の実施によって始めて洛中に居住する檀那の家数と経済力を把握可能になったと理解している。⑩河内説の当否は別として、各町に負担額を割り振るためには居住する檀那数のみならず各檀那の経済力まで把握している必要があったことは間違いない。当該期の法華宗教団が果たしてそこまで詳細に各町の実情を把握しえていたのか否か、という点は検討の余地がある。

以上のような問題を念頭に置き、改めて勧進史料の記載を分析していく必要がある。本稿で特に注目したいのは、A勧進記録とB勧進帳との間に見出される記載の微妙な差異である。こうした細部にこそ、勧進の実施方法や、実施過程において生起した様々な出来事が現れていると考えられるからである。こうした点を手がかりとして、本節では奉加する顔ぶれの決定方法、次節では奉加額の決定方法を中心に検討を加えていく。

最初に取り上げるのは羅漢風呂町（所在地未詳）の事例である。この町は勧進史料のA・B・Cに町名が見えており、かつその記載内容に微妙な変遷が認められる。まず、AとBを引用する。なお、勧進史料中には追筆・異筆の可能性のある部分が散見されるが、煩雑になるので引用中での注記は省略し、必要に応じて本文中で言及する。[11]

【史料一】羅漢風呂町A（三－一六六）※傍線筆者。以下同様。

○奉加帳
本国寺中将殿一貫文　与三左衛門
同中将殿五百文　彦左衛門
同菊泉坊五百文　吉右衛門
同才正殿五百文　升屋彦左衛門
（中略）
法善寺百文　与三兵衛
本善寺百文　二郎兵衛
都合拾貫文
十　廿四　皆済
らかんのふろの町

【史料二】羅漢風呂町B（四－二）

〽羅漢風呂町
本国寺中将　壱貫文　リ　与左衛門尉
同　同　五百文　リ　彦左衛門尉
同　菊泉坊　五百文　リ　吉右衛門尉
同　宰相　五百文　リ　升屋彦左衛門尉
（中略）
本禅寺　百文　カ　与三兵衛
本禅寺　百文　カ　二郎兵衛
〽以上拾貫文　十月廿四日　皆済
但此内九百文は講銭にて出申也
妙顕寺法善院〽銭五貫文　ト　池上五郎右内方
皆済申候　十一月三日ニ
〽都合拾五貫文　皆済

いずれも羅漢風呂町に居住する檀那名と、彼等が帰属する寺院・僧坊名、および奉加額を記している点は共通である。部分的な引用のため分かりにくいが、Aが一通で完結した文書であるのに対し、Bは他の多くの町とともに冊子にまとめられたものの一部である。また、Bに見える

「リ」「カ」「ト」はそれぞれ本国寺・本禅寺・妙顕寺に対応する符号であり、BがAを整理・集計した文書であることをよく示している。

　こうした体裁の違いはあるものの、両文書の記載内容はほとんど同一である。ただ、町内における勧進の結果を集計した部分に若干の違いが認められる。まず【史料一】では羅漢風呂町は合計十貫文を十月二十四日に「皆済」したことが記されている。これに対し【史料二】では、いったん同じように集計結果を記した後に「池上五郎右内方」という【史料一】には見られない檀那が追加されている。そして、この「池上五郎右内方」が奉加した五貫文を加えた額で新たに集計がなされ、十五貫文を十一月三日に皆済した旨が記されている。

　「池上五郎右内方」は一人で五貫文もの大金を奉加しており、かなり有力な檀那だったと見られる。勧進史料中に池上五郎右衛門という人名は見えないが、池上姓の檀那は二名見えており、いずれも数貫文を奉加している⑫。羅漢風呂町の「池上五郎右内方」は彼らの縁者であろう。

　注目すべきことに、「池上五郎右内方」はAの段階では新町二条町（現二条新町）という別の町の文書に名前が見えている。

【史料三】新町二条町A（三‐一八四⑬）

○新町二条町
百文　妙顕寺十乗坊　三郎左衛門尉
百文　同　同　源右衛門尉
百文　妙顕寺大林坊　孫兵へ
百文　妙顕寺金山坊　小五郎
百文　同　法善院　五郎左衛門尉
以上五百文
五貫文　池上ゝ《五郎右》内方

　この史料上において池上内方は同町内の総額（五百文）には算入されておらず、奉加額が別個に記入されている。そしてBの段階になると新町二条町の部分に池上内方の名前は見えなくなる。Bは檀那の居住地等を最終的に整理した文書であるから、「池上五郎右内方」は実際には羅漢風呂町に居住していたと見られる。彼女は勧進の実施過程において、なんらかの理由で居住地ではない新町二条町のAに記入されたと考えられるだろう。こうした事態が生じた理由は推測するしかないが、池上内方が妙顕寺法善院に帰依していた事実は注目される（【史料二】）。【史料三】を見ると、新町二条町では檀那五名の全員が妙顕寺に帰依しており、特に「五郎左衛門尉」は池上内方と同じ法善院に帰依していたことが分かる。これに対し、勧進帳に見える羅漢風呂町の檀那二十六名のうち妙顕寺に属している檀那は三名、法善院に帰依しているのは池上内方だけである。羅漢風呂町の全檀那に占める妙顕寺檀那の割合は他の町と比べてもかなり低い。以上から、池上内方は新町二条町において勧進が行われた際、帰依する寺院・僧坊を介した他の檀那とのつながりに基づいて、いったん同町の勧進記録に記載されたと推測できる。その後、勧進の状況を檀那が居住する町ごとに勧進帳にまとめる段階で、実際の居住地である羅漢風呂町に改めて記載されたと考えられるだろう。

　以上から羅漢風呂町における勧進の進展状況を考えると次のようになる。まず十月二十四日の段階で同町の檀那からは合計十貫文が納入され、これをもって当町の分はいったん「皆済」とされた。しかしその後、池上内方が新町二条町においてAに記入されていたことが分かった。このため池上内方は羅漢風呂の人々とは別に十一月三日に支払を行った。こうしてBは十月・十一月の二段階で羅漢風呂町における集計を記すことになったのである。(14)

次に取り上げるのは北小路室町（現上京区室町通今出川下ル）の事例である。

【史料四】北小路室町A　（三―一六六）

○北小路室町
壱貫文　与三兵衛
六百文　与一
壱貫文　源右衛門尉
壱貫文　宗意
弐貫文　与三
弐貫文　宗佐
五百五十文　新介
壱貫文　又三郎
（中略）
百五十文　又三郎ちい
以上拾壱貫文
百文　宗寿内儀
五十文　又三郎内儀

【史料五】北小路室町B　（四―二）

〽北小路室町
壱貫文　与三兵衛
六百文　与一
壱貫文　源右衛門尉
壱貫文　宗意
弐貫文　与三
弐貫文　宗佐
五百五十文　新介
壱貫文　又三郎
（中略）
百五十文　又三郎ちい
百文　宗寿内儀
五十文　又三郎内儀
〽以上拾一貫百五十文　且か　皆済

やはりA・Bの間で記載内容に違いがある。【史料四】の段階ではいったん「以上拾壱貫文」と檀那十九名の奉加額が集計されているが、その直後に「宗寿内儀」「又三郎内儀」という二名の檀那が記されている。又三郎は同じ町に居住して一貫文を奉加している人物と見られるから、「又三郎内儀」は夫に便乗して奉加に加わることになったと考えられるだろう。(15) これら二名は【史料四】段階では町内の合計額に算入されていないが、【史料五】の段階になると両名を加えた十一貫百五十文が総額とされ、金額の下に「且か　皆済」と記されている。この記載はどのような事態を表しているのだろうか。

「且」または「且上」という語は勧進史料中に散見される。[16] この語が特に多く現れるのはC諸寺勧進萬納分である。部分を引用する。

【史料六】諸寺勧進銭萬納分　（四－五）

冷泉室町　現銭
・拾壱貫三百文　皆済
石屋辻子
・七貫文　現銭　且上
飛鳥井殿丁西
・七貫五百文　現銭　且
・拾七貫文　銀五十七匁四分内金八分アリ
以上弐百弐拾弐貫九百四十五文
飛鳥井殿丁東
拾三貫二百文　現銭　且

先述の通り、Cは各町からの納入状況を整理した文書である。同文書中の多くの町では、引用冒頭の冷泉室町のような形で納入状況が記載されている。すなわち、町名と支払方法（「現銭」または銀等の代物）、金額を記し、これらが全額納入されたことを「皆済」の語で表現するものである。これに対し、引用部分の石屋辻子・飛鳥井殿町（東西）のように「皆済」に相当する部分で「且」「且上」の語が用いられている町々も多い。こうした町々の納入状況は勧進帳では次のように記載されている。

【史料七】石屋辻子B　（四－二）

以上拾壱貫八百文内
七貫文上且

この場合、「且」の語が意味するところは明瞭である。つまり、当該町が納入すべき総額の一部だけが納入されており、未だ皆済には至っていない場合に「且」「且上」の語が用いられるのである。[17] ここから予想される通り、Cで「且」「且上」と注記された町々には勧進の最終段階で未進が残された所が多い。例えば石屋辻子はD諸寺御勧進之未進分に四貫八百文という未進額が記されている（四－五）。つまり石屋辻子は十一貫八百文を納入すべきところで七貫文だけを暫定的に納入（「且上」）し、残る四貫八百文は未進として処理されたのである。

以上を踏まえて北小路室町の「以上拾一貫百五十文　且か　皆済」という注記を解釈する。同町では当初十一貫文を納入する予定だったが、勧進の過程で「宗寿内儀」「又三郎内儀」の二名が追加で出資することになり、金額も百五十文分上乗せされた。その経緯が【史料四】のような形でAに記載された。しかし、これをBにまとめる段階で、【史料四】の記載が十一貫百五十文のうち十一貫文しか納入されていないことを示すものと誤認されたのではないだろうか。あるいは「宗寿内儀」「又三郎内儀」の二名が実際に他の檀那より遅れて納入を行ったため、それまで同町において百五十文分の未進が生じた可能性もある。Bはこうした状況を反映し、「皆済」と記すのをいったん保留して「且か」と注記したと考えられるだろう。

羅漢風呂町・北小路室町の事例からは、洛中勧進の実施過程（A・Bを作成する段階）においては奉加者が随時追加され、それに伴って各町が納入すべき金額が確定されていったという状況が浮かび上がってくる。こうした奉加者の追加には血縁・家族関係に基づく場合や、帰依する寺院・僧坊を介して行われる場合などがあったと見られる。檀那に関する情報のなかには勧進の実施過程において整理・確定されていった部分が存在しており、教団側が全ての情報を事前に把握していた訳では無かったことが見て取れよう。先に触れた通り古川元也は、各町の納入額を教団側によって設定されたものと理解していた。しかし実際の納入額には、勧進の過程で状況に応じて決定されていった部分があったのである。

それでは、教団側による納入額の設定は実施されなかったのだろうか。この点について注目されるのは、ここまで考察した町において、奉加者が追加される以前における納入額が端数の無い数値となっていることである。まず北小路室町では当初の納入額は十一貫文であったが、「宗寿内儀」「又三郎内儀」が追加されることで百五十文という端数が生じている。羅漢風呂町の場合、池上内方が追加される以前の金額は十貫文である。注目されるのは【史料二】に見える「但此内九百文は講銭にて出申也」という記載である。同町では池上内方が加わる以前の段階で奉加を募った結果、合計九貫百文となって端数が生じたため、十貫文になるよう講銭によって金額を調整したと考えられるのである。古川が指摘する通り、この「講銭」は羅漢風呂町に居住する法華宗檀那による講の銭と見られる。古川はこの部分について、同町には教団側から十貫文が割り当てられたが、各檀那には何らかの理由でそのうち九貫百文分しか割り当てられず、不足分を講銭によって補ったものと理解している[18]。すなわち、羅漢風呂町の檀那たちは当初、十貫文という金額の皆済を目標としていたと考えられるのである。

以上から、洛中勧進においては教団側から各町に対して金額が端数の無い形で提示されており、各町の檀那はこの金額を目標として奉加を募ったこと、勧進の実施過程で金額不足や奉加者の追加によって金額に端数が生じていったことが分かる。勧進史料全体の中で各町の納入額を見ると、数貫文単位に揃えられて端数の無い町と、数百文以下の端数を持つ町とがほぼ相半ばしている。前者では教団が設定した金額に合わせて納入額の調整が行われ、後者では勧進の過程で生じた端数が最終的な納入額に残されたと考えられるだろう。

教団側が各町の納入額を設定したとする古川説は、以上のような意味においては妥当といえる。その一方で、教団が設定した金額が町内の各檀那に「割り当てられた」とする理解は再考を要するだろう。羅漢風呂町・北小路室町では奉加者の追加によって当初の予定を上回る金額が集まっており、所定の金額の割り当てという理解では説明できない部分があるからである。この点を考察するため、各檀那の奉加額の決定方法について節を改めて検討していきたい。

第二節　奉加額の決定過程――立売町の事例から

本節で取り上げるのは立売町（現上立売町・上京区上立売通室町西入）の事例である。同町においては勧進の実施過程で作成された文書が勧進帳以外に二通残されており[19]、奉加者や金額の決定過程を詳しく見ていくことができる。これら二通の文書と勧進帳の該当部分を引用する。

【史料八】 立売町A－①　（三－一九八）※□内は見せ消ち

南

是者ハ壱銭も不出候

ⓐ本国寺きけん坊田や与次郎殿　十貫文〇
〻立本寺大文字や隼人佐殿　〻十貫文〇
〻妙蓮寺井つゝや紹慶　〻十貫文〇
（中略）
かきや宗佐御内方並御息女是も不出候
〻本国寺大泉坊いろこかたや孫四郎殿〻五貫文〇
ⓑ〻立本寺知積院きくや宗巴（もりまし〻二貫文）〻三貫文〇）
〻立本寺圓喜坊ふしや彦二郎殿〻三貫文〇
〻立本寺宥教坊ひしや又二郎殿〻十貫文〇
〻頂妙寺安立院とゝや良喜（もりまし三貫文　是も不出候）〻七貫文〇
〻立本寺勧勝院八文字や五郎二郎殿　〻一貫文〇

北

〻針屋宗和御内方　是者不出候
〻頂妙寺安立院かきや弥五郎殿御内方〻一貫文〇
ⓒ〻同とらや弥三郎殿（もりまし二貫文　是ハ不出候）〻五貫文〇
〻本法寺くすりや甚五郎殿御内方〻一貫文〇
ⓓ本国寺宰相ますや与五郎殿卅五貫文〻二貫文内〇
〻かきや実精御内方　是も不出候
〻妙顕寺大文字や御かみさま（〻もりまし　七貫文）〻三貫文〇
〻大文字や新五郎殿御内方是も不出候⑳
（中略）

【史料九】立売町A－②（三－一九一）

立売町寄銭

竹山殿　十月廿六日ヨリ十貫文
八文字や宗円　廿六日五貫文
いろこかたや宗訓　廿七日十三貫文
こそてや二郎三郎殿　廿七日五貫文
ちやうしや三郎四郎殿　廿七日十貫文
とらや立巳　廿七日十五貫文
きくや又四郎殿　廿七日五貫文
ゑひや丞保　廿七日五貫文
ほりけ殿　廿七日弐貫文
もとへ殿　廿七日五貫文
きくや宗甫内　廿七日二貫文
ひしや又二郎殿　廿七日十貫文
いつゝや隆慶　廿七日五貫文
同妙慶　同日二貫文
（中略）
かりかねや川句殿　廿九日一貫文
ⓑきくや宗巴　廿九日五貫文
ふしや彦二郎殿　十一月六日二貫文
かさや弥五郎殿　十一日壱貫文
大文字や御尼公様　十一月十八日十貫文
ⓒとらや弥三郎殿　同日五貫文
とらや良喜公　同日七貫文
ⓓますや味右衛門尉殿　卅五貫文五十一

升や味右衛門内　　弐貫文

立売

【史料十】立売町B（四－一）

立本寺　　拾貫文　は　竹山☒佐
本法[×能]寺　五貫文　・　八文字屋宗円
本国寺　拾参貫文　リ　いろこかたや宗訓
本能寺　五貫文　チ　小袖や二郎三郎
立本寺　拾貫文　は　ちやうしや三郎四郎
（…省略部分にⓑⓒを含む…）
ⓓ本国寺　　銀三枚　・　山本味右衛門尉
ⓐ同　但是ハ不出候　拾貫文　・　田屋与次
妙顕寺　　金一両　・　とらや里うは内
〵以上百四拾九貫文　皆済
但此外　田やの十貫不出候
又銀三枚と
金一両と

【史料八】では立売町を南北に分け、檀那名・奉加額等を記している。金額に懸けられた合点（「〵」）はその分が実際に納入されたことを示すようである。また、人名下に「○」を付された檀那は勧進帳に名前が見えており、付されていない檀那は名前が見えない。「○」は勧進帳に記載すべき檀那を示す印と考えられるだろう。続く【史料九】では檀那名・金額とともに日付を記入し、檀那は日付が早いものから並べられている。各人が実際に支払を行った日付を記載した文書と見られる。[21] なお両文書では檀那の表記方法が異なっているが、記されている顔ぶれは基本的に共通である。[22]

まず、【史料八】に見える「もりまし」「不出」等の注記に着目したい。「もりまし」とは、檀那名の下に記された金額の脇にさらに金額を追記するものであり、合点が懸けられている場合と、「不出候」といった注記が加えられている場合とがある。例えば「きくや宗巴」（記号ⓑ）は三貫文を割り当てられているが、その脇に「〵もりまし　二貫文」と追記されている。これに対し「とらや弥三郎殿」（記号ⓒ）ではもとの金額五貫文の脇に「もりまし　二貫文　是ハ不出候」と記されている。古川元也はこうした「もりまし」を「元来の予定額に加えてさらに賦課を加えた」ことを意味するものと理解した上で、「不出」等の注記が見られることから「厳格に強制されてはいない」とした。[23] 大筋では首肯されるが、以下の点については勧進の実施方法に即してより詳しく考察を加える余地がある。第一に「賦課」はなぜ、どのような形でなされたのかという点、第二に、ここにみえる「不出」という追記は他の史料に見える「未進」とどのような関係にあるのかという点である。以下ではこれらの点について、【史料八】における各檀那の記載と【史料九】【史料十】の記載との対照を通じて検討していく。

まず、【史料八】において何らかの注記がなされている檀那について、記載方法を次の三つに分類することができる。

①「もりまし」以外の部分に「不出候」等と注記されている檀那
……「田や与次郎殿」「かきや宗佐御内方並御息女」「針屋宗和御内方」「かきや実精御内方」「大文字屋新五郎殿御内方」

②「もりまし」分の注記に合点が懸けられている檀那
……「きくや宗巴」「大文字や御かみさま」
③「もりまし」分に「不出」等と注記されている檀那
……「とゝや良喜」「とらや弥三郎殿」「大文字や新五郎殿御内方」

まず①は勧進に対する出資を完全に拒否した檀那のグループと見られる。これらの檀那は「田や与次郎殿」（記号ⓐ）を除いて名前が見せ消ちにされた上、「○」印が付けられておらず、【史料九】・【史料十】には登場しない。次に②は「もりまし」分の出資を承認した檀那である。これらの檀那は【史料九】・【史料十】においては、もとの金額に「もりまし」分を加えた合計が奉加額として記されている。最後に③は、もとの金額分は支払ったが「もりまし」分については出資を拒んだ檀那であり、【史料九】・【史料十】では「もりまし」前の金額のみが記されている。

ここで注目したいのは、【史料八】の段階で檀那側が出資を拒否したことが、その後の文書において未進として現れてこないという点である。この点は勧進帳の末尾に「以上百四拾九貫文　皆済」と記されていることからも明らかである。その他の文書においても立売町は町としての割当額を皆済したとされており（四‐五）、未進は存在しないという扱いになっている。

檀那が支払を拒んだ金額のうち「もりまし」分が未進扱いにならなかったことについては、「もりまし」は厳密に強制されていなかったという古川の指摘の範囲内でも理解可能である。問題は、「もりまし」される前の段階での支払い拒否、つまり①の檀那たちも、未進として処理されていないという点である。まず①の檀那のうち「かきや宗佐御内方並御息女」「針屋宗和御内方」「かきや実精御内方」「大文字や新五郎殿御内方」は【史料八】においてそもそも金額の割り当てが行われておらず、その後の史料では奉加メンバーから除外されている。残る「田屋与次郎殿」は【史料八】で十貫文を割り当てられた上で「是者ハ壱銭も不出候」と注記されており、先の四名とは扱いが異なる。田屋与次郎の十貫文については【史料十】段階でも「但是ハ不出候」と記されており、未進のような扱いを受けているように見える。しかし【史料十】では立売町が「皆済」したとされる一四九貫文の左に「但此外　田やの十貫不出候」と記されている通り、彼が出資を拒んだ分は立売町から納入すべき金額に算入されていない。つまり、「田屋与次郎」を含め【史料八】の段階で出資を拒んだ檀那は、その時点で奉加するメンバーから除かれ、未進としては扱われなかったと理解されるのである[24]。

立売町の事例からは、勧進に出資するか否かは檀那自身の意志に委ねられており、檀那は出資自体を最初の段階で拒否できたことが分かる。また、出資を拒んだ檀那に対して金額の割り当てが基本的に行われていないことからすると、奉加額の決定は檀那側による出資の意思表示を待って始めて行われたと考えられるだろう。つまり、奉加額は教団側から個々の檀那に対して一方的に割り当てられたものではなく、勧進の過程において各檀那の意向を踏まえて決定されたと考えられるのである。【史料八】段階で出資を拒んだ檀那は奉加額を決定する段階まで至らなかったため、金額が記載されていないと理解されよう。

例外的な扱いだった「田屋与次郎」についてはどのように理解すべきだろうか。勧進帳の段階で「但是ハ不出候」などと注記された檀那は立売町以外の町を見渡しても他に認められず、かなり特殊な事情があったと考える他ない。【史料八】の「是者ハ壱銭も不出候」という注記も他の檀那とは異なっており、この人物に対する強い反感が表明されているようである。ここで注目したいのは、田屋与次郎が支払いを拒んだ十貫文と「もりまし」された金額との関係である。「もりまし」によって最終的に集められた金額は九貫文であり、田屋与次郎に割り当てられていた十貫文に近い数値となっている。ここから、立売町における「もりまし」は、田屋与次郎が支払を拒んだ分を町内で補塡するために有力な檀那たちに追加出資を求めたものだったという可能性を想定できるのではないだろうか。

　以上から、立売町で生じた状況を次のように推測してみたい。田屋与次郎は当初勧進に協力する意向を示し、十貫文という奉加額も決定されていた。そして、この十貫文を含めた立売町としての納入額も算出された。しかし後に田屋が態度を翻して支払いを拒んだため、同町では予定の納入額に対して十貫文分の不足が生じた。不足分を補塡するために他の檀那に対して「もりまし」が実施されたが、追加出資を強要することはできず、九貫文しか確保することができなかった。推測に頼った部分もあるが、このように考えれば同町に残された史料の記載全てを整合的に理解できる。

　以上のように理解したとき問題となるのは、「もりまし」後に残された不足分一貫文の扱いであろう。この点について注目されるのが、記号ⓓ「山本味右衛門尉」（【史料八】では「ますや与五郎殿」と屋号＋仮名の形で記載）の事例である。この人物は【史料八】では三十五貫文という奉加額が記され、その下に「〜二貫文内」と記されている。これは味右衛門の妻が二貫文の奉加を申し出たことを示している。[25] しかし【史料十】段階になると妻の名は見えず、味右衛門が「銀三枚」を納入したと記録されている。勧進史料中の他の事例から「銀一枚」は銭十三貫文に換算されていたことが分かるので、[26] 勧進帳における味右衛門の納入額は三十九貫文に相当する。最終的に味右衛門は夫妻合わせた予定の奉加額三十七貫文＋α（二貫文）分を銀三枚で支払ったと理解される。つまり、味右衛門夫妻は実質的には二貫文分の追加出資を行っていたのである。[27] 加えて、【史料十】の最後に記された「とらや里うは内」（同町の「とらや立巴」の妻と見られる）は【史料八】【史料九】の段階では名前が見えず、他の檀那より後の段階で出資が決まったと考えられる。味右衛門尉の妻と同じく、夫に便乗して出資を申し出たのだろう。

　以上から、立売町においては田屋与次郎の支払い拒否という問題が生じたが、他の檀那に対する「もりまし」や山本味右衛門尉の追加出資、および後の段階での出資者の追加により、最終的には当初の予定を超える納入額を達成したと理解される。このため勧進帳において同町は「皆済」として処理され、田屋与次郎の行為も一応容認されたのではないだろうか。

第二章　洛中勧進における檀那と町の位置付け

第一節　檀那による納入方法

【史料八】【史料九】のような文書は立売町の他に残されていないが、「もりまし」に類似する事例は小川羅漢橋南町東面（所在地未詳）にも見られる。当町では勧進帳の該当部分に各檀那からの納入状況が注記されており、勧進の実施過程を考える上で興味深い。立売町の事例を踏まえて読解を試みる。

【史料十二】小川羅漢橋南町東面A　（三―一七三）

○次第不同
参貫五百文〔〵五貫文〕　教行院〔〵本法寺〕　三郎左衛門尉〔〵五十嵐〕
壱貫五百文　十乗坊〔〵妙顕寺〕　甚兵衛尉〔稲辺〕
壱貫文　智積院〔〵立本寺〕　城嶋
壱貫文〔〵弐貫文〕　善行坊〔〵本法寺〕　与三左衛門尉〔中村〕
壱貫文　成就坊〔〵立本寺〕　孫六〔四条〕
弐百文　少弐坊〔〵妙顕寺〕　新介〔はせ川〕
参貫五百文〔〵五貫文〕　十乗坊　与左衛門尉〔広野〕
〵百文　せんミやう内
壱貫文　成円坊〔〵立本寺〕　三郎左衛門尉
壱貫五百文　円珠坊〔〵同〕　弥三郎〔三村〕
参貫五百文〔〵五貫文〕　大乗坊〔〵同頂妙寺〕　新右衛門尉〔矢野〕
〵参貫文五百文〔〵五貫文〕　十乗坊〔〵妙顕寺〕　次郎左衛門尉〔広野〕
五百文　教行院〔〵本法寺〕　ならや内
〵弐貫文五百文〔〵三貫文〕　正乗坊〔〵妙覚寺〕　紹心〔桜井〕
以上弐拾参貫三百文か
拾月廿三日　小川羅かんの橋下町
ひかしのつら

【史料十二】小川羅漢橋南町東面B　（四―四）

小川羅漢橋下町　東面
本法寺教行院　五貫文　ろ　五十嵐三郎左衛門尉
同　善行坊　弐貫文　ろ　中村与三左衛門尉
同　教行院　五百文　ろ　ならや内
妙顕寺十乗坊　壱貫文　ト　稲辺甚兵衛
妙顕寺少弐　弐百文　ト　はせ川新介
同　十乗坊　五貫文　ト　広野与左衛門尉
同　同　五貫文　ト　同二郎左衛門尉
立本寺智積院　壱貫文　は　城嶋
同　成就院　壱貫文　は　江原孫六
同　成円坊　壱貫文　は　三郎左衛門尉
同　円珠坊　壱貫五百文　は　三村弥三郎
頂妙寺大乗坊　五貫文　ニ　矢野新右衛門尉
妙覚寺正乗坊　弐貫五百文　ル　櫻井紹心
百文　善妙内
以上参拾壱貫参百文内

銀十六匁五分上　但五貫文分也　たちやより
又弐貫五百文　ほていや　壱貫五百文　いなへ　壱貫文　城嶋
壱貫五百文　かりかねや　五百文　孫太郎　壱貫五百文　三村
五貫文　　五十嵐　　三貫五百文　うつほや　五貫文　矢野
以上弐拾七貫文且上

まず【史料十一】を見ると、奉加額の右脇に合点を懸けて別の金額が追記されている。例えば五十嵐三郎左衛門尉では、三貫五百文の脇に五貫文と記されている。この人物は【史料十二】の勧進帳では奉加額五貫文とされており、【史料十一】の追記部分が最終的な奉加額とされたことが分かる。立売町の「もりまし」がもとの奉加額への上乗せ分を脇に注記していたのに対し、この場合は上乗せ後の総額が注記されている訳である。こうした記載方法の違いはあるが、羅漢橋南東面の事例も「もりまし」と理解してよいだろう。

【史料十一】の末尾には「以上弐拾参貫三百文か」と記されている。注目すべきことに、これは「もりまし」を行う以前の各檀那の奉加額を合計した数値となっている。つまり【史料十一】ではいったん全ての檀那の奉加額を決定し、同町全体での納入額を算出した後の段階で「もりまし」が行われたと見られるのである。最初に算出された金額、すなわち各檀那の意向に基づいた当初の奉加額の合計では町としての目標額に届かなかったので、「もりまし」によって追加の奉加を募ったものと理解されるだろう。いったん町内の各檀那が奉加額を決め、その総額が教団側の設定した金額に満たなかった場合には追加出資を募る、という手順が踏まれたことが見て取れる。

羅漢橋南町東面において「もりまし」の対象となっている檀那は五十嵐三郎左衛門尉、中村与左衛門尉、広野与左衛門尉、矢野新右衛門尉、広野次郎左衛門尉、桜井紹心の六名である。このうち桜井紹心を除く五名では、勧進帳における奉加額は「もりまし」後の金額となっており、「もりまし」分の出資を承諾したことが分かる。これに対し勧進帳における桜井紹心の奉加額は二貫五百文で、【史料十一】で「もりまし」がなされる前の数値がそのまま記されている。紹心だけは「もりまし」を拒否し、奉加額は当初の形で据え置かれたのだろう。こうした各檀那との折衝の結果、同町は三十一貫三百文を納入することに決まったのである。

【史料十二】勧進帳の「以上参拾壱貫参百文内」以下の部分には同町において暫定的に納入された分、つまり「且上」分が、納入した檀那名とともに記載されている。その総額は二十七貫文である。[28] この部分では檀那の記載方法が勧進帳本文と異なっているので、檀那名の対応関係について検討しておく必要がある。まず、「いなへ」＝稲辺甚兵衛、「矢野」＝矢野新右衛門尉、「五十嵐」＝五十嵐三郎左衛門尉、「三村」＝三村弥三郎および「城嶋」については特に問題ないだろう。また、「孫太郎」は五百文という金額からして、勧進帳にみえる「ならや内」の夫の名前と見られる。残る①「たちや」②「ほていや」③「かりかねや」④「うつほや」の四名についてはいくつか比定の可能性が考えられる。まず②「ほていや」を二貫五百文という奉加額から桜井紹心に比定する。次に一貫文を奉加している③「かりかねや」については、勧進帳の段階で同じ奉加額の檀那は残されていない。そこで、【史料十一】で当初一貫文を奉加予定であったが、「もりまし」によって二貫文に上乗せされた中村与三左衛門尉に比定しておく。最も難しいのは①「たちや」と④「うつほや」である。まず①「たちや」は五貫文を銀十六匁五分で納入しているが、奉加額五貫文の檀那は広野与左衛門尉・同二郎左衛門尉しか残されていないので、このうちいずれかに当たると考えられる。また④「うつほや」は三貫五百文を納入しているが、勧進帳の段階ではこれと同じ奉加額の檀那はいない。しかし【史料十一】の段階では、同じく広野与左衛門尉・同二郎左衛門尉が、「もりまし」前の奉加額が三貫五百文の檀那として残されている。「うつほや」は両名のいずれかであり、「もりまし」前の金額を先に納入したのではないだろうか。要するに、「たちや」「うつほや」は広野与左衛門尉・同次郎左衛門尉に当たると考えられるが、それぞれどちらに対応するかまでは確定し難い。

煩雑になったが、以上の考察からは「もりまし」を承諾した檀那たちの様々な対応が浮かび上がってくる。五十嵐三郎左衛門尉、矢野新右衛門尉、「たちや」は、「もりまし」にただちに対応して上乗せ分を含めた額を納入している。一方、中村与三左衛門尉（「かりかねや」）は「もりまし」された一貫文のうち五百文だけを調達し、奉加額二貫文のうちさしあたり一貫五百文を納入したと考えられる。また、「うつほや」は「もりまし」分の資金をすぐに調達できなかったのか、ひとまず「もりまし」前の奉加額三貫五百文を納入している。以上からは、当町において教団に対する納入が各檀那によって個別に行われていた様子が見て取れる。

立売町に関する【史料九】には各檀那による納入の日付が別々に記載されており、同じく納入が個別になされていたことが明らかだった。勧進においては各檀那による個別納入という方式がしばしば採られていたといえよう。それでは、それぞれの檀那はどのような形で納入を行ったのだろうか。この点で参考になるのが一条日野殿町（現日野殿町、上京区一条通室町西入）の勧進帳である。

【史料十三】一条日野殿町B　（四－二）

　一条日野殿町
妙覚寺本光坊　壹貫文　ル　はかりや彦右衛門尉殿
本国寺光勝坊　壹貫文　リ　筆屋新右衛門尉殿
（・・・）
妙覚寺学乗坊　三百文　ル　大工内方
同　圓林坊　三百文　ル　ミせや弥右衛門尉殿
　以上五貫百文　内壹貫文ニ木綿二たん　正立請取
　　内弐貫八百文　銭且上　花蔵坊請取
　　内五百文真如坊筆十對孝与ニアリ
　　又五百文同銭　同
　残者三百文未進

羅漢橋南町東面の事例と同じく、町全体の納入額五貫百文のうち檀那が個別に支払いを行った部分が記されている。ただし、当町において記載されているのは檀那名ではなく、支払われた銭・物品を受け取った僧の名前である。ここからは、教団側には各檀那からの奉加銭を受け取る役割を持った僧が存在したことが分かる。また、こうした僧がひとつの町において複数見出される点も注目される。【史料十三】の僧のうち

「正立」は山名殿辻子・伊佐町の勧進帳にも名前が見え、両町の檀那から「且上」された分の銭を受け取っている（四－二、四－三）。また、同じく「花蔵坊」は西北小路町の勧進帳において、同町からの奉加銭が皆済されたことを示す部分に「蔵人」とともに署名している（四－三）。つまり、これらの僧は複数の町をまたいで受け取り役を果たしているのである。以上から、正立や花蔵坊といった僧は特定の町々において受け取り役を担当していたのではなく、檀那からの個別的な納入にその都度対応していたと考えられるだろう。つまり、教団側の特定の僧を介して各檀那が個別的・散発的に納入を行うという方式が見出されるのである。

しかしながら、全ての町々において右のような納入方法が確認される訳ではない。新町弁才天町（現弁財天町、上京区今出川通新町西入）、および白雲町（現元新在家町、上京区新町通今出川上ル）の勧進記録に次のような記載が見える。

【史料十四】新町弁才天町A　（三－一八五）

○しんまちへんさいてんちやう　日記
ほんこくちくわせうはうのたんなそうふく　五百文
ほんこくちくわせうはうのたんな与さうさへもん　百文
ほんこくちくわせうはうのたんなそうさへもん　百文
（・・・）
めうまんちしちきやうはうのたんなまこ四郎　百文
ほんせうちほうせんはうのたんなしんすけ　百文
合弐貫六百十文歟
そうふくよりあつ（ママ）申候て参候（花押）

【史料十五】白雲町A　（三－一八二）

○白雲町勧進銭之事
壱貫文　光玉
妙顕寺教蔵坊
壱貫文　宗以
（・・・）
参百文　玄清内方
弐百文　小三郎内方
以上拾五貫文
十一月三日　大鳥居
立入祐信（花押）

まず【史料十四】傍線部の「そうふく」（勧進帳では「宗福」）は同町の檀那の筆頭に記されて五百文を奉加している人物である。【史料十五】傍線部の「立入祐信」は白雲町内の檀那としては名前が見えないが、北猪熊町に居住する妙顕寺教蔵坊の檀那「立入祐泉」の縁者と見られる。既に古川元也が注目している通り、宗福と立入祐信はそれぞれ新町弁才天町・白雲町において奉加銭を収納する役割を担っていたと見られる(29)。つまり、これらの町においては特定の檀那が各檀那の奉加銭を取りまとめ、一括して教団に納入するという方式が採られたのである。

以上の考察から、洛中勧進では①各檀那による個別納入、②町単位での一括納入というふたつの方式が町によって使い分けられていたことが分かる。こうした方式の違いは当然、各町における収納状況にも何らかの形で反映された可能性が高い。この点を検証するため、勧進史料中に見える町々の納入状況を見ていきたい。

注目されるのは、D諸寺御勧進之未進分に見える各町の未進状況である。同文書には天正五年七月二十九日段階で未進が存在した二十九の町々とそれぞれの未進額がまとめられているが、そのうち舟橋辻子・白雲町・南猪熊町・香西殿町・芝薬師町・五辻町・蘆山寺町・革堂町の八町では勧進帳等に記された各町の総額がそのまま未進額となっている。つまり、Dの段階で教団側に対して全く納入を行っていない町々が一定数確認されるのである。こうした事態は各町が採用した納入方式の違いによって説明されるだろう。各檀那による個別納入方式を採用した町の場合、仮にその町に勧進に対して非協力的な檀那が多かったとしても、勧進が開始されて半年以上が経過した段階で一人も納入を行っていないという事態が生じる可能性は極めて低い。こうした町々では、納入が滞っている一部の檀那の奉加額が町全体での未進として計上される場合が多かっただろう。それ以外の檀那が個別に納入した分は「且上」として史料上に現れる訳である。これに対し町単位での一括納入方式のもとでは、町内の檀那全員からの支払いを待ってから教団への納入を行うため、皆済か全額未進かという二者択一状態が生じやすかったと考えられる。実際、先に一括納入方式の実例として取り上げた二町のうち、新町弁才天町は町全体での金額を皆済し、白雲町は全額未進として処理されている。以上より、D諸寺御勧進之未進分で全額未進となっている町々では一括納入方式が、一部のみ未進となっている町々では個別納入方式が採用されていた可能性が高いと考えられるだろう。

第二節　天正四年洛中勧進の特質

本節ではこれまでの考察全体を踏まえ、洛中勧進の実施過程、および勧進全体の性格について、先行研究との関連に触れつつまとめていきたい。

勧進全体の性格を考える上で最も重要なのは、各町の最終的な納入額が、教団側の設定した金額を基準としつつ、勧進の実施過程において決定されていったという点である。町々における勧進は、各檀那に対して出資するか否かを打診することから始まったと考えられる。その上で、勧進に応じた檀那については檀那自身の意向を踏まえて奉加額が決定された。各町ではまずこうして決定された各檀那の奉加額を合計し、各町で納入できる金額を算出した。仮にこの段階で教団側が設定した金額が達成されれば、その金額がそのままその町における納入額となったと考えられる。一方、その金額が目標額に満たなければ、有力な檀那に追加出資の可否を打診する（「もりまし」）、講銭によって不足分を補塡する等の措置が採られた。

このように、勧進に出資するか否か、出資する場合奉加額をいくらにするか、「もりまし」に応じるか否か、といった点において最終的な決定は全て檀那の意志に委ねられていた。天正四年洛中勧進は、檀那側の意向を踏まえた奉加額の調整をプロセスとして組み込んだ形で実施されたのである。各町の最終的な納入額はこうした過程を経て決定された各檀那の奉加額の合計であり、教団側が目標額を設定していたとはいえ、一方的に押し付けられたものではない。そもそも、奉加額決定以前の段階で出資を拒否した檀那が存在したことは立売町の史料で確認した通りである。同様の史料が残存していない町々においても同様の檀那は少なからず存在した可能性が高い。

以上の事実は、洛中勧進の性格に関する先行研究の理解に再考を迫るものである。この点について、勧進史料中に見える「未進」の扱いから再検討しておきたい。古川元也は町々に「未進」が見られることから納入額は町側で決定されたものではないと判断し、「徴税的勧進」という理解の論拠のひとつとしていた。また、河内将芳も「未進」という表現から檀那たちが自ら進んで勧進に臨んだ訳ではなかったとしている(30)。しかし、本稿で明らかになった奉加額の決定プロセスを踏まえるなら、こうした理解は一面的といえる。各町に対しては教団側から金額が提示されていたことは間違いないが、その金額は檀那側の意向に応じて変動する余地を残した、いわば緩やかな目標額だったと見られる。実際には教団側が提示した金額を超える額が集まった事例も確認される。そもそも勧進史料において「未進」の語は、檀那側の意向を踏まえて確定された各町の納入額について、未だ納入が完了していないという事態を指す意味で用いられている。勧進史料中に「未進」の語が散見されることは、奉加を約束した檀那からの納入が教団側の予定に比して遅れがちだったことを示すに過ぎず、勧進自体が有していた強制力を示すものではない(31)。

確かに中世の勧進については、世俗権力の協力を背景とし、強制力を伴う課税に近い形で実施される場合の多かったことが指摘されてきた(32)。しかし、こうした「徴税的」な勧進の多くは津料・関銭・棟別銭等の形態をとっており、勧進の受益者（修造対象の寺社等）と出資者との間に直接的・恒常的な関係が存在しないことを前提としている。これに対し天正四年洛中勧進の場合、勧進を実施するのは法華宗教団であり、出資するのはその檀那たちである。教団の恒常的な経済基盤である檀那たちに出資を強要することは困難だったに違いない。また、洛中勧進によって集められた銭を織田政権周辺への献金に宛てることについて教団側と檀那側が利害を共有していたことは先行研究が等しく指摘するところである(33)。つまり、出資者である檀那たち自身が勧進の受益者でもあったのである。だからこそ多くの檀那たちが勧進の呼びかけに応じ、各人の経済力に応じて奉加を行ったと考えられるだろう。

以上述べてきたような意味において、天正四年洛中勧進は根本的には檀那側の自発性に基づいて実施されたということができる。徴税的な性格を有する勧進が一般化していた中世という時代の終末期において、寺院と檀那という新たな関係に立脚し、檀那側の自発的な奉加に支えられて実施された点にこそ、天正四年洛中勧進の特質があったと結論づけたい。

続いて、洛中勧進の実施過程における「町」の位置付けにも触れておかなければならない。既に指摘した通り、各町の全ての檀那が勧進に協力した訳では無いし、そもそも勧進史料に記載されているのは法華宗の檀那に限られるのだから、洛中勧進の実施に町共同体の組織そのものが関わっていたとは考えられない。勧進史料において「町」は、さしあたりは教団側による金額設定・納入状況集計および檀那の居住地把握の単位として現れるに過ぎないといえよう。

しかしその一方で、町内における檀那たちの関係が勧進の実施過程で一定の役割を果たしていたことも疑いない。まず、前節で論じた通り、教団に対する納入方式（個別・一括）は町ごとに異なっていた。一括納入方式が採られた町では特定の檀那が町内の檀那の取りまとめ役となっており、その意味では檀那たちが町単位で納入主体を形成していたといえる。これに対し個別納入方式が採られた町では、町自体が納入主体となる訳では無い。しかし奉加額の決定過程に眼を転じると、個別納入方式を採る立入町においても、同町で決定された納入額を達成するために有力な檀那が追加出資に応じていたことが分かる。また、羅漢風呂町のように講銭によって町内の不足分を補う場合もあった。こうした事例を踏まえるなら、教団側が提示した金額の皆済を目指して町内の檀那がなんらかの形で協調するという事態は勧進史料中の多くの町において想定可能であろう。教団側としても、町々の檀那が有する地縁的な関係に期待したからこそ、目標額を町ごとに割り当てたのではないだろうか。

　以上のように、勧進の実施過程においては金額の調整・納入などの各段階で町内における檀那の地縁的な関係が様々な形で作用したと考えられ、勧進史料からその一端を窺うことができる。こうした限定的な意味においてではあるが、勧進史料は天正年間の洛中における地縁的結合に関する史料として活用可能と考えられるだろう。

おわりに

　最後に今後の課題をふたつ提示しておく。第一に、本稿は勧進自体の実施過程と特質の解明を目的としたため、勧進史料に見える檀那・町・寺院などに関する膨大なデータを活用できなかった。この点についても古川による基礎的な研究があるが[34]、より全面的な活用方法を模索していく必要がある。第二に、勧進史料の「都市文書」としての性格についても、本稿の成果を踏まえて考察していきたい。都市文書については佐々木銀彌による先駆的な論考があるが[35]、『京都十六本山会合用書類』が発見される以前のものであり、そのままでは勧進史料を適切に位置づけることはできない。既に古川・河内両氏によって勧進史料と惣町文書との比較が試みられているが[36]、法華宗以外の寺院史料等も視野に収めながら考察を進めていく必要があるだろう。

　最後に付言すれば、本稿が依拠した『書類』刊本には今日から見ると字句の読みや文書名の間違い、頁の脱落等が散見される。また、非売品であるため広い利用を期し難いという欠点もある。当該期の法華宗教団や洛中の都市民に関する『書類』の史料的価値は絶大であり、出来れば詳しい解説等を付した新たな刊本が俟たれる。

注

（1）本稿では日蓮の系譜を引く寺院・僧侶の総体を指す呼称として「法華宗」の語を用いる。

（2）中尾堯「寺院共有文書と寺院結合――『京都十六本山会合用書類』をめぐって――」（『古文書研究』三五、一九九二年）。『頂妙寺文書・京都十六本山会合用書類』全四冊が大塚巧芸社から刊行されており、天正四年の勧進に関する史料は第三・第四分冊に納められている。以下、刊本から引用する場合は冊数‐文書番号を「四‐一」の様に記す。また、字句の読みについては刊本所収の写真に基づいて訂正した部分がある。

（3）古川元也①「天正四年の洛中勧進」（『古文書研究』三六、一九九二年）、②「中近世移行期の法華宗寺内組織と檀徒の構造」（今谷明・高埜利彦編『中近世の宗教と国家』、岩田書院、一九九八年）、③「京都新在家の形成と法華宗檀徒の構造」（中尾堯編『中世の寺院体制と社会』、吉川弘文館、二〇〇二年）。

（4）河内将芳①「法華宗檀徒の存在形態――天正四年付『諸寺勧進帳』の分析を中心に」（『中世京都の民衆と社会』、思文閣出版、二〇〇〇年、初出一九九二年）、②「法華教団の変容――『京都十六本山会合用書類』の成立をめぐって――」（同前所収、初出一九九七年）、③『京都十六本山会合用書類』所収「洛中勧進記録」について――中世京都における「都市文書」との関連において――」（『古文書研究』四九、一九九九年）、④「『天正四年の洛中勧進』再考――救済、勧進、経済――」（『立命館文学』六一四、二〇〇九年）、⑤『日蓮宗と戦国京都』（淡交社、二〇一三年）。

（5）桐山浩一「十六世紀後半の京都における銀の貨幣化」（『ヒストリア』二三九、二〇一三年）、三枝暁子「「町」共同体をめぐって」『歴史科学』（二一八、二〇一四年）等がある。

（6）以下、主に古川①に拠る。

（7）「洛中勧進記録」という文書名は『書類』の刊本が付したものであり、文書自体の中で用いられている名称ではない。文書自体に付された名称としては次の三系統がある。

①単に勧進に関わる文書であることを表示するもの・・・「当宗諸寺御勧進記」（三―一八七）、「弁才天町勧進」（三―一九五）、「白雲町勧進銭之事」（後掲【史料十五】）など。

②「奉加帳」とするもの・・・後掲【史料一】。

③「日記」とするもの・・・「勧進之日記」（三―一七八）、および後掲【史料十四】。

本稿では刊本の命名に従うが、様式に着目する場合②「奉加帳」とするのが最も適切と思われる。なお矢内一磨「文明年間の大徳寺と堺町衆に関する新史料について」（『日本史研究』三九六、一九九五年）が紹介している酬恩庵蔵「堺南北庄大徳寺奉加引付」は「洛中勧進記録」との間に共通点が多い。③の「日記」は客観的な事実などを記録した覚書で様々な加工を加えることで正式の文書（この場合勧進帳）に生まれ変わる文書という側面に着目した命名と考えられる。「日記」については榎原雅治「荘園文書と惣村文書の接点――日記と呼ばれた文書――」（『日本中世地域社会の研究』校倉書房、二〇〇〇年、初出一九九六年）参照。

（8）古川①。

（9）ただし古川は教団側とともに本阿弥・後藤といった一部の有力な檀那が町々に割り当てる金額の決定に関わっていた可能性も指摘している（古川①二十二頁）。

（10）河内③三十六頁。河内は、諸寺勧進帳は「当該期法華教団の募財能力を把握する一種の基本台帳といえるもの」だったのではないかと推測している。

（11）勧進史料は勧進の実施過程という幅のある時間の中で作成された文書であるという性格上、追記・異筆等を厳密に確定するのは困難である。

（12）立本寺の檀那として池上七郎・同与三が見える。いずれも新在家中町に居住しており、四貫文を奉加している（四―一）。勧進史料に見える檀那の血縁関係については古川②に詳しい。

（13）『書類』刊本三巻所収の二〇三号文書が新町二条町の勧進記録とされているが、これは一条小嶋町の誤りである。一条小嶋町の勧進記録は前半が一六九号文書として収録されており、二〇三号文書はその後半に当たる。以上は檀那名等を勧進帳と対照することで明らかになる。

（14）各町における納入状況をまとめたC諸寺勧進銭萬納分（四―五）においては、同町について「羅漢風呂丁　皆済　／　拾五貫文　現銭」と記されている。Cでは最初から「池上五郎右内方」を加えて計算がなされていることが分かる。

（15）宗寿については他の町に同名の人物が複数確認される（一条小嶋町の「宗寿」、伊佐町の「杣田宗寿」）。これらが「宗寿内儀」の夫か否かは不明である。

(16) 刊本では「過」「過上」と翻刻されているが、字形と文脈から「且」「且上」と訂正する。

(17) 「ある事態が不十分ながら成り立つことを表わす語」としての「かつがつ」の用法と理解される（『日本国語大辞典』）。荘園において段銭が一部だけ納入されたことを「且納」と表現した用例が見える（『政基公旅引付』文亀三［一五〇三］年六月十九日条ほか）。

(18) 古川①、二十四頁。

(19) 刊本ではいずれも洛中勧進記録に分類されている。

(20) 「大文字や新五郎殿御内方」は『書類』刊本の翻刻では見せ消ちが無く、かつ五貫文を割り当てられたかのように記載されているが、写真に基づいて訂正した。この五貫文はひとつ左に記された檀那「井つゝや二郎三郎殿」に割り当てられたものであり、「大文字や新五郎殿御内方」の分ではない。

(21) 本史料については古川①二十四頁に言及されている。

(22) 一見して対応関係が分かりにくい檀那について奉加額や帰依する寺院をもとに比定すると、次のようになる。勧進帳はほぼ【史料九】の表記を踏襲している。なお、勧進史料における檀那名の表記については古川②註（18）で論じられている。

【史料八】		【史料九】
大文字や隼人佐殿	—	竹山殿
ひしかり雁や承珠	—	もとへ殿
八文字や妙寂御内方	—	にし原殿内
かきや弥五郎殿御内方	—	かきや弥五郎殿
くすりや甚介殿御内方	—	はたの内
ますや弥五郎殿・同内	—	ますや（升や）山本味右衛門尉・同内
かりかねや彦左衛門尉殿	—	かりかねや川句殿

(23) 古川①。

(24) 以上から、勧進史料中で各町に記載された檀那が必ずしも当該町に居住していた檀那の全員でないことが分かる。本文中で示した【史料八】グループ①の檀那のように、最初の段階で出資を拒んだ人々はその後まとめられた勧進帳には記載されていないと考えられるからである。立売町では他の町とは違って、奉加するメンバーを決定する過程において作成された文書が残されているため、こうした檀那が史料上で確認できるのである。ゆえに他の各町では、勧進史料に現れるもの以外にも法華宗の檀那が存在していた可能性があるといえよう。ただし、鷹司町のように文書中に「一町五拾八間　内当宗廿五間」（三－二一八）と町内で法華宗の檀那が占める割合を注記している事例もある。

(25) この部分の合点は妻が奉加に加わったことを示しており、実際に納入がなされたことを示す他の合点とは意味合いが異なると考えられる。

(26) 飛鳥井殿町の「あかねや　にし」、小川羅漢橋南町西面の「長谷川宗真」は奉加額十三貫文の脇に「（但）銀一枚」と注記されている（いずれも四－四）。

(27) 【史料九】の「五十一」という注記は天正五年五月十一日を指すと考えられるので、味右衛門夫妻は他の檀那よりも数か月遅い段階で支払いを行ったことが分かる。味右衛門夫妻の追加出資分が【史料八】で「もりまし」として現れていないのはこのためと考えられる。

(28) 諸寺勧進銭萬納分（四－五）にも同じ数値が記されている。また、「諸寺御勧進之未進分」において同町の未進分は四貫三百文とされており、同町が納入すべき三十一貫三百文から「且上」分二十七貫文を引いた数値と一致する。なお、「且上」については大宮観世町の勧進帳にも類似の記載が見られる（四－三）。

(29) 古川②一九六頁。古川は宗福・立入祐信と教団側で奉加銭の受け取り役を果たした正立・花蔵坊等を同様の立場にある存在と見做しているが、両者の役割・立場は区別すべきである。

(30) 古川①。河内⑤、二二八頁。

(31) 無論、いったん奉加を約した後は契約としての拘束力が生じたと考えられるし、教団や他の檀那との関係を損なわないために出資せざるを得ない、といった事態は考えられる。しかし、これらは勧進自体の性格とは区別すべきである。

(32) 中ノ堂一信「中世的「勧進」の展開」『中世勧進の研究――その形成と展開――』(法蔵館、二〇一二年、初出一九七八年)、松尾剛次「勧進の体制化と中世律僧――鎌倉後期から南北朝期を中心に――」『勧進と破戒の中世史』(吉川弘文館、一九九五年、初出一九八二年)、網野善彦『[増補]無縁・公界・楽』(平凡社、一九九六年、初出一九七八年)など。

(33) 古川は武家への献金を「非暴力による姿を変えた抵抗の姿」とし、平和維持のための矢銭・礼銭が教団と檀那との組織によって行われた点に注目している(古川①二九頁)。河内将芳も、個別の門流や寺院の利害を超えて成立した結合体である「会合」が、武家への対応の手段として礼銭等を選択したと評価している(河内②)。

(34) 古川②、③。

(35) 佐々木銀彌「商業・都市・交通」『日本古文書学講座　第5巻　中世編Ⅱ』(雄山閣出版、一九八一年)。他に仁木宏「都市文書と都市社会」『今日の古文書学　第3巻　中世』(雄山閣出版、二〇〇〇年)がある。

(36) 古川②二百頁以下、河内③。

【附記】 本稿は平成二十九年度高梨学術奨励基金(若手研究助成)による研究成果の一部である。また、平成二十七年度日本古文書学会大会で報告した内容をもとにしている。

(東京大学大学院　人文社会系研究科
日本文化研究専攻(日本史学)博士課程)

南部信直の元服書について

熊谷隆次

はじめに

本稿は、戦国末期・豊臣政権期に、北奥の大名南部信直（三戸家当主）[1]が発給した「元服書」の古文書学的な位置づけを行うとともに、「元服書」の成立過程を分析することで、それが信直権力の形成・確立に果たした意義を解明することを目的とする。

元服式の際、烏帽子親が烏帽子子に実名（諱）の一字あるいは二字（名字）を授与した文書について、従来の研究史では次のような定義がなされてきた。

分類および文書名について、相田二郎氏は、史料中の文言と様式を適宜融合させて、一字状・一字書出・名字書出・加冠状・仮名書出などの小分類名を付すとともに、これらを一括した文書名として「名字状」を提示されている[2]。中村直勝氏は、名字授与状・名字書出状・一字書出状などの小分類名を付すとともに、これらを一括した文書名として「一字書出状」を提示されている[3]。加藤秀幸氏は、一字状・名字状・名字折紙・加冠状・加冠名字状などの小分類名を付すとともに、これらを一括した文書名として「一字書出」を提示されている[4]。各論者で、小分類名およびこれを一括した文書名ともに相違しているのが現状である。

発給の目的・意義については、相田氏や加藤氏らにより、烏帽子親子間の血縁的擬制の構築、相互扶助的な盟約の締結、主従関係の成立およびその強化、受給者の家格・権威の上昇などが指摘されている[5]。

様式については、相田氏・加藤氏ともに、「名字状」あるいは「一字書出」を書札用文書（書状様式文書）であると指摘されている。

なお、加藤氏は、「一字書出」と成因・様式の異なる文書として、「元服之書」を提示されている[6]。氏は、「元服之書」の要件を、元服式の場において烏帽子親が烏帽子子に対して手ずから書き与えた文書であること、また烏帽子親の実名・花押を記さず、名字（苗字）・仮名・本氏（姓）・実名・年次のみを記した文書であることとされている。つまり、発給手続きおよび様式論から、「一字書出」と「元服之書」を区別し、別々な文書名を提示されている。二木謙一氏も、中世以降の武家社会において、元服式の際に烏帽子親が烏帽子子に対して与えた文書を、「元服の書」と表記されている[7]。

ただし、加藤氏は、「元服之書」と同じ様式を備えた文書を「名字状」「加冠状」とも表記されており、「元服之書」概念の基準に若干の揺れがみられる。[8] そのため、本稿では従来の研究史を踏まえながら、「元服之書」「元服の書」について、あらためて次のように概念規定したい。

まず、①様式論の観点からは、名字（苗字）・仮名・本姓・実名・年次を記載しながら、烏帽子親の署名・花押を記さない非書状様式の文書であること、②発給手続きの観点からは、元服式の場で烏帽子親が烏帽子子に直接発給した文書であることとする。③文書名については、名字状や加冠状の命名法と同様に史料中の文言を用い、「元服」の文言を記している文書に対して「元服書」という文書名を付したい。そして、④分類については、一字授与の一契機として元服があるため、相田氏ら先学が提示された「名字状」または「一字書出状」「一字書出」を構成する一分類として「元服書」を位置づけたい。

以上の「元服書」の定義を踏まえ、本論においては南部信直「元服書」の成立過程の分析と、その意義づけを行う。

一　南部信直の「元服書」

1　「元服書」成立前史——南部晴政の名字状——

本章では、南部信直「元服書」の成立過程を明確にするため、信直以前の三戸家当主が発給した名字状・一字書出類について論じる。

【史料1】[9]

（封紙ウワ書）「上　　　」

南部彦次郎

源朝臣政吉〔儀〕

永禄十年丁卯九月吉日

右の永禄十年（一五六七）の史料は、本紙と礼紙からなる。本紙は、形態が竪紙、紙質が楮紙、法量が竪三〇・六cm×横四四・一cmである。封紙は、形態が竪紙、紙質が楮紙、法量が竪四三・七cm×横三〇・四cmである。[10] 本紙には署名・花押がなく、「名字（苗字）＋仮名」「本姓＋朝臣＋実名」「年・干支・月日」が、三行で書き下されている。

木下聡氏は【史料1】について、年月日のほかに、「苗字＋仮名」「姓＋名字（実名）」が宛所を兼ねて書き出されているため、文書の種類を「名字書出」、文書名を「名字状」とされている。[11] また、【史料1】と同様式の文書を、戦国期北羽の領主である下国安東氏・戸沢氏・小野寺氏も発給していたことを明らかにされている。これは、戦国期における北奥羽領主層の権力構造の共通点を解き明かす重要な指摘である。本稿では、この木下氏の指摘に従い、【史料1】の文書名を「名字状」とする。

受給者は、次の通り、三戸氏と同じ南部一族で根城城主の八戸政儀と判断する。十六世紀の八戸家の当主は、『源氏南部八戸家系』[12] によれば、治義―義継―勝義―政儀（政義・政栄《よし》）―直栄の五代である。このうち、永禄十年前後の八戸家当主は、天文十七年（一五四八）に八戸家の家督を継ぎ、慶長十二年（一六〇七）に没したとされる政儀（仮名「彦次郎」）である。これについて、旧八戸領内に残る永禄十二年（一五六九）から慶長十年までの棟札[13] には、大旦那として「政儀」「政義」「政栄」が記されているため、【史料1】の「源朝臣政吉〔儀〕」が八戸政儀であることは確実である。

発給者については、以下の通り、十六世紀後半の三戸家当主南部晴政（南部信直の先々代当主）と判断する。

戦国期、三戸氏のほか、一戸氏・四戸氏・七戸氏・八戸氏・九戸氏の六氏それぞれは、南部氏の本拠である糠部郡内の「戸」という広大な領域を支配していた独立的領主である[14]。いずれも「南部」を名字とし、三戸氏を惣領家としながら「一家」という族縁的な一揆結合をとっていた[15]。しかし、天文後期以降の南部氏権力は、三戸家当主南部晴政のもとに、有力庶流である「親類」（北氏・東氏・南氏ら）や、有力譜代である「老中」「家ノ子」のほか、「戸」の領主である「一家」も結集する権力体（戦国大名権力）への移行期にあった。『大館常興日記』天文八年（一五三九）七月十五日条・同十六日条[16]に、上洛して室町幕府将軍足利義晴から「晴」の一字を拝領したと記された「南部彦三郎」とは、この南部晴政のことで、室町幕府から南部氏惣領家の地位を認められていた[17]。

近世盛岡藩の系譜集『系胤譜考』『参考諸家系図[18]』から、南部晴政の治世において、実名の上の一字「政」がその家の通字でないと判断できる領主を抽出すると、一戸城主一戸政連と九戸城主九戸政実が判明する。これに、天文後期以降の南部晴政権力および三戸「家中」の変質過程をあわせ考えれば、八戸政儀および一戸政連・九戸政実の実名の一字「政」が、南部晴政から授与されたものと考えることは可能であろう[19]。晴政は、「戸」の領主らに「政」の一字を授与することで、主従関係の構築・強化を図ろうとしていたと考えられる。

2　南部信直「元服書」の様式論

天正八年（一五八〇）頃に南部晴政、ついで同九年頃に晴継と、三戸家では父子二代の当主が死去した[20]。なお、晴継は幼少であったため実子がなく、また次期家督を決定せずに没したため、三戸家では同年、これについて評定を開いた。

評定の場では、晴政の二女の婿で「一家」内で最も有力な九戸政実の弟実親が、三戸家内に形成されていた九戸派によって家督候補に擁立され、優勢を占めた。しかし、三戸家の「親類」北信愛は、晴政の嫡女の婿で三戸家の有力庶流田子信直（三六歳）を、クーデターにより家督に就任させることに成功した[21]。このため、信直は九戸氏と鋭く対立することになり、三戸家の当主権力は動揺した。

信直はこの家督就任の翌天正十年から、晴政が発給した名字状に類する文書を発給した。【表1】は現存する六通（正文一通、写五通）の一覧で[22]、【表2】はその関連記事である。本節では、様式論からこの六通を三期に区分して分析し、その変質過程の意味を考えたい。

第1期（天正十年）

【史料2[23]】

元服　　吉日良辰
　　小笠原助三郎
　　源　直清
天正十年壬午仲冬吉朝

右の史料は、二行目以下の「名字＋仮名」「本姓＋実名」「年・干支・

月」の三行が、前掲【史料1】とほぼ同じ様式・文言で書き下されているため、南部晴政名字状の様式を継承した文書であることがわかる。ただし、【史料1】と比較した場合、一行目に「元服　吉日良辰」が新たにつけ加えられて四行書になっている点は大きな変化である。

【史料2】の授与の次第について『系胤譜考』『参考諸家系図』（【表2】）は、三戸家の居城三戸城において小笠原助三郎の「元服」式が挙

【表1】南部信直元服書一覧

史料	年代	名字・仮名	本姓・実名	信直名	在所名	文書	備考
2	天正十年仲冬	小笠原助三郎	源直清	—	—	写	小笠原某嫡子、小姓
3	天正拾六年拾月	南部彦七郎	源直朝	源朝臣信直	目時	写	目時直正嫡子
4	天正拾六年十二月	南部彦次郎	源直栄	源朝臣信直	八戸	正文	八戸政儀嫡子
5	天正拾七年正月	佐々木与三郎	源家直綱	源朝臣信直	桜庭	写	桜庭光康嫡子
6	文禄元年正月	鳴海新丞	源直易	源朝臣信直	蒔苗	写	蒔苗某嫡子、小姓
7	文禄元年正月	小笠原弥四郎	源直定	源朝臣信直	奥瀬	写	奥瀬重賢嫡子

（『宝翰類聚』『系胤譜考』『参考諸家系図』「南部光徹氏所蔵文書」より作成）

【表2】南部信直元服書の関連記事

史料	名字・実名	関連記事	出典
2	小笠原直清	助三郎部屋住之節、天正十年、従大君信直公御小姓役勤之、御字拝領、於御城而元服被仰付、	『系胤譜考』
		信直公ニ仕フ、直清、部屋住ニテ、天正十年十一月朔日、三戸御城殿上元服、諱字ヲ賜フ、	『参考諸家系図』
5	佐々木直綱	天正十七年、於御前元服、直之御字、且国次御脇差賜之、則佐々木与三郎直綱ト被仰付、御自筆之御文章頂戴、	『系胤譜考』
		信直公、天正十七年正月、殿上元服一本私第臨スト云、且御書ヲ以テ諱字ヲ賜フ、	『参考諸家系図』
6	鳴海直易	文禄元年正月、於御前元服、殊ニ御字拝領、号直易、	『系胤譜考』
		元禄（文）元年正月、殿上元服、且諱字ヲ賜フ、	『参考諸家系図』
7	小笠原直定	幼冠之節、於福岡城、信直公御前元服、則直之御字頂戴、号直定、元服幷御字拝領之御書文、	『系胤譜考』
		文禄元年正月、福田（岡）城殿上元服、諱字ヲ賜フ、	『参考諸家系図』

【図】南部信直元服書写（天正十六年十月）南部直朝宛（『宝翰類従』坤）

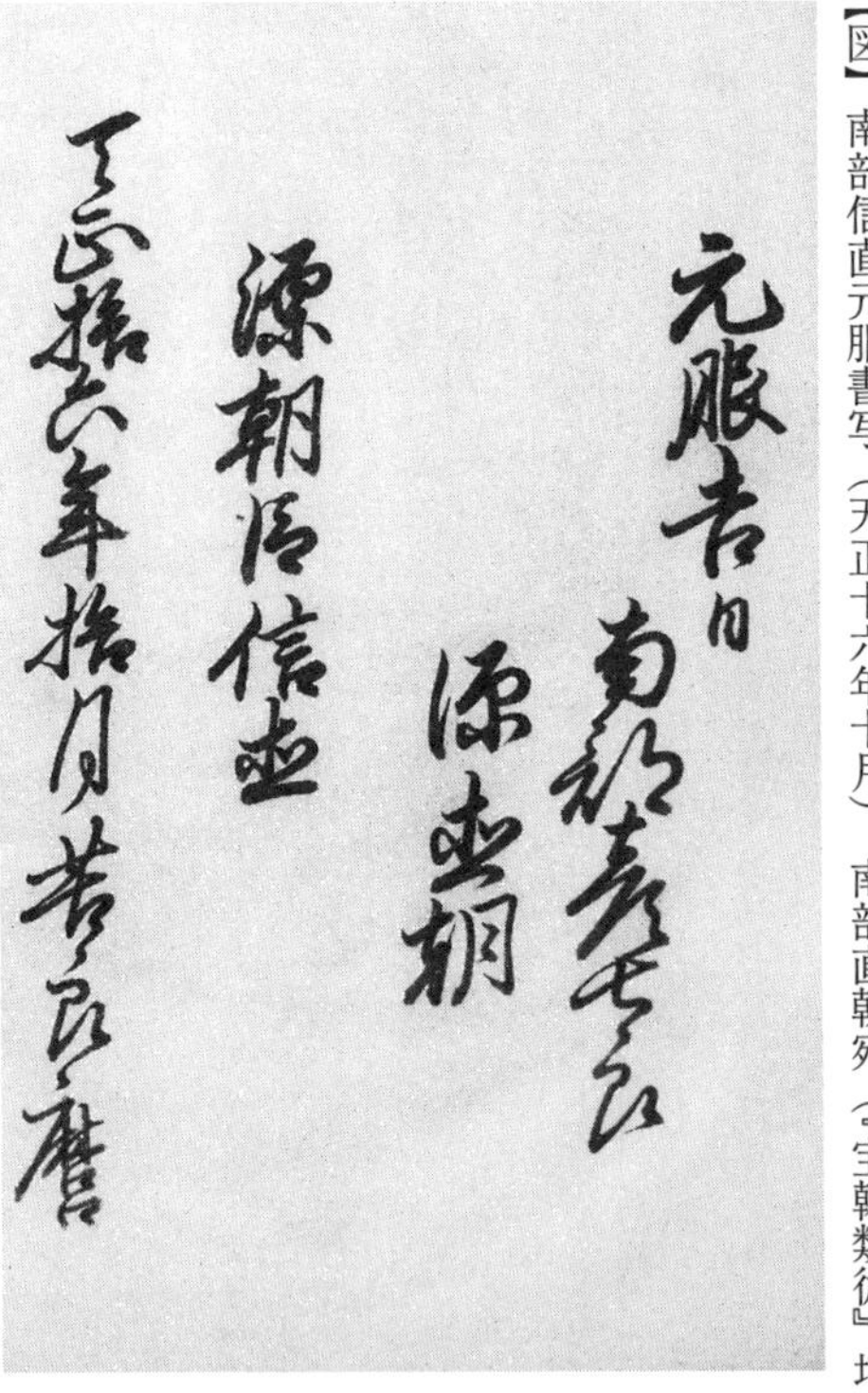

行され、その際、信直が「御字」を授与したと記している。【表2】から、他の事例も含めて元服式の次第を一般化すると、烏帽子親である信直は、居城三戸城（九戸一揆が鎮圧された天正十九年九月以後、二戸福岡城へ移転）において元服をとりなし、その際に烏帽子子に対し「御書」によって一字「直」を授与することになっていた。元服時の発給、一字の授与、信直臨席の元服式、文書様式、そして「元服」の文言から、【史料2】はすでに確認した「元服書」の概念に合致するため、本稿では【史料2】の文書名を「元服書」と確定する。[24]

　その他、【史料1】と比較して、二行目の「名字+仮名」の位置が文書の下部（地）に引き下げられ、三行目からは「朝臣」が消失している。信直が、「直」の受給者を下位の地位に置こうと図ったものと推定される。

第2期（天正十六・十七年）

【史料3】[25]（図）

元服吉日
南部《目時》彦七郎
源直朝
源朝臣信直
天正拾六年拾月苦良磨《吉良辰》

【史料4】[26]

「《封紙ウワ書》元服
」
元服吉日
南部《八戸》彦次郎
源直栄
源朝臣信直
天正拾六年十二月吉辰

【史料5】[27]

元服吉日
佐々木《桜庭》与三郎
源家《ママ》直綱
源朝臣信直
天正拾七年正月吉良辰

右の三通は、いずれもほぼ同じ様式・文言で、一～三行目および五行目が、【史料2】とほぼ同じ様式をとっているため、文書名を「元服書」とする。[28] このうち、唯一の正文である【史料4】は、本紙の形態が竪紙、紙質が楮紙、法量が竪三四・四cm×横四七・七cmである。これに本紙と同じ形態・紙質・法量の礼紙・封紙が添えられている。封紙ウワ書の「元服」は、本紙と同墨・同筆である。[29]

【史料2】（第1期）と比較した場合、四行目に「源朝臣信直」が新たにつけ加えられて五行書になっている点は重要である。これにより信直は自身が「元服書」の授与者であることを明確化するとともに、「源朝臣信直」の位置を文書の天の近くまで引き上げて、受給者を見下すようにしている。意図的にとられた様式であることは明らかであり、信直は三戸家の当主としての立場を強調し、主従関係を構築しようとした。

その他の変化としては、第1期の元服書の一行目「吉日良辰」を二分割して「吉日」を「元服」の下に、「良辰」を五行目の年次の下に移している点、また年次から干支を削除している点があげられる。

第3期（文禄元年）

【史料6】[30]

元服

鳴海《（蒔苗）》新丞《（之脱カ）》

源直易

源朝臣信直

文禄元年正月吉良辰

【史料7】[31]

元服

小笠原《（奥瀬）》弥四郎

源　直定

源朝臣信直

文禄元年正月吉良辰

第2期からの様式上の変化は、一行目の「元服吉日」から「吉日」が消失している点だけである。二通ともほぼ全く同じ様式・文言であるため、文書名を「元服書」とする。[32]

なお、年次は文禄元年正月であるが、この年は十二月になって天正二十年から文禄元年に改元されているため、「文禄元年正月」は存在しない。ただし、以下の理由により、偽文書ではないと判断する。

まず第一に、二通とも写であるが、両史料を収める『宝翰類聚』に筆写・収録された文書の相当数が正文として現存すること、また『宝翰類聚』は盛岡藩士家に伝来された家伝文書を忠実に臨写した文書集であることである。

第二に、【史料6】は蒔苗家、【史料7】は奥瀬家、と所蔵者が違うのにもかかわらず、ともに全く同じ年月・文言・様式になっていることである。[33]

そして第三に、次の通り、「文禄元年正月」と記さざるを得なかった理由が考えられることである。南部信直は、豊臣秀吉から朝鮮出兵を命じられたため、天正二十年、肥前名護屋へ向け、国元を出立した。途中、京都に一時滞在したが、同三月十七日に徳川家康の配下に属して京都を出立しているため、おそらく二月下旬か三月上旬に京都へ到着したと推定される。[34]当時、上洛に要する日数は約一ヵ月半であったため、信直の国元出立は天正二十年正月上旬か中旬であろう。[35]つまり、鳴海《（蒔苗）》直易・小笠原《（奥瀬）》直定の元服時、信直はすでに国元を留守にしていた可能性がある。

信直は着陣した名護屋から、天正二十年十一月十五日付の書状[36]で国元の重臣桜庭光康に対し、「弥四郎、此方へ下候、用所候て奥へ下候事尤候、路次無相違候之哉、床敷候、（中略）京ニハ新介・弥四郎二人おき候、其外ハ高麗へ、何もく〱つれ候」と報じている。「弥四郎」とは、【史料7】の「元服書」を発給された小笠原《奥瀬》弥四郎直定のことである。右の書状からは、光康の指示により直定が国元から「奥」（名護屋）へ下向したこと、その後は信直の命で在京となったこと、そして仮名「弥四郎」を称しているため、直定がすでに元服を済ませていたことが判明する。

右の天正二十年の信直および小笠原《奥瀬》直定の動向から、【史料7】の「元服書」の発給過程については、次のように考えることができる。天正二十年正月、信直は、小笠原直定の元服の際に烏帽子親となった。ところが、すでにこの時、信直は名護屋参陣の途中であった。信直が烏帽子親となって行う元服式は、居城において烏帽子子に手ずから「元服書」を渡す厳粛な儀礼的行為であったため、信直は在国中の直定の元服を、「元服書」の授与を保留にした上で認めた。その後、名護屋から帰国した文禄二年十一月十六日[37]の後、「元服書」を授与するため発給年次を実際の元服の日付に遡及させようとしたが、すでに天正から文禄に改元されていたため、「文禄元年正月」と記して発給した。以上が、【史料7】の発給過程と考えられる。

以上の論拠から、【史料6】【史料7】を偽文書ではなく、正文の写と考える[38]。

3　「元服書」受給者の家格・身分

本節では、「元服書」受給者の家格・身分を明らかにした上で、その発給目的について考えたい。

〈小笠原直清〉小笠原氏の居所は不明であるが、『参考諸家系図』では「代々三戸御普《譜》代」と記されている。直清は部屋住のまま信直の「小姓」を務めていた。

〈南部《目時》直朝〉三戸目時館主目時直正の嫡子。目時氏は、直朝の祖父正朝の代に三戸家譜代の津嶋氏から分かれ、新たに家を起こした。『信直記』[39]によれば、三戸家の譜代である「家ノ子」という家格であった。

〈南部《八戸》直栄〉前章で確認した根城城主八戸政儀の嫡子。直栄十一歳の天正九年時、すでに父政儀から家督を譲られていた可能性がある[40]。また、同年から同十六年頃までの間に、南部信直の嫡女千代子を正妻として迎えている。

〈佐々木《桜庭》直綱〉三戸赤石城主桜庭光康の嫡子。父光康は、天正十九年の九戸一揆の際、信直の命を受けて閉伊郡の領主の調略を行っている[41]。また、翌年からの信直の名護屋在陣中は、留守中の政務を委任されていた。なお、この名護屋在陣中の文禄元年十一月十五日、信直が光康に対して発した書状の宛所は、「さくらは《桜庭》方」と薄礼な様式で記されている[42]。こうした光康の役割や地位と、桜庭氏が三戸家の「老中」「四天」[43]であったことをあわせ考えれば、光康は信直の側近として政務を預かる、譜代出身の宿老あるいは出頭人的地位にあったと考えられる[44]。

〈鳴海《蒔苗》直易〉蒔苗氏は、『参考諸家系図』によれば、信直治世の天正期に津軽蒔苗村に知行を与えられていた。直易は、天正十七年の大浦《津軽》為信挙兵の時に父を失ったために津軽から三戸へ退去するとともに、幼少で家督を継ぎ、「小姓」として信直に仕えたとされる。[45]

〈小笠原《奥瀬》直定〉六戸奥瀬城主奥瀬重賢の嫡子。奥瀬氏は、『南部耆旧伝』では三戸家の「家ノ子」「四天」と称された有力譜代であった。また、すでに述べたように直定は、元服した天正二十年に、使者として名護屋に派遣されたり、在京役人を命じられていた。

以上から、信直「元服書」の受給者の家格・身分は、八戸直栄・鳴海直易を除けば、三戸家譜代の嫡子および幼少当主であったことが判明する。[46]

こうした受給者の家格・身分については、次のように考えることができる。天正九年のクーデターにより田子家から三戸氏の家督に就任した信直は、三戸「家中」に自前の譜代家臣を持たなかった。そのため、自身を家督に推戴した三戸家の「親類」や譜代家臣を自己の権力基盤として選択することは必然であった。「元服書」の受給者の家格・身分が三戸家譜代出身であったのは、このためである。

なお、信直が元服時の若年層を受給者として選んだのは、彼らと主従関係を結ぶことで、次世代に続く確固とした人的権力基盤を三戸「家中」に形成するためであった。この目的を実現するため信直は、家督を継承した翌天正十年（信直三七歳）、南部晴政の名字状の様式を継承しながら、新たに「元服　吉日良辰」の一行をつけ加えた「元服書」（第１期）を創出した。そして、天正十六年（第２期）の「元服書」では、発給者自身の名である「源朝臣信直」の一行を尊大な様式でつけ加えることで、三戸家の当主としての位置づけを明確化するとともに、その様式を整えた。

二　南部利正の「元服書」

1　「元服書」発給者の人物比定

天正二十年、南部信直が肥前名護屋に在陣している間、次の二通の文書が発給された。

【史料８】[47]

元服
吉日良辰
南部《野田》源七郎
源正親
天正弐拾年壬辰仲夏吉朝

【史料９】[48]

元服
南部《中野》惣吉
源正康
天正廿年
十二月吉日

右の二通は、【史料２】の南部信直「元服書」とほぼ同じ様式であるため、文書名を「元服書」とする。なお、二通とも『宝翰類聚』所収の写であるが、従来発給者は不明とされてきた[49]。

しかし、【史料8】を収録する『宝翰類聚』は、同文書について「野田半右衛門《（昵暢）》所持」と注記している。『参考諸家系図』は、この野田昵暢の父祖野田正親について、「信直公天正廿年五月、年十五にして殿上元服、名を南部源七郎正親と賜ふ、御書有」と記している。野田家は、戦国期に閉伊郡に展開した一戸氏（南部氏）の庶流で、同郡野田村を支配していた野田城主であった。正親は、その野田家嫡流の野田政義の三男親清の嫡子である。【史料8】は、庶流野田親清系の家伝文書であり、「南部源七郎正親」が野田正親であることは確実である。ただし、天正二十年時の三戸家当主は信直であり、「正」の一字を与えたのは信直ではない。

【史料9】について『宝翰類聚』は、「中野筑後康貞所持」と注記している。『参考諸家系図』はこの中野康貞の父祖中野正康について、「信直公ノ時、幼ニシテ御近習ヲ勤ム、嘗テ惣領タルベキノ命有、文禄元年十二月十五日、福岡御城御本丸ニ殿上元服ス、世子利正公、諱字ヲ賜フテ正康ト号ス、（中略）時ニ十三也」と記すとともに、幼名を虎丸、仮名を想吉《（惣カ）》、官途名（あるいは仮名）を吉兵衛、後の実名を直正としている。中野正康は、九戸政実の実弟中野直康の嫡子であるが、【史料9】がその中野家嫡流の家伝文書であること、また「源正康」が中野正康であることは確実である。なお、元服の際に諱を与えた人物は、信直の嫡子「利正」とされている。

「利正」とは、天正十八年六・七月、父信直とともに小田原に参陣した嫡子彦九郎（十五歳）が、豊臣政権との「取次」である前田利家を烏帽子親として元服した際、利家から「利」の一字を授与されて名乗った実名である（のち「利直」に改名[50]）。利正は、父信直が名護屋参陣中、留守居を務めているため、【史料8】【史料9】で「正」の一字を授与した人物は利正である。

2　「元服書」受給者の家格

南部利正が「元服書」を発給した事例は、ほかにいくつか確認できる。本節では、その他の事例も考察することで受給者の家格・身分を明らかにし、その上で利正が「元服書」を発給した目的について考えたい。

〈大光寺正親〉大光寺正親は、三戸家の有力庶流（南部氏）で、『参考諸家系図』には「世子利正公、諱字を賜ふ、正親と改む」と記されている。信直の名護屋参陣中の天正二十年六月十一日、留守を預かる三戸家の有力庶流・重臣ら八名が連署して豊臣政権に差し出した「奥州南部大膳大夫《（信直）》分国之内諸城破却書立有之事」（以下、「諸城破却書上」と略す[51]）には、「大光寺左衛門佐」と官途名で記されているため、元服は、利正が留守居を務めた天正二十年正月から同年六月の間に比定される。

〈下斗米正忠〉『参考諸家系図』によれば、下斗米小四郎の実名は「正忠」または「将綱」で、「晴政公天正七年家督、（中略）信直公文禄元年十二月廿八日、将綱、年十五ニシテ三戸御城ニ於テ元服、名ヲ小四郎ト賜フ」と記されている。文禄元年十二月、信直は名護屋参陣中であるため、三戸城（福岡城カ）で元服を取りなしたのは南部利正で、元服時の実名は「正忠」であったと考えられる。なお、父家綱は天正七年に没しているため、正忠は若年ながら下斗米家の家督であった。

〈東正永〉前掲天正二十年六月「諸城破却書上」の連署者のうち、「同《南部》彦七郎　正永」も利正から「正」の一字を授与されたと考えられる。「諸城破却書上」は、名護屋参陣に加わった「東中務」（三戸家の有力庶流）に代わり同氏の名久井城を預かったものを「彦七郎」と記し、『参考諸家系図』では東政勝（官途名「中務尉」）の嫡孫の実名を「正永」としている[52]。このため、「同《南部》彦七郎　正永」とは、東政勝の嫡孫東正永のことである。

〈南正慶〉前掲「諸城破却書上」の連署者のうち、「同《南部》右馬助　正慶」も利正から「正」の一字を授与されたと考えられる。『系胤譜考』『参考諸家系図』によれば、戦国末期から近世初期に「右馬助」を称する人物は、三戸家の有力庶流「南右馬助」（五戸浅水城主）しか確認できず、その実名は「直義」と記されている。一方、『藤澤山過去帳』[53]には、慶長・元和期に時宗藤沢清浄光寺の普光上人を通じて結縁した南部領の一人物として、「南右馬助直慶」（法名「相阿弥陀仏」）が記されている。南氏は三戸家の有力庶流であるため「南部」を名字とすること、「義」「慶」はともに訓読みで「よし」と読むこと、そして南右馬助の先代当主（右馬助の実兄、天正十九年の九戸一揆で討死）の実名は「慶儀」[54]で「慶」の一字を用いていること、以上から「同《南部》右馬助」とは南右馬助のことで、初めは利正から「正」の一字を与えられて「正慶」と名乗り、利正が利直に改名した後、「直」の一字を与えられて「直慶」に改称したと考えられる。

以上、本章でとりあげた諸氏の元服の年次について、野田正親・中野正康・下斗米正忠が、天正二十年（文禄元年）であることは確実である。大光寺正親・東正永・南正慶は、南部利正が留守居をつとめた天正二十年正月から「諸城破却書上」の年次である同年六月の間であったと考えられる。いずれにしても、利正「元服書」の発給年次は、すべて天正二十年に限定される。

利正「元服書」の受給者の家格・身分は、次の三つに分類できる。まず①三戸家の有力庶流（「親類」）である。東正永は東政勝の嫡孫である。南正慶・大光寺正親は、それぞれ南康義の三男、大光寺政景の嫡子で、幼少ながらすでに当主に地位にあった。三氏とも、「南部」を名字とする。次に②三戸家の一族（「一家」）の庶流である。野田正親・中野正康は、それぞれ野田（一戸氏）親清・中野（九戸氏）直康の嫡子で、両氏とも「南部」を名字とする[55]。そして③その他一般の三戸家譜代家臣（下斗米正忠）である。

なお、受給者の家格・身分のこうした特徴については、次のように考えることができる。信直は、天正二十年正月から翌年十一月までの約二年間、名護屋参陣のため国元を留守にした。ところが、近世大名家のような政務を統括する家老が機構（「職」[56]）として成立していなかったため、信直は自己の分身である嫡子利正に留守居を命じ、政務を代行させた。ただし、いまだ家督の座にない一七歳の利正は、自己の側近を持たなかったため、かつての父信直と同様、自ら人的な権力基盤を三戸「家中」内に形成する必要性に迫られた。このため、天正十年時の信直「元服書」（第1期）と同様式の「元服書」を発給し、「親類」の嫡子・嫡孫や「一家」の庶流の嫡子、あるいは幼少の譜代家臣の取り込みを図ったと考えられる。

三　信直権力の確立と元服書

1　南部信直の名字状

前掲「諸城破却書上」によれば、南部信直は名字状も発給していた可能性がある。次の史料は、この「諸城破却書上」の表題と文末、連署者・宛所のみを掲出したものである。

【史料10[57]】

奥州南部大膳大夫（信直）分国之内諸城破却書立有之事

（中略）

城数四拾八ヶ所、此内不破城拾弐ヶ処、右此外於諸城在之者、此判形之者共江可被加御成敗者也、

天正弐拾年六月十一日

南部（北）主馬助　直愛
中野修理　直康
南部東膳助　直重
同（東）彦七郎　正永
同（北）左衛門尉　信愛
同（檜山）帯刀助　義実
同（八戸）彦治郎　直栄
同（南）右馬助　正慶

速見（水）勝左衛門殿
乾　源太郎殿　参

〈北直愛〉最初に署名している「南部（北）主馬助　直愛」とは、五番目の連署者である三戸家の有力庶流北信愛（「同（南部・北）左衛門尉　信愛」）の次男北直愛である。すでに別に家を起こして信直に仕えており、「直」の一字は、信直から授与されたものであろう。天正十九年九月二十五日・南部信直知行宛行状写[58]によれば、宛所は幼名ではなく官途名の「北主馬尉（ママ）」で記されているため、直愛は【史料10】の発給以前にすでに元服していたことがわかる。

直愛は、南部晴政の五女を娶ったが、彼女は寛永九年（一六三二）に八〇歳で没しているため（『参考諸家系図』）、天正二十年時は四四歳、信直が家督に就任した天正九年時はすでに三三歳に達していた。その夫である直愛の年齢が、妻の年齢に近いものとすれば、直愛は元服書ではない文書（ここでは「名字状」）により一字を授与されたものと推定される。

〈中野直康〉二番目の連署者「中野修理　直康」は、始めの実名は「康実」で、のち「直康」に改名したとされる（『参考諸家系図』）。直康は、三戸家の一族（「一家」）である九戸政実の実弟で、前章で考察した中野正康

の父である。元亀期・天正初年頃に斯波御所斯波詮真の女婿として養子に入り、与えられた所領の地名から「高田」を名字とした。しかし、天正十四年に斯波氏を裏切って信直方に帰参し、その際に与えられた岩手郡中野城に因み「中野修理亮」に改名した。そして、天正十六年の斯波氏滅亡後は、志和郡片寄城主となったとされる。[59]初名の「康実」の「実」が、兄九戸政実の実名の一字「実」と同じであるため、当初の名前は「九戸康実」で、斯波家に養子に入った後は「高田康実」、そして信直へ帰参して中野城に拠った天正十四年から同十六年の間に「中野修理亮直康」に改名したと考えられる。直康の「直」の一字は、信直から与えられたものとみて間違いない。なお、天正十四年時、直康は三四歳であるため、名字状により「直」の一字を与えられたと推定される。

以上、北氏・中野氏の事例から、信直が名字状を発給していたこと、そしてその受給者の身分・家格が、すでに元服を済ませていた有力庶流（「親類」）の子や、「一家」の庶流[60]で帰参したものであったことが判明する。

なお、受給者の家格・身分のこうした特徴については、次のように考えることができる。「元服書」は、受給者の若年期に発給されるため、強固な主従関係を形成・維持していくには有効である。[61]しかし、元服時という制約があるため、これに依存するだけでは権力基盤を拡大することは難しい。名字状は、この「元服書」の弱点を補い、直臣団を拡大していく一手段として、天正二十年以前まで発給され続けたと考えられる。[62]

2　南部信直権力の確立

信直の「元服書」は、天正二十年までのものしか現存しない。また、信直の分身である嫡子利正の「元服書」は、天正二十年しか発給されていない。天正二十年は、当主信直権力の基盤形成という「元服書」の目的が、一定の到達点に達した画期、つまり信直権力の確立期と見なすことができる。

これを可能にした条件の第一は、三戸家当主信直を脅かし、「悪徒人」[63]と見なされていた九戸政実や七戸氏・四戸櫛引氏らが一揆（九戸一揆）を起こし、前年の天正十九年九月、豊臣政権により粛清されていたことである。九戸一揆鎮圧を機に、戦国期以来とられてきた「戸」の領主による族縁的結合の「一家」は解体し、南部氏権力は一揆的結合としての性質を完全に揚棄した。[64]また、第二に、信直を支える有力譜代のほか「親類」「一家」の庶流の嫡子・嫡孫や幼少当主のほとんどが、天正二十年までに信直・利正父子から「元服書」あるいは名字状の発給を受け、臣従していたからである。彼らは、「一家」解体後の三戸家当主信直を、「家中」として強力に支えることになった。

この信直権力の確立を象徴する史料が、前掲【史料10】天正二十年六月「諸城破却書上」である。連署者八名のうち「同（南部・北）左衛門尉　信愛」は、信直を三戸家の家督に据えた北信愛（天正二十年時は七〇歳）である。また、「同（南部）帯刀助　義実」は、「親類」石亀家から分かれて新たに楢山家を起こし、信直の代に側近に取り立てられた楢山義実（同六六歳）で、「面むき」[65]の政務を担当する出頭人的存在であった。両者は、庶流から擁立されたために権力基盤のない信直（同四七歳）を補佐する老練な宿老的存在であった。

この二名を除くと、前章で明らかにしたように、壮年期あるいは元服まもない若い世代の「親類」「一家」の嫡子・嫡孫や幼少当主である。南部（北）直愛・中野（南部）直康・南部直重[66]・南部（八戸）直栄の四名は信直から「直」の一字を、南部（東）正永・南部（南）正慶の二名は利正から「正」の一字を、「元服書」あるいは名字状により授与され、信直・利正父子と主従関係を結んでいた。この主従関係は、信直・利正との間で個別に結んできたものであったが、「諸城破却書上」に「判形之者共」として連帯して責任を負い連署することで、信直権力を支える集団として成立した。

その集団とは、三戸家の「同名」である。「同名」とは、信直が「一家」の九戸氏・四戸櫛引氏を「同名共」[67]、また利直（もと利正）が楢山義実の嫡子五左衛門直隆を「同名五左衛門」[68]と呼称していたように、三戸家の有力譜代や「親類」「一家」を含めた、「南部」を名字とする領主の広い族縁的集団を意味する[69]。中野氏を除く「諸城破却書上」の連署者が、「南部」の名字で連署したのは、当主信直が名護屋参陣中で、留守居の嫡子利正が若年という状況下では、「同名」という集団の意思が、信直の意思、あるいは信直を家督とする南部の「家」権力体の意思に代位できると考えていたからにほかならない。

「諸城破却書上」から約一年後の文禄二年五月二十七日、名護屋在陣中の信直は、連署者の一人八戸直栄に対し、能力主義的な「上衆」（上方の大名）の家臣採用方法と比較し、「其方ニハミやうち（名字）をたゝし（正）ゑん（縁）へ被上候、我等も前々其分ニ候」と報じている[70]。ここからは、戦国期の八戸氏および信直が、「ミやうち（名字）」を基準に一族・家臣を「縁」[71]に上げるかどうかを決めていたこと、つまり名字を基準にして身分・家格の上下を決定していたことを示している。こうした「礼」的秩序[72]のもと、「同名」という族縁的集団が維持されていた。

まとめ

本稿は、戦国末期・豊臣政権期、南部信直が発給した「元服書」の成立過程を分析することで、それが信直権力の形成・確立に果たした意義を解明してきた。最後にこれをまとめ、本稿の位置づけを行いたい。

信直の「元服書」は、三戸家当主南部晴政が発給した名字状を起源とする。天文後期の晴政の治世、南部氏は、三戸氏のもとに、三戸譜代や有力庶流（「親類」）のほか、「戸」の領主である「一家」も結集、臣従する権力体への転換期にあった。晴政名字状は、「戸」の領主を臣従させ、主従関係を構築・強化するための文書であった。

信直は、家督を継いだ翌天正十年、この晴政名字状をもとに「元服書」（第1期）を創出した。その発給対象は、晴政名字状とは違い、三戸家譜代の嫡子や幼少当主であった。信直は、天正九年のクーデターで庶流から三戸家の家督を継承したため、若年の彼らに「直」の一字を授与して主従関係を結ぶことで、三戸「家中」内で当主権力の基盤形成を図った。「元服書」は、天正十六年（第2期）にその基本型が完成した。この第2期の「元服書」では、新たに「源朝臣信直」をつけ加え、当主権力の強化を図った。

「元服書」の最終発給年次と考えられる天正二十年（第3期）は、この「元服書」の目的が一定の到達点に達し、信直の当主権力が確立した画期であった。信直・利正父子から「元服書」や名字状で一字を授与された、壮年期あるいは元服まもない若い世代の「親類」「一家」の嫡子・嫡孫や幼少当主が、この天正二十年までに、「南部」を名字とする族縁的集団（「同名」）として、当主信直権力あるいは三戸氏の「家」権力体を支える基盤となっていた。この背景には、天正十九年九月の九戸一揆殲滅により、信直の当主権確立を強力に擁護した豊臣政権の存在があった。

なお、信直の没年である慶長四年（一五九九）から、南部利直（もと利正）の没年である寛永九年（一六三二）までの間、利直が一字を授与した文書は、一字書出（名字状）しか現存しない。慶長十五年に利直が八戸直政（直栄の次の当主）に発給した一字書出[73]は、形態が折紙で、「一字就望ニ、直之字遣候也」の文言と宛所（「八戸三五郎（直政）殿」）が記される尊大な書札様文書に変化しており、かつて自らも発給した「元服書」は完全に廃された。

天正十年に創出され、天正十六年に様式が完成した信直「元服書」は、当主権力の形成・確立期に求められた戦国期文書であったと評価できる。このため、信直が、豊臣政権のもとで当主権力を確立させた天正二十年を最後に、「元服書」はその役割を終えることになった。

注

（1）戦国期における三戸城主三戸氏（南部氏）については、拙稿「北奥の戦国争乱」（遠藤ゆり子編『伊達氏と戦国争乱』吉川弘文館、二〇一六年）参照。

（2）相田二郎『日本の古文書』（上、岩波書店、一九四九年、五〇一～五〇七頁）。

（3）中村直勝『日本古文書学』（上、角川書店、一九七一年、六六二～六六七頁、七〇八～七一五頁）。

（4）加藤秀幸「一字書出と官途（受領）挙状の混淆について」（『古文書研究』第五号、一九七一年）。なお、加藤氏はのちに、一字書出・名字折紙・加冠名字状を含む一括した文書名として、「名字書出」を提示されている（『国史大辞典』第一巻「一字書出」、吉川弘文館、一九七九年、六三七頁、同第十三巻「名字書出」、一九九二年、五二一頁）。

（5）前掲注（2）相田氏著書、前掲注（4）加藤氏論文。ほか、概括的な古文書学的研究として、『日本古文書学講座』（4 中世編Ⅰ、雄山閣出版、一九八〇年、一五八頁・一九七頁）がある。個別論文としては、福川一徳「戦国大名の家臣団形成について――書出の分析を通じて――」（『法政史論』第三号、一九七六年）、桑田和明「戦国時代における筑前国宗像氏発給文書の一考察――官途状、官途吹挙状、加冠状を中心に――」（『駒澤史学』第五五号、二〇〇〇年）、木下聡「出羽戸沢氏の名字状について」（『戦国史研究』第四六号、二〇〇三年）、水野智之「室町将軍の偏諱と猶子――公家衆・僧衆を対象として――」（『室町時代公武関係の研究』吉川弘文館、二〇〇五年、初出は『年報中世史研究』第二三号、一九九八年）、山田康弘「戦国期栄典と大名・将軍を考える視点」（『戦国史研究』第五一号、二〇〇六年）、木下聡「対馬宗氏の官途状・加冠状・名字状」（『東京大学日本史学研究室紀要』第十号、二〇〇六年）、大塚俊司「大友氏の加冠・偏諱授与と家臣団」（『年報中世史研究』第三二号、二〇〇七年）などがある。

（6）前掲注（4）加藤氏論文、十八頁。

（7）二木謙一「戦国期室町幕府・将軍の権威――偏諱授与および毛氈鞍覆・白傘袋免許をめぐって――」（『中世武家儀礼の研究』吉川弘文館、一九八五年、初出一九七九年）、同『中世武家の作法』（吉川弘文館、一九九九年、二二七頁）。

（8）加藤氏は、「元服之書」と全く同じ様式の相良前頼文書を「名字状」とされたり、結城政朝文書を「元服之書」とも「加冠状」とも記されている（前掲注（4）加藤氏論文、十九～二一頁）。

（9）「南部光徹氏所蔵文書」（『新編八戸市史』中世資料編　編年資料、八戸市、二〇一四年、三六一、以下同書は『新編八戸市史』と略記）。

（10）「政吉」の右にやや小さく記されている「儀」は、「政吉」と同筆と推定される。なお、封紙は、これを横長にした場合、本紙とほぼ同じ法量となるため、同じ料紙を用いたことがわかる。

（11）木下聡編著『日本史史料研究会研究叢書5　全国官途状・加冠状・一字状目録』（日本史史料研究会企画部、二〇一〇年、三八頁）では「名字書出」、前掲注（5）木下氏論文「出羽戸沢氏の名字状について」（二八～二九頁）では「名字状」と表記されている。

（12）「南部光徹氏所蔵文書」（『青森県史』資料編　中世1　南部氏関係資料、青森県、二〇〇四年、四七一、以下同書は『青森県史』中世1と略記）。なお、『源氏南部八戸家系』は、近世八戸当主家の命により編纂されたもので、元禄三年（一六九〇）に草稿が成立し、文政元年（一八一八）に現在の形になったとされる（『青森県史』中世1、三五九頁）。

（13）永禄十二年四月十七日・岩淵観音棟札銘写（『新編八戸市史』三六六）では「政儀」、同年五月十日・根城八幡宮棟札銘写（同三六七）では「政義」、天正四年（一五七六）八月四日・根城八幡宮棟札銘写（同三九七）では「政栄」、同十三年四月吉日・妙野大明神堂棟札銘写（同四一六）では「政栄」、慶長二年（一五九七）十一月五日・松館牛頭天王宝殿棟札銘（同七一〇）では「政栄」、同三年九月二十七日・岩淵観音棟札銘写（同七二八）では「政義」、同十年七月吉祥日・籠田月山神社棟札銘（同七八二）では「政儀」と記されている。なお、明和八年（一七七一）、近世八戸家の重臣新田政固が著した『三翁昔語』（青森県叢書『三翁昔語』青森県立図書館、一九五三年、一七八頁）によれば、八戸政儀は文禄元年（一五九二）正月、病のため嫡子直栄に家督を譲ったとされ、『家伝記』（『新編八戸市史』六七一）では、慶長元年二月二十七日、政儀の介護のため隠居所に入った新田若狭に対し、「義」の一字を譲って義保と名乗らせ、自身は「政栄」に改名したとされている。しかし、天正四年八月四日付の棟札銘写に、すでに「政栄」と表記されているため、慶長元年二月に「政栄」に改名したとする系譜の記載は誤りである。

（14）「戸」とは、他地域の郡に匹敵する広大な領域で、これを支配する領主について菅野文夫氏は、「『戸』の領主」という概念を用いている（「戦国期糠部の一断面」細井計編『東北史を読み直す』吉川弘文館、二〇〇六年、一七九頁）。尊重されるべき概念である。

（15）前掲注（1）拙稿「北奥の戦国争乱」、同「豊臣政権期の八戸」（『新編八戸市史』通史編Ⅰ　原始・古代・中世、八戸市、二〇一五年）。なお、九戸氏が「南部」を名字としていたことは後述。

（16）国立公文書館所蔵内閣文庫『大館常興日記』（『新編八戸市史』三三七）。

（17）黒嶋敏「室町幕府・奥州探題体制のゆくえ」（大石直正・小林清治編『陸奥国の戦国社会』高志書院、二〇〇四年、二六頁）。

（18）『系胤譜考』（もりおか歴史文化館所蔵）は、盛岡藩士伊藤祐清・円子記が八代藩主南部利視の命を受け、寛保元年（一七四一）から同四年にかけて、盛岡藩士より提出させた系譜・由緒書・古文書をもとに編纂したものである（『新編八戸市史』四五六頁）。『参考諸家系図』（岩手県立図書館所蔵）は、盛岡藩士星川正甫が、藩主の命を受け、右の『系胤譜考』などをもとに編纂した南部藩主家と盛岡藩士の系譜集で、文久元年（一八六一）に完成した。なお、『参考諸家系図』は、前沢隆重他編『南部藩　参考諸家系図』（国書刊行会、一九八四年）として、すでに翻刻・刊行されている。

（19）木下聡氏は、【史料1】の発給者を南部晴政とされている（前掲注（11）木下氏編著、三八頁）。また、『青森県史』（中世1、一七四）も、発給者を南部晴政としている。ただし、両書とも、発給者を南部晴政とした根拠を示されていない。

（20）南部晴政・晴継父子の没年、また南部信直の家督就任の年次については、近世の記録類で諸説記されている。本稿では、信直の家督就任年次を天正九年とする（前掲注（15）拙稿「豊臣政権期の八戸」および『新編八戸市史』四〇九）。

（21）信直の家督就任の過程については、前掲注（15）拙稿「豊臣政権期の八戸」参照。

（22）南部氏らは、「南部」の名字の次に自己の所領の名前を付して、例えば「南部七戸」など、複合姓・二重名字を称した（後掲注（69））。本稿では、「七戸」のように、後に付けられた名字を仮に「在所名」とした。【表1】の「在所名」とは、この意で用いている。

（23）『宝翰類聚　坤』所収（『新編八戸市史』四一二）。『青森県史』（中世1）は、【史料2】および【史料3】～【史料7】の文書名を「元服書」としている。なお、『宝翰類聚』（乾・坤、岩手県立図書館所蔵）は、盛岡南部家とその一族・家臣などの家に伝来した古文書を忠実に筆写・集成したもので、寛保元年（一七四一）頃、『参考諸家系図』の編者と同じ伊藤祐清・円子記が編纂したとされる（『青森県史』中世1、七一四～七一六頁）。

（24）木下聡氏は【史料2】について、【史料1】と同じく「書出」形式に分類され、文書の種類名を「加冠名字」とされている（前掲注（11）木下聡氏編著、三八～三九頁）。確かに【史料2】は木下氏が提示された「書出」の形式をとっているが、「加冠」の文言は記されていない。文書名は、文書に記されている文言を尊重するべきであり、本稿では「元服」の文言から「元服書」とした。

（25）『宝翰類聚　坤』所収（『新編八戸市史』四四三）。

（26）「南部光徹氏所蔵文書」（『新編八戸市史』四七八）。本史料の文書名を加藤氏は、「加冠状」とされている（前掲注（4）加藤氏論文、三一頁）。なお、八戸直栄の「栄」は、前掲注（13）から明らかなように、父政栄（政儀）の「栄」を継承したことは確実である。ただし、信直が「直」の一字のみを与えたのか、実名の二字を与えたのか、史料からは判明しない。これについては、天正五年頃から慶長十五年まで日本に滞在したイエズス会通事ジョアン・ロドリゲースが著した『日本教会史』（上、大航海時代叢書Ⅸ、岩波書店、一九六七年、四四四頁）にある次の記述が参考になる。「被後見人自身（烏帽子子——筆者注）が望む名前をすでに持っているとか、それがその家系では通例の名前（通字——筆者注）であるとかいう場合には、後見人（烏帽子親——筆者注）はあたかも自分が名づけたかのように、その名前をつけて、それを確認する。」。

（27）『参考諸家系図』所収（『新編八戸市史』四七九）。

（28）木下聡氏は、【史料3】【史料4】【史料5】の三通を、【史料2】と同様に形式を「書出」、種類名を「加冠名字」（前掲注（11）木下氏編著、三八～三九頁）、あるいは「名字状」とされている（前掲注（5）木下氏「出羽戸沢氏の名字状について」二八頁）。

（29）料紙の法量・紙質・筆跡など書誌学的情報については、南部光徹氏所蔵文書の調査（斉藤利男『南部光徹氏所蔵「遠野南部家文書」の調査・研究』平成19年度～平成21年度科学研究費補助金　基盤研究（B）19320101、二〇一〇年）で筆者が確認したものである。

（30）『宝翰類聚　坤』所収（『新編八戸市史』六〇九）。

（31）『宝翰類聚　乾』所収（『新編八戸市史』六一〇）。

（32）木下聡氏は、【史料6】【史料7】の二通を、【史料2】と同様に形式を「書出」、種類名を「加冠名字」とされている（前掲注（11）木下氏編著、三八～三九頁）。

（33）『宝翰類聚』では、【史料6】を「蒔内長兵衛易則所持」、【史料7】を「奥瀬伊之助定孝所持」と注記している。

（34）前掲注（15）拙稿「豊臣政権期の八戸」四四二頁。

（35）信直の嫡子利直が天正十九年に日本海側の陸路を通って上洛した際は四月十三日発～五月二十八日着（『新編八戸市史』通史編Ⅰ、四四二頁）、信直が慶長二年に武蔵国を経由して伏見に上った際は十一月十七日頃発～十二月二十五日着であった（『新編八戸市史』通史編Ⅰ、四八四頁）。名護屋参陣のための上洛ルートは不明であるが、日本海沿岸にしろ、武蔵国経由にしろ、約一ヵ月半を要した。

（36）『宝翰類聚　坤』所収（『新編八戸市史』六一九）。

（37）『宝翰類聚　坤』所収（『新編八戸市史』六三一）。

（38）【史料6】【史料7】について、『青森県史』（中世1、六七五―四六・一七七）では「南部信直元服書」、『岩手県戦国期文書』（Ⅰ、岩手県教育委員会、一九八二年、二九・三〇）では「南部信直名字宛行状」、前掲注（11）木下聡編著三八～三九頁では「加冠名字」とされている。文書名は相違しているが、いずれも偽文書とは見なしていない。

（39）『青森県史』（中世1、六八七頁）。なお、『信直記』（もりおか歴史文化館所蔵）は、十七世紀後半に成立した南部信直の一代記で、原本は所在せず、盛岡藩士藤根良金による元禄十年（一六九七）の写本である（『青森県史』中世1、七二六頁）。

（40）前掲注（13）『三翁昔語』では、八戸直栄の家督継承を文禄元年正月と記しているが、直栄は、天正十六年十二月時点ですでに八戸家の家督にあった（拙稿「不染斎俊恕書状（根城八戸家宛）の年代比定」『弘前大学　國史研究』第一四一号、二〇一六年、二九～三〇頁）。また、『信直記』によれば、南部晴継没後の天正九年に開かれた三戸家の次期家督を決める評定に関して、「八戸弾正ハ未若年」と記されている。当時、十一歳で元服を済ませていない直栄の名は幼名であるため、官途名「弾正（弾正少弼）」は誤りと考えられるが、八戸直栄が天正九年時点ですでに家督にあったと推定しうる記載である。

（41）「川嶋貞子氏所蔵文書」（天正十九年四月十六日・南部信直書状『新編八戸市史』五四四）。

（42）前掲注（36）南部信直書状写。

（43）もりおか歴史文化館所蔵『南部耆旧伝』（『青森県史』中世1、六八六）。本史料は、三戸氏（のち盛岡南部氏）に関する諸記録・伝承・由緒書の集成で、宝永七年（一七一〇）から正徳三年（一七一三）までに成立したとされる（『青森県史』中世1、七二三頁）。

（44）「出頭人」の概念については、高木昭作『日本近世国家史の研究』（岩波書店、一九九〇年、二二一～二二三頁）、同「江戸幕府の成立」（『岩波講座　日本歴史』9　近世1、岩波書店、一九七五年、一四二～一四三頁）を参照。なお、桜庭氏の宿老としての性格は、福田千鶴氏の「初期仕置型家老」概念に一致するものと判断される（『幕藩制的秩序と御家騒動』校倉書房、一九九九年、一九四～一九五頁）。

（45）鳴海直易について、『系胤譜考』は「成人而、有艶色、依之大膳大夫信直公被召仕、為御小姓、寵昵日々甚也」、『参考諸家系図』は「成人シテ美男也、更ニ召出サレ、御切米・御切府金ヲ賜フテ御小姓ヲ勤メ、寵栄日々ニ盛也」と記している。直易の小姓取り立てと寵愛は、その「艶色」「美男」によるため、他の譜代出身とは家格が違う。

（46）「元服書」は現存しないが、岩手郡不来方城主の福士彦三郎（後掲天正二十年六月「諸城破却書上」）も、以下の理由により、「元服書」を授与されたと判断される。福士彦三郎は、天正十九年八月十二日・伊達政宗宛書状写に、「福士彦三郎　直経」と署名している（「伊達家文書」『新編八戸市史』五八〇）。直経の「直」の一字は信直から授与されたとみられ、元服後に称する仮名「彦三郎」を称していることから、右の書状は元服してまもない頃のものである。直経も、「元服書」で一字を授与されたと判断される。なお、福士氏は、奥瀬氏と同じく三戸家の「家ノ子」であった（『南部耆旧伝』）。

（47）前掲『宝翰類聚　坤』（『青森県史』中世1、六七五―八七）。

（48）前掲『宝翰類聚　坤』（『青森県史』中世1、六七五―一七五）。

（49）『青森県史』（中世1、六七五―八七・一七五）では、両史料とも「某元服書」という表題を付している。

（50）拙稿「南部利直の初期黒印状について」（『岩手史学研究』第八五号、二〇〇二年）、同「南部信直と『取次』前田利家――伏見作事板の賦課をめぐって――」（『地方史研究』三〇五号、二〇〇三年）。

（51）遠野市立博物館所蔵「赤沢文書」『南部古今録　三』所収（『新編八戸市史』六一五）。

（52）前掲注（40）拙稿「不染斎俊恕書状（根城八戸家宛）の年代比定」二八～二九頁。

（53）『青森県史』（資料編　中世2　安藤氏・津軽氏関係資料、青森県、二〇〇五年、一四五〇）七五二頁。

（54）「南部光徹氏所蔵文書」天正十七年六月一日・南慶儀書状（『新編八戸市史』四八五）、同天正十七年六月一日・南慶儀書状（『新編八戸市史』四八六）。前掲注（40）拙稿「不染斎俊恕書状（根城八戸家宛）の年代比定」二六頁・三六頁。

（55）中野氏の出身である九戸氏について、『参考諸家系図』など多くの系譜類は、南部光行の五男行連をその始祖とし、名字を「南部」としている。南部光行始祖説は否定されるべきであるが、【史料9】から中野氏の名字が「南部」であることは明らかであるため、惣領家の九戸氏の名字も「南部」であったと考えられる。ただし、九戸氏については、結城氏の総大将小笠原政康を始祖とし、名字を「小笠原」とする説が出されている（前掲注（14）菅野文夫氏論文）。これと同様な領主として、四戸（櫛引）氏がある。四戸氏の名字は「南部」とされているが（『参考諸家系図』）、四戸（櫛引）八幡宮の別当普門院（小笠原氏）の庶流で、「小笠原」を名字としたともされている（「八幡普門院系譜抜書」『青森県史』中世1、六七四）。仮説であるが、九戸氏・四戸氏ともに、もとの名字は「小笠原」で、後に養嗣子を三戸家から迎えて「南部」に改名した可能性がある。

（56）藤井譲治氏は、寛永十一年（一六三四）の「老中職務定則」制定を機に、将軍・大御所の「出頭人」としての性格を色濃く持ってきた年寄の権限が成文化され、法度にもとづく「職」が確定したとされている（『江戸幕府老中制形成過程の研究』校倉書房、一九九〇年、一七九頁・二二九頁、『江戸時代の官僚制』青木書店、一九九九年）。本稿でいう「職」とは、この藤井氏の官僚制的「職」の概念を参考にした。また、笠谷和比古氏は、初期の大名家の家老は主君側近の家宰的性格であったが、藩政の確立期である寛永頃には大名家の「家老」として位置づけられていくとされている（『主君「押込」の構造――近世大名と家臣団――』平凡社、一九八八年、二〇三～二〇四頁）。

（57）前掲注（51）「赤沢文書」『南部古今録　三』所収。

（58）『宝翰類聚　坤』（『新編八戸市史』五九六）。

（59）中野氏の系譜については『参考諸家系図』による。

（60）「諸城破却書上」の連署者ではないが、同書に記されている野辺地城主「七戸将監」は野辺地直高と称し、七戸惣領家の庶流である横浜氏の分流である。この直高の父直道について『系胤譜考』は、「奉仕信直公大膳大夫君、御一字拝領、依号直道」と記している。直高は、天正二十年時にすでに二十五歳に達しているため、その父直道の一字「直」は名字状で授与されたものと推定される。

（61）中世前期ではイエ支配の原理が基調をなすのに対して、後期では次第に主従制原理に一元化される傾向にあったため、烏帽子親による加冠と命名の役割は形骸化し、烏帽子親となる主君が自分の名の一字を与える「一字書出」が発給されるようになると指摘されている（飯沼賢司「人名小考――中世の身分・イエ・社会をめぐって――」『荘園制と中世社会』東京堂出版、一九八四年、三四五～三四六頁）。

（62）この名字状の効果については、前掲注（5）大塚氏論文でも、大友氏を事例に指摘されている。

（63）「浅野家文書」天正十九年九月十四日・浅野長吉書状案（『新編八戸市史』五九二）。

（64）「一家」のうち、九戸一揆で粛清されたのは、九戸氏・七戸氏・四戸氏の三氏である。また、すでに天正九年七月、九戸政実に敵対した一戸政連は、九戸氏と通じる弟一戸信州に謀殺され、一戸嫡流家は滅亡していた。九戸一揆鎮圧後、「戸」の領主で残ったのは八戸氏だけであり、事実上「一家」は解体した。

（65）『宝翰類聚　乾』所収・寛永三年五月八日・南部利直書状写（『青森県史』中世1、六七五―三五）。なお、この「面むき」は、信直の出頭人小笠原直吉が担っていた「内々」（家政）と対照的な内容をなすもので、周辺領主との外交関係的なものと考えられる。

（66）「諸城破却書上」の連署者である南部東膳助直重の「直」の一字は、信直から授与されたものであることは間違いない。ただし、直重について、志和郡長岡城主（「諸城破却書上」）であったこと以外、系譜等も含め未詳である。

(67)「色部文書」天正十九年二月二十八日・南部信直書状（『新編八戸市史』五三六）。

(68) 八戸市史編纂室所蔵「鈴木家文書」元和元年正月二十九日・南部利直書状写（『新編八戸市史』八二五）。

(69) 戦国期に三戸家の当主南部信長が七戸氏に発給した書状の宛所は「南部七戸殿」（「南部光徹氏所蔵文書」永禄七年ヵ四月十日『新編八戸市史』三五三）で、慶長八年正月に北信愛がその一族の種市愛久に授与した一字状の宛所は「南部北新六 藤原愛久」（『参考諸家系図』）であった。南部氏の一族は、本来の名字（『系胤譜考』『参考諸家系図』では「本名」）である「南部」のほかに、所領の地名である「七戸」「北」も名字として用い、両者を同時に称する場合は、「南部七戸」「南部北」のように「南部」を在所名の上に付けていた。こうした複合姓・二重苗字は一般的に見られるが（豊田武『苗字の歴史』中央公論社、一九七一年、七三頁、大藤修『日本人の姓・苗字・名前 人名に刻まれた歴史』吉川弘文館、二〇一二年、四四頁）、南部氏一族は、本名の「南部」を名字とすることで「同名」として結束していた。なお、北信愛の一字状から、北氏の本来の姓が「藤原」で、南部氏の姓である「源」でないことがわかる。このことは、系譜類（『参考諸家系図』、「福士家系図」）に記されているように、北氏の名字（本名）が「工藤」であったことを示している。北氏の所領に近い東氏の本名も、もと「工藤」であったとされ、ともに三戸家から嗣子を迎えたとされている。これに九戸氏や、三戸家から嗣子を迎えた四戸氏の本名が「小笠原」と推定されることなども勘案すると、中世三戸家が糠部郡内の有力領主（小笠原氏・工藤氏ら）に子息を入れ、その際に「南部」の名字を与えて「同名」に編成し、勢力を拡大させていった様子を推定できる。

(70)「南部光徹氏所蔵文書」文禄二年五月二十七日・南部信直書状（『新編八戸市史』六二八）。

(71) 戦国末期の八戸家の状況を記した「實長朝臣ヨリ十八世薩摩守《（八戸）》政栄《（政儀）》公御代 正月二日祝儀列座ノ図」（前掲『新編八戸市史』写真 系図・由緒書、六―二）によれば、正月の祝儀の際に、八戸政儀とその一族が列座する座敷の外側（板敷の部分ヵ）に、「ゑん《（縁）》」が記されている。「秋田藩採集文書」（東京大学史料編纂所架蔵、『結城市史』第一巻 古代中世史料編、結城市、一九七七年、秋田藩採集文書二〇、三〇八頁）所収の年未詳「関東諸家次第等覚書」によれば、「千葉・小山・小田・佐竹・那須・結城・長沼・宇都宮、是ハ京ノ公方様へ之御出仕ハ、イツレモ御エン《（縁）》マテ召出サレ候、サリナカラ千葉・小山ハ御座敷シキ井《（敷居）》ゴシ《（越）》マテ召出サレ候、残リハ忠節ニヨル也」と記されている。「京ノ公方様」への出仕を許可をされた武家が、座敷外側の「エン《（縁）》」に召し出されることになっており、戦国期南部領で観念されていた「縁」と共通するものがある。

(72) 石母田正「解説」（『日本思想体系21 中世政治社会思想』上、岩波書店、一九七二年、六四一～六四二頁）。

(73)「南部光徹氏所蔵文書」慶長十五年二月二十二日・南部利直一字書出（『新編八戸市史』七九〇）。前掲注（4）加藤氏「一字書出」（六三七頁）参照。

【附記】本稿は、二〇一一年度東北大学東北史学会大会日本近世近代史部会（二〇一一年十月二日）の報告をもとに著したものです。当日は、大藤修先生から有益な御意見をいただきました。また、本稿の執筆にあたり、柳原敏昭先生からは貴重な御教示をいただきました。記して謝意を表します。

（八戸工業大学第二高等学校教諭）

家康「忠恕」の印章

――家康御内書成立前史――

藤井讓治

はじめに

徳川家康発給の文書に使用された印判には、「福徳」「無悔無損」「忠恕」「源家康」「恕家康」の印文を持つものが知られている。(1)

これらの印章は、時代とともに変化しており、年未詳の書状等の年代推定の拠りどころにもなっている。しかし、その使用時期についてはなお不明確なところを多く残している。

本稿では、これらの印章のうち「忠恕」印を使用した端午・歳暮の祝儀への答礼文書の年代推定を進めることで、「忠恕」の印章の使用時期をより明確にし、かつ、後に端午・重陽・歳暮三季の祝儀の答礼文書である御内書の成立を見通し、そこからこの時期の政治史の一端を考えてみたい。

一 「忠恕」印の使用期間についての従来の見解

「忠恕」印の使用の初見・最終について、中村孝也氏は、『徳川家康文書の研究』下巻之二で初見を慶長三年（一五九八）二月八日、最終事例を慶長五年十一月十六日としておられる。(2) 中村氏が「忠恕」印の初見とされる文書は、(3)以下のようなものである。

酉(?)御面(?)皆済(?)事

相済也、仍如件、

慶長戊四(?)

二月八日 (家康)(印影)(印文忠恕)

小

一方、徳川義宣氏は、この文書を昭和四十八年（一九七三）十一月二十六日の東京神田古書会館売立で実見され、事書を「白張酉皆済事」と、また年号部分を「慶長戊閏二月八日」、宛所を「小粼院」と読まれ、慶長十五年のものとされている。(4)

両氏で読みが大きく異なり、本文書を実見された徳川氏の読みに従うべきとも思うが、「忠恕」印は後掲の表にも示したように慶長初年に用いられた印であり、かつ慶長十五年前後の使用印は「恕家康」の印文を持つ印であることからすれば、この黒印状を慶長十五年とするには無理がある。いま東京大学史料編纂所の影写本による限り、その文字を読み切ることはできず、ここではひとまず措くことにする。

これを除くと、徳川義宣氏が示されている「忠恕」印の初見は、慶長四年二月二十日の武蔵国昌国寺宛の領知朱印状[5]、最終は、慶長六年と推定された五月四日の福原広俊宛朱印状[6]である。

一方、「忠恕」印に先立って使用されていた家康の印章は、「無悔無損」の印文を持つ壺型印で、いまのところその最終は、慶長三年三月四日の修善寺文左衛門宛の黒印状[7]である。また、「忠恕」印の後に使用される「源家康」印の初見は、慶長七年六月十六日の三河大恩寺宛の朱印状等[8]である。

以上から、従来の成果によれば、「忠恕」印が確認されるのは、慶長四年二月二十日を初見とし、慶長六年五月四日を最終とするが、「無悔無損」印の最終の慶長三年三月四日以降、「源家康」印初見の慶長七年六月十六日以前にも使用された可能性があり、取り敢えず、この間を「忠恕」印使用可能範囲の最大幅としておく。

表1　「忠恕」印の年代別使用数

期　　間	総数	寺社知行	禁制	書状	軍法	定	祝儀	他
慶長4年	1	1						
慶長5年9月15日以前	32	23		4	2	1		2
慶長5年9月16日以降	47	2	41	3		1		
慶長6年								
慶長7年								
年未詳	25						24	1
合　　計	105	26	41	7	2	2	24	3

二　「忠恕」の印文をもつ文書の一覧

前述の「忠恕」印の使用可能範囲を前提に、「忠恕」印を使用した文書についてまず検討する。「忠恕」の印文をもつ文書は、現段階では一〇五通を数える。表1は、内容別・年次別にその数を示したものである。

表1に関して若干説明しておく。慶長五年は、九月十五日の関ケ原の戦いをもって便宜二分した。慶長五年九月十五日以前で「忠恕」印の使用が最も多い寺社知行の内訳は、慶長五年五月二十五日付のもので、すべて石清水八幡宮関係者への領知朱印状であり、署判は「家康（朱印）」と「（朱印）」とがあるが、いずれも朱印である。

慶長五年九月十六日以降で最も多い禁制は、すべて関ケ原合戦直後のもので、朱印が捺されている。また、書状九通は、年代は記されていないが、内容からいずれも関ケ原の戦いに関わるものである。

年未詳の祝儀や音信の答礼に関わる二四通は、大きく分けて、端午の答礼一四通、歳暮の答礼六通、年頭の祝儀への答礼二通、音信への答礼二通である。以下、これらのうち後の三季の御内書に繋がる端午・歳暮の答礼に関する二〇通を主要な検討対象とする。

三　祝儀への答礼の年代推定

1.「吉川文書」の三通

「吉川文書」には吉川広俊宛の端午・歳暮の祝儀への答礼文書三通が

残されている。まずそれらをあげる。

史料1⑨　吉川広家宛家康書状　モト折紙　縦約一七・四×横約四四・四

為歳暮之祝詞、小袖一重送給、祝着之至候、猶榊原式部（康政）太輔可申候
之間、令省略候、恐々謹言、

十二月廿五日　家康（花押）

吉川侍従（広家）殿

史料2⑩　吉川広家宛家康朱印状　折紙　縦約三六・〇×横五三・二

為歳暮之祝儀、小袖一重之内綾一被入念到来、祝着候、恐々謹言、

十二月八日　家康（朱印）○印文「忠恕」

吉川侍従（広家）殿

史料3⑪　吉川広家宛家康朱印状　モト折紙　縦約三三・〇×横約六五・八

為端午之祝儀、帷子三内生絹二到来、祝着候、謹言、

五月四日　（朱印）○印文「忠恕」

吉川侍従（広家）殿

宛名の「吉川侍従」は、毛利輝元の重臣吉川広家である。なお吉川広家の侍従任は天正十六年（一五八八）七月二十七日である⑫。史料1・史料2は、いずれも歳暮の祝儀への答礼である。両者を比較すると、署判は史料1が「家康（花押）」、史料2が「家康（朱印）」、受取文言は史料1が「送給祝着之至候」、史料2が「被入念到来祝着候」とともに史料1が厚礼。書止文言は同じ「恐々謹言」であるが宛名の高さは、史料1が史料2より高く、史料1が厚礼である。用紙は両者とも奉書紙⑬である。礼の厚薄からすれば、史料1は史料2に先行する。

また、史料1・史料2ともに歳暮の答礼であること、「忠恕」印の使用可能範囲の下限慶長七年六月十六日、家康と吉川広家との関係が始まるのは関ケ原の戦いの直前の慶長五年八月以降であることから⑭、史料1は慶長五年、史料2は慶長六年のものとなる。

史料1、史料2をそれぞれ慶長五年、六年のものとすると、史料3は署判が「（朱印）」で史料2の「家康（朱印）」より薄礼、受取文言も史料2が「被入念到来祝着候」、史料3は「到来祝着候」、書止文言も「恐々謹言」と「謹言」、用紙も奉書紙と大高檀紙と、いずれも史料3が薄礼であり、史料3は史料2より後、慶長七年以降のものであり、かつ「忠恕」印の使用可能範囲の下限が慶長七年六月十六日であることから、史料3は慶長七年のものである。

2.「福原家文書」の二通

「福原家文書」には「忠恕」の印文を持つ家康の朱印状が二通残されている。

史料4⑮　福原広俊宛家康朱印状　モト折紙　縦約一八・六×横約五四・六

為歳暮之祝儀、小袖一重之内綾一到来、被入念祝着候、謹言、

十二月廿八日　（朱印）○印文「忠恕」

福原越前守（広俊）殿

史料5⑯　福原広俊宛家康朱印状　折紙　縦約四四・一×横約六五・二

端午之祝儀、帷子三之内生絹二到来、悦思召候也、

五月四日　（朱印）○印文「忠恕」

福原越前守（広俊）とのへ

福原広俊は、吉川広家と並んで毛利輝元の重臣であり、慶長五年十月

二十八日に「越前守」、慶長十年四月二十日に「越後守」の官途を与えられた[17]。史料4・5とも「福原越前守」宛のもので、署判はともに「（朱印）」のみであるが、受取文言は史料4が「到来被入念祝着候」、史料5が「到来悦思召候」、書止文言も史料4は「謹言」、史料5は「也」、殿書は史料4が「殿」、史料5は「とのへ」に近く、用紙も史料4は奉書紙、史料5は大高檀紙であり、いずれも史料5の方が薄礼である。

　家康と広俊との通交が始まるのは吉川広家と同様、関ケ原の戦い直前であること、「忠恕」印使用可能範囲の下限慶長七年六月十六日、さらに「吉川文書」で明らかにした慶長六年歳暮までの用紙は奉書紙で、慶長七年端午の用紙は大高檀紙であること、これらを勘案すると、史料5は慶長七年のものとなる。史料4は、礼の厚薄から慶長六年以前のもので、受取文言は慶長六年歳暮の吉川侍従宛の「被入念到来祝着候」とほぼ同様の表現をとり、用紙も奉書紙であることから、慶長六年のものと推定しておく。

3．「一柳家文書」の二通

「一柳家文書」には「忠恕」の印文を持つ家康の印判状二通が残されている。

史料6[18]　一柳直盛宛家康黒印状　モト折紙　縦一八・二×横四・一

為端午之祝儀、帷子三内生絹一送給、祝着之至候、猶村越茂助《（直吉）》可申
候、恐々謹言、
　五月朔日　家康（黒印）○印文「忠恕」
　　一柳監物《（直盛）》殿

史料7[19]　一柳直盛宛家康黒印状　折紙　縦四五・一×横六五・四

為端午之祝儀、帷子五之内生絹二到来、祝着候也、
　五月三日　（朱印）○印文「忠恕」
　　一柳監物《（直盛）》殿

　宛名の「一柳監物」は、天正十九年十一月二十八日に従五位下に叙され監物と称した一柳直盛である[20]。史料6・7は、ともに端午の祝儀に関するものである。書札礼の厚薄に注目すると、署判は、史料6は「家康（黒印）」、史料7は「（朱印）」、受取文言も「送給祝着之至候」、「到来祝着候」、書止文言も「恐々謹言」と「也」、といずれも史料6の方が厚礼である。宛名はともに「殿」書であるが、宛名の書き出しの位置は、史料6より史料7の方が低く薄礼である。また用紙は、史料6は奉書紙、史料7は大高檀紙である。

　このように史料7は、史料6よりも薄礼であり、史料6よりも後のもの、署判が「（朱印）」、用紙が大高檀紙を使用していることから、史料3・5同様、慶長七年のものである。一方、史料6は、慶長六年以前のものであるが、年の確定はひとまず措く。

4．佐竹中務太輔宛書状・朱印状

つぎに、佐竹中務太輔宛の三通について検討する。

史料8[21]　佐竹義久宛家康書状　モト折紙　縦約一九・〇×横不明

端午之祝儀、帷子二送給、祝着之至候、猶城織部佑《（昌茂）》可申候条、令省
略候、恐々謹言、
　五月二日　家康（花押）

佐竹中務（義久）大輔殿

史料9[22]　佐竹義久宛家康書状　モト折紙　縦約一八・六×横不明

為端午之祝儀、帷子三内生絹二到来、祝着之至候、猶榊原式部（康政）太輔
可申候、恐々謹言、
　五月三日　家康（花押）
　　佐竹中務（義久）太輔殿

史料10[23]　佐竹義久宛家康朱印状　モト折紙　縦一八・六×横不明

為歳暮之祝儀、小袖三之内綾一、被入念到来祝着候也、
　十二月廿七日（朱印）○印文「忠恕」
　　佐竹中務（義久）太輔殿

宛名の「佐竹中務大輔（太輔）」は、常陸の佐竹義宣の家臣である佐竹東家の当主、佐竹義久のことである。義久は、天正十九年正月二日に従五位下中務大輔に叙任され[24]、秀吉と直接の通交関係にあり、大名並の扱いを受けていた[25]。

三通とも用紙は奉書紙であるが、史料8・9は端午の祝儀の答礼で花押文書であり、残る一通は歳暮祝儀の答礼の朱印状である。史料8・9は、諱と花押を持ち書止文言は「恐々謹言」、史料10は「朱印」のみ、書止め文言は「也」であり、書札礼としては史料8・9が史料10より厚礼である。さらに史料8・9を比較すると、史料8の受取文言は「送給祝着之至候」、史料9は「到来祝着之至候」と史料8の方が厚礼であり、史料8が史料9より古く、史料10は史料9より後のものとなる。先の吉川広家の事例で検討したように、慶長七年の端午の答礼以降、家康は大高檀紙を使用していることから、史料10は慶長六年のもの、史料8・9は慶長六年以前のものとなる。

家康「忠恕」の印章（藤井）

四　端午・歳暮祝儀答礼の「花押」文書

『黒田家文書』には次のような黒田長政宛の端午の祝儀への答礼の家康花押文書がある。

史料11[26]　黒田長政宛家康書状　モト折紙　縦一八・三×横四八・七

為端午之祝儀、帷子二重送給祝着之至候、猶井伊兵部（直政）少輔可申候条、
不能具候、恐々謹言、
　卯月晦日　家康（花押）
　　黒田甲斐（長政）守殿

宛名の黒田甲斐守は文書の伝来から長政である。長政は慶長三年暮に朝鮮から帰陣したこと、また主人秀吉の死（慶長三年八月）を前に端午の祝儀を家康に送ることは考えがたいことから本書状は慶長四年以降のものである。さらにこの間、家康は慶長四年五年六年とも在伏見、奉者の井伊兵部少輔直政は慶長四年七月に関東へ下向、五年九月に西上、六年五月在佐和山、七年二月一日佐和山で死去する。家康と直政が同じところにいたと考えれば、史料11は慶長四年をおいてほかはない。

黒田長政宛と同様書札のものが、仙石秀久宛[27]と宛所を欠いたもの[28]とがある。奉者の部分が前者が「期後音之時候間」、後者が「以面可申候之条」と異なるが、端午の祝儀への答礼、受取文言が「送給候祝着之至候」、文末文言が「不能具候」、書止文言が「恐々謹言」、署判が「家康（花押）」、「殿」書、使用用紙が奉書紙、と同様であり、いずれも慶長四

年のものと推定される。

史料12㉙　西尾光教宛家康書状　モト折紙　縦横不明

為端午之祝儀、生絹一重送給、悦《祝カ》着之至候、猶西尾小左衛門尉《吉次》可申
候条、令省略候、恐々謹言、

卯月廿八日　家康（花押）

西尾豊後守《光教》殿

西尾隠岐守光教は、秀吉に仕え天正十六年に美濃曽祢城二万石を与えられ、関ケ原では東軍に属した。史料12は、奉者の西尾吉次の隠岐守任官が慶長四年十月三日であるので㉚、慶長四年以前のもの、また主人秀吉の死（慶長三年八月）を前に端午の祝儀を家康に贈ることは考えがたいので、史料12は慶長四年のものと推定される。

西尾光教宛の史料12と、受取文言「送給候祝着之至候」、奉者があり、書止文言「令省略候」、恐々謹言、署判「家康（花押）」、殿書が同様の端午の答礼文書には、先にあげた史料8の佐竹義久宛㉛と、薬院宛の二通があり、ともに慶長四年のものと推測される。

史料13㉜　水野忠重宛家康書状　モト折紙　縦約一八・〇×横約五三・五

為歳暮之祝儀、小袖一重送給、祝着之至候、猶阿部伊予守《正勝》可申候間、
不能具候、恐々謹言、

十二月二十四日　家康（花押）

水野和泉守《忠重》殿

宛名の水野和泉守忠重は、天正十五年七月晦日に従五位下和泉守に叙任し、慶長五年七月十九日に死去した㉝。また秀吉の死去以前に家康への祝儀の進献は考えがたいこと、さらに秀吉の死は慶長三年中は伏せられたことを踏まえると、史料13は、慶長四年のものと考えられる。なお奉者の阿部伊予守正勝も慶長五年四月七日に死去している㉞。

史料14㉟　遠藤慶隆宛家康書状　折紙　縦約三六・六×横約五一・三

為歳暮之祝儀、小袖一重送給祝着之至候、猶榊原式部太輔《康政》可申候条、
令省略候、恐々謹言、

十二月廿八日　家康（花押）

遠藤左馬助《慶隆》殿

遠藤左馬助慶隆は、美濃郡上城主。一時、減知により郡上を離れるが、関ケ原の戦いで東軍に属し、旧領郡上城を与えられた。慶長九年に従五位下但馬守に叙任㊱。宛名・奉者からは年代確定しがたいが、史料13の水野忠重宛の家康書状と、文書様式を比較すると、花押文書、受取文言、文末文言、書止文言、殿書、用紙奉書紙が同一であることから慶長四年のものと推測される。

史料15㊲　龍造寺高房宛家康書状　モト折紙　縦約一八・二×横約五〇・六

為歳暮之祝儀、小袖一重送給、祝着之至候、猶城織部佑《昌茂》可申候、
恐々謹言、

十二月廿六日　家康（花押）

竜蔵寺藤八郎《高房》殿

龍造寺藤八郎高房は、慶長二年に秀吉に仕え、関ケ原では西軍に属した。このことから本書状は、慶長四年以前のもの、「不能具候」の文言を伴わないが、史料13と同様秀吉の死去後の事情からすれば慶長四年のものと推測される。

このように慶長四年の端午と歳暮の答礼文書の書札礼は、一部例外と

すべき点もあるが、受取文言を「送給候祝着之至候」、文末文言を「不能具候」あるいは「令省略候」、書止文言を「恐々謹言」、署判を「家康（花押）」、「殿」書である。なお用紙は奉書紙である。

五　残る家康黒印状の年代推定

以上の点を踏まえ、花押文書よりは薄礼の「家康（黒印）」文書を検討する。「家康（黒印）」文書は、史料6の一柳監物宛、九鬼大隅守宛、中川修理大夫宛、某宛、伊木清兵衛宛の五通ある。史料6はすでに掲げたので、残る四通を以下検討する。

史料16㊳　九鬼嘉隆宛家康黒印状　モト折紙　縦約一七・五×横不明

為端午之祝儀、帷子三之内生絹二送給、祝着之至候、猶榊原式部（康政）太輔可申候条、令省略候、恐々謹言、

五月三日　家康（黒印）〇印文「忠恕」

九鬼（嘉隆）大隅守殿

本黒印状を収録する「木島文書」は謄写本であるが、印影を写し採っている。本文一行分と目される縦の法量は一七・五センチ強であり、用紙は奉書紙と推定される。宛名の「九鬼大隅守」については、この期に九鬼氏で大隅守を名乗る人物は嘉隆しかいない㊴。また、嘉隆は関ケ原に際し西軍に与し、戦い後の十月十二日に自害している。この点を踏まえれば、本黒印状は慶長五年以前のものとなる。これに加えて、四章の検討から、慶長四年の端午の答礼文書は花押文書であり、それより薄礼の黒印状は慶長五年以降と考えられることから、史料16は慶長五年のものと推定される。

家康「忠恕」の印章（藤井）

黒印文書の九鬼嘉隆宛の史料16が慶長五年であり、端午祝儀の佐竹義久宛の慶長四年の花押文書史料8があることからすれば、礼の厚薄を踏まえると同じ端午祝儀文書であり花押文書である佐竹義久宛の史料9は、九鬼宛より厚礼であるが、慶長五年のものとなる。

史料17㊵　中川秀成宛家康黒印状　モト折紙　縦一八・二×横三九・五（前半切断）

為端午之祝儀、生絹二送給、祝着之至候、猶西尾（吉次）隠岐守可申候、恐々謹言、

五月三日　家康（黒印）〇印文「忠恕」

中川（秀成）修理大夫殿

宛名の中川修理大夫は、文禄三年（一五九四）正月二十七日に従五位下修理大夫に叙任された中川秀成をおいて他にない㊶。先の知見から慶長七年端午の祝儀に関するものは、署判は「（朱印）」、用紙が奉書紙であることから、史料17は慶長六年以前のもの、また奉者である西尾吉次の隠岐守任官が慶長四年十月三日であることから、史料17は慶長五年以降のものとなり、かつ九鬼嘉隆宛には文末文言「令省略候」があるのに対し、史料17にはその文言がなく、この点を書札礼の薄礼化の徴証ととらえれば、史料17は慶長六年のものとなるが、薄礼化の徴証とみなければ、慶長五年あるいは六年、いずれかの年のものである。史料6の一柳監物宛の黒印状も同様の年代観となる。

史料18㊷　某宛家康黒印状　モト折紙　縦一七・九×横三七・五

為端午之祝儀、生絹三送給、祝着之至候、猶榊原式部（康政）太輔可申候、

恐々謹言、

五月三日　家康（黒印）○印文「忠恕」

（後欠）

史料18は宛名部分が切断されているが、先の知見に従えば、署判が「家康（黒印）」、受取文言が「送給祝着之至候」、奉者があり、書止文言が「恐々謹言」、「殿」書、用紙が奉書紙であること、慶長四年の端午が花押文書であることから、史料17と同様である。

史料19(43)　伊木忠次宛家康黒印状　折紙　縦約一八・四×横約五三・五

為端午之祝儀、帷子三生絹一到来、祝着候、猶村越茂助《（直吉）》可申候、謹言、

五月三日　家康（黒印）○印文「忠恕」

伊木清兵衛《（忠次）》殿

宛名の伊木清兵衛忠次は、池田輝政の老臣である。史料19は、先の三例の知見に従えば、署判「家康（黒印）」、殿書、用紙が奉書紙であること、慶長四年の端午は花押文書であることから、慶長五年あるいは六年のものと推定される。受取文言が「到来祝着候」、書止文言が「恐々謹言」ではなく「謹言」と薄礼であるが、これは、伊木忠次が池田輝政の家臣であり、一般の大名クラスのものより一段格が低かったことへの対応とみておきたい。

六　残る朱印状の年代推定

ここでは、残る朱印状九通を検討する。

史料20(44)　生駒利豊宛家康朱印状　折紙　縦三六・五×横五三・〇

為歳暮之祝儀、小袖一重之内綾一到来、被入念祝着候、謹言、

十二月晦日　（朱印）○印文「忠恕」

生駒隼人佑《（利豊）》殿

宛名の「生駒隼人佑」については、徳川義宣氏が尾張藩家臣となる「生駒隼人正利豊」と推定されているが、いまそれに従う(45)。史料20は、先の知見を踏まえると、署判が「(朱印)」、受取文言が「到来被入念祝着候」、書止文言「謹言」、「殿」書、用紙が奉書紙と、史料4の福原越前守宛のものと同じであり、慶長六年のものと推定される。

史料21(46)　蜂須賀至鎮宛家康朱印状　モト折紙　縦約一八・〇×横不明

為歳暮之祝儀、小袖二之内綾一到来、祝着候、謹言、

十二月廿五日　（朱印）○印文「忠恕」

蜂須賀長門守《（至鎮）》殿

「忠恕」印の使用可能期間に蜂須賀氏で「長門守」を称するのは至鎮以外にはいない(47)。史料21は、署判が「(朱印)」であり、史料2・4のように慶長六年歳暮の答礼で、朱印が使用され始めたこと、「忠恕」印の使用下限が慶長七年六月十六日であることから、慶長六年と推定される。用紙は奉書紙である。ただ受取文言は「到来祝着候」と薄礼である。

史料22(48)　多賀谷重経宛家康朱印状　モト折紙カ　（計測不能）

為歳暮之祝儀、小袖一重之内綾一到来、祝着候也、

十二月廿六日　（朱印）○印文「忠恕」

多賀谷左近大夫《（重経）》殿

多賀谷左近大夫重経は、天正十八年秀吉から常陸下妻六万石を安堵さ

れたが、慶長五年、家康の下野小山在陣の折、家康襲撃を提議した罪で戦後所領を没収されたとされる。㊾史料22は、宛名からは年代を推定できないが、朱印の使用、受取文言、書止文言、殿書からして蜂須賀至鎮宛の史料22と同様、慶長六年のものと推定される。

史料23㊿　山内一豊宛家康朱印状　折紙　縦四五・九×横六五・五

為端午之祝儀、帷子五之内生絹二到来、祝着候也、

五月三日（朱印）○印文「忠恕」

山内対馬守（一豊）殿

この時期に山内氏で対馬守を称するのは、山内一豊をおいてない。(51)史料23は、史料7と同様、署判が「(朱印)」、受取文言が「到来祝着候」、書止文言が「也」、「殿」書、用紙は大高檀紙であることより、慶長七年のものと推定される。

史料24(52)　佐野信吉宛家康朱印状　モト折紙　縦約三二・八×横不明

為端午之祝儀、帷子五之内生絹二到来、祝着候也、

五月四日（朱印）○印文「忠恕」

佐野修理（信吉）大夫殿

この時期に佐野氏で修理大夫を称するのは佐野信吉をおいてない。(53)史料24は、史料7・23と同様、署判が「(朱印)」、受取文言が「到来祝着候」、書止文言が「也」、「殿」書、用紙が大高檀紙であることより、慶長七年のものと推定される。

史料25(54)　毛利河内守宛家康朱印状　用紙、縦横とも不明

為端午之祝儀、帷子二之内生絹一并袷一到来、祝着候也、

五月四日（朱印影）○印文「忠恕」

家康「忠恕」の印章（藤井）

毛利河内守殿

宛名の「毛利河内守」については不明。(55)史料25は写であり、用紙の大きさは知り得ないが、史料7・23・24と同様、署判が「(朱印影)」、書止文言が「也」、宛名が「殿」書であることから、慶長七年のものと推定できる。

史料26(56)　施薬院秀隆宛家康朱印状　モト折紙　縦約三三・〇×横不明

為端午之祝儀、帷子二之内生絹一到来、祝着候也、

五月四日（朱印）○印文「忠恕」

薬院（施薬院秀隆）

史料26は、史料7等と同様、署判が「(朱印)」、受取文言が「到来祝着候」、書止め文言が「也」、用紙が大高檀紙であることより、慶長七年のものと推定される。なお、宛名の「薬院」は、施薬院全宗の没年から子の施薬院秀隆である。(57)

史料27(58)　由良国繁宛家康朱印状　モト折紙　縦約三二・九×横約五四・五

為端午之祝儀、帷子二之内生絹一到来、悦思食候也、

五月三日（朱印）○印文「忠恕」

由良信濃（国繁）守とのへ

由良信濃守国繁は、慶長三年秀吉から常陸牛久五千余石を宛行われた。関ケ原の戦い後、加増され七千石を領す。(59)史料22は、宛名からは年代推定はできないが、朱印の使用、受取文言、書止文言、「とのへ」書、用紙が大高檀紙、と同様であることから、慶長七年のものと推定される。

史料28(60)　多賀谷重経宛家康朱印状　大高檀紙カ（計測不能）

為端午之祝儀、帷子三之内生絹一到来、悦思食候也、

五月二日 （朱印）〇印文「忠恕」

多賀谷左近大夫《重経》とのへ

史料28は、史料22同様、多賀谷重経宛のものである。朱印の使用、受取文言、書止文言、「とのへ」書、用紙が大高檀紙、と同様であり、慶長七年のものと推定される。

おわりにかえて
――「忠恕」印の使用期間と「忠恕」印答礼文書の特徴――

「忠恕」印の使用期間については、中村孝也氏が慶長三年、徳川義宣氏が慶長十五年とされた家康の皆済状を除くと、中村氏の示された初見は慶長五年五月二十五日、最終は慶長五年十一月十六日、徳川氏が示された初見は慶長四年二月二十日、最終は慶長六年五月四日であるが、これまでの検討から、「忠恕」印の使用の初見は徳川氏の示された慶長四年二月二十日と変わらず、最終は慶長七年五月四日と一年下がり、次期に使用される「源家康」印にほぼ繋がることが明かとなった。

つぎに、「忠恕」印の答礼文書における特徴を検討する。表2は、以上の検討の結果を書札礼に注目して整理したものである。

①後の三季の祝儀への答礼である御内書では、特に地位が高いものを除き[48]、殿書は「とのへ」であるが、「忠恕」印使用の時期は、史料5・27・28を除いては「殿」書である。

②署判は、慶長四年の端午・歳暮は「家康（花押）」、慶長五年の端午は「家康（花押）」と「家康（黒印）」、慶長六年歳暮は「家康（朱印）」と「（朱印）」、慶長七年端午は「（朱印）」と薄礼化が進み、慶長七年端午には、朱印、黒印の違いはあるが、後の三季の御内書の書札礼となっている。なお、吉川広家宛の答礼では、他大名宛のものより一段厚礼であるが、これは広家が「侍従」であったことによるものであろう。

③受取文言は、慶長四年の端午・歳暮、慶長五年六年の端午は「送給祝着之至候」、慶長六年の歳暮「被入念到来祝着候」あるいは「到来被入念祝着候」、慶長七年の端午「到来祝着候」と、全体として受取文言でも薄礼化が確認できるが、三季の御内書の文言よりは厚礼の文言となっている[62]。

④奏者は、慶長六年端午まで、慶長六年歳暮以降は基本的には奏者はない。

⑤書止文言は、慶長四年慶長五年は「恐々謹言」、慶長六年歳暮は「恐々謹言」「謹言」「也」と三様、慶長七年端午は「謹言」と「也」の二様であり、慶長六年歳暮には受取手による書札礼の差別化のあったことが読み取れる。

⑥用紙は、慶長四年端午から慶長六年歳暮までは奉書紙であるが、慶長七年端午は大高檀紙に変わり、後の御内書の姿に大きく近づく。

こうした特徴を踏まえるとき、祝儀の進献という面での、家康と諸大名・小名・有力陪臣とのあいだでの臣従関係は、関ケ原の戦い以前の慶長四年端午に始まり、慶長六年の端午まで大きな変化をみせず、慶長六年の歳暮に奏者を記さなくなり、それまで諱＋黒印であった署判を朱印

表2　慶長4～7年の端午・歳暮文書

No.	年	祝儀	署判	受取文言	奉者	文末文言	書止文言	宛名	用紙
⑪	慶長4	端午	家康（花押）	送給祝着之至候	井伊兵部少輔	不能具候	恐々謹言	黒田甲斐守殿	奉書紙
参	慶長4	端午	家康（花押）	送給候祝着之至候	期後音之時候間	不能具候	恐々謹言	仙石越前守殿	奉書紙
参	慶長4	端午	家康（花押）	送給祝着之至候	以面可申候之条	不能具候	恐々謹言	―	奉書紙
⑫	慶長4	端午	家康（花押）	送給祝着之至候	西尾小左衛門尉	令省略候	恐々謹言	西尾豊後守殿	奉書紙
⑧	慶長4	端午	家康（花押）	送給祝着之至候	城織部佑	令省略候	恐々謹言	佐竹中務太輔殿	奉書紙
参	慶長4	端午	家康（花押）	送給祝着之至候	元豊	令省略候	恐々謹言	薬院	奉書紙
⑬	慶長4	歳暮	家康（花押）	送給祝着之至候	阿部伊予守	不能具候	恐々謹言	水野和泉守殿	―
⑭	慶長4	歳暮	家康（花押）	送給祝着之至候	榊原式部太輔	令省略候	恐々謹言	遠藤左馬助殿	奉書紙
⑮	慶長4	歳暮	家康（花押）	送給祝着之至候	城織部佑	―	恐々謹言	竜蔵寺藤八郎殿	奉書紙
⑨	慶長5	端午	家康（花押）	到来祝着之至候	榊原式部太輔	―	恐々謹言	佐竹中務太輔殿	奉書紙
⑯	慶長5	端午	家康（黒印）	送給祝着之至候	榊原式部太輔	令省略候	恐々謹言	九鬼大隅守殿	奉書紙
①	慶長5	歳暮	家康（花押）	送給祝着之至候	榊原式部太輔	令省略候	恐々謹言	吉川侍従殿	奉書紙
⑰	慶長6カ	端午	家康（黒印）	送給祝着之至候	西尾隠岐守	―	恐々謹言	中川修理大夫殿	奉書紙
⑥	慶長6カ	端午	家康（黒印）	送給祝着之至候	村越茂助	―	恐々謹言	一柳監物殿	奉書紙
⑱	慶長6カ	端午	家康（黒印）	送給祝着之至候	榊原式部太輔	―	恐々謹言	―	奉書紙
⑲	慶長6カ	端午	家康（黒印）	到来祝着候	村越茂助	―	謹言	伊木清兵衛殿	奉書紙
②	慶長6	歳暮	家康（朱印）	被入念到来祝着候	―	―	恐々謹言	吉川侍従殿	奉書紙
④	慶長6	歳暮	（朱印）	到来被入念祝着候	―	―	謹言	福原越前守殿	奉書紙
⑳	慶長6	歳暮	（朱印）	到来被入念祝着候	―	―	謹言	生駒隼人殿	奉書紙
⑩	慶長6	歳暮	（朱印）	被入念到来祝着候	―	―	也	佐竹中務太輔殿	奉書紙
㉑	慶長6	歳暮	（朱印）	到来祝着候	―	―	謹言	蜂須賀長門守殿	奉書紙
㉒	慶長6	歳暮	（朱印）	到来祝着候	―	―	也	多賀谷左近大夫殿	奉書紙
③	慶長7	端午	（朱印）	到来祝着候	―	―	謹言	吉川侍従殿	大高檀紙
⑦	慶長7	端午	（朱印）	到来祝着候	―	―	也	一柳監物殿	大高檀紙
㉓	慶長7	端午	（朱印）	到来祝着候	―	―	也	山内対馬守殿	大高檀紙
㉔	慶長7	端午	（朱印）	到来祝着候	―	―	也	佐野修理大夫殿	大高檀紙
㉕	慶長7	端午	（朱印）	到来祝着候	―	―	也	毛利河内守殿	―
㉖	慶長7	端午	（朱印）	到来祝着候	―	―	也	薬院	大高檀紙
⑤	慶長7	端午	（朱印）	到来悦思召候	―	―	也	福原越前守とのへ	大高檀紙
㉗	慶長7	端午	（朱印）	到来悦思召候	―	―	也	由良信濃守とのへ	大高檀紙
㉘	慶長7	端午	（朱印）	到来悦思召候	―	―	也	多賀谷左近大夫とのへ	大高檀紙

使用へと変化させ、さらに慶長七年の端午には殿書を一部であるが「殿」から「とのへ」に近いものへと変化させ、受取文言を「到来祝着候」、書止め文言を「也」、また用紙を奉書紙から大高檀紙に替えるなど、後の御内書に大きく接近している。

諸大名等から家康への祝儀進献が慶長四年端午に始まる点は、多門院の僧英俊が慶長四年閏三月十三日に家康が伏見向島の私邸から伏見城に移徙した情報を得て「天下殿ニ被成候、目出候」と日記に記したように(63)、豊臣政権の五大老筆頭という立場を残しつつも、「天下殿」と目されたことに対応するとみることはできよう。

また、家康は慶長七年正月六日に正二位から従一位に昇進する。このことが慶長六年歳暮から慶長七年端午への書札礼の薄礼化と結びついたとも考えられるが、位階の昇進にともなう他の事例からして、確たるものとは言いがたい。一方、この時期で最も重大な出来事である関ケ原の戦いを前後しては、祝儀の答礼の書札礼は僅かしか変化していない。

こうした特徴をどのように評価するかは難しいが、この時期、儀礼の世界での諸大名等の家康への臣従化は、豊臣秀頼との関係を念頭におきながら、徐々に進められていったのではなかろうか。

注

（1）中村孝也『徳川家康文書の研究』（丸善、一九五八年～一九六〇年）下巻之二、印章索引。以下、『徳川家康文書の研究』は中村『研究』と略称する。このほか伝馬朱印二種、外交文書と禁制に捺された角印、簡便な文書に使用した龍の丸印（拙稿「徳川家康の「龍黒印」について」『愛知県史』資料編21近世7しおり、二〇一四年）などがある。

（2）中村『研究』下巻之二、印章索引。

（3）東京大学史料編纂所影写本「深尾文静氏所蔵文書」。中村『研究』中巻二九六頁。以下、東京大学史料編纂所は東大史料と略称する。

（4）徳川義宣『新修徳川家康文書の研究』（吉川弘文館、一九八三年）四一九頁。以下、『新修徳川家康文書の研究』は徳川『新修』と略称す。

（5）埼玉県立歴史と民俗の博物館寄託「昌国寺文書」、東大史料写真帳、徳川『新修』七八〇頁。なお、原本で確認、用紙は大高檀紙である。

（6）東大史料写真帳「福原家文書」。徳川『新修』第二輯四三八頁の解題。

（7）東大史料影写本「三須文書」。中村『研究』中巻二九六頁。

（8）内閣文庫所蔵「大恩寺文書」、徳川『新修』第二輯八一四頁。この他、同日付で「源家康」の印文を持つ朱印状は四点確認できる（徳川『新修』、徳川『新修』第二輯）。

（9）東大史料影写本「吉川文書」。『吉川家文書』一―一六〇号。「吉川侍従宛」の三通とも中村『研究』、徳川『新修』には収録されていない。

（10）東大史料写真帳「藤家吉川正統除目第十七」、『吉川家文書』二―八七七号。

（11）東大史料写真帳「吉川文書」、『吉川家文書』一―一六一号。

（12）天正十六年七月二十七日後陽成天皇口宣案（『吉川家文書』一―一〇七号。

（13）用紙は、原本・影写本・写本にかかわらず、縦三六センチ横五〇センチ前後のものを奉書紙とし、縦四五センチ横六五センチ前後のものを大高檀紙と本稿では記す。

（14）蒐集しえた限りの家康文書のなかには、広家宛のものは慶長五年八月以前には確認できず、『吉川家文書』『毛利家文書』等に収録の文書のなかにも、慶長五年八月以前に家康と吉川広家との通交を示す史料はみいだせない。

（15）東大史料写真帳「福原家文書」。『福原家文書』上（渡邊翁記念文化

協会、一九八三年）。徳川『新修』第二輯では史料4を慶長五年のものとする（四〇九頁）。

(16)「福原家文書」。徳川『新修』第二輯では史料5を慶長六年のものとし、「本状が日下のところ同印の使用例下限と捉えられよう。慶長七年以降の発給の可能性は殆どないであろう」とする（四三八頁）。

(17)毛利輝元官途状（「福原家文書」）。

(18)小野市立好古館所蔵「一柳家文書」。徳川『新修』第二輯は「本状は慶長五年の発給である可能性が一番高い」（四七一頁）とする。

(19)「一柳家文書」小野市立好古館所蔵。徳川『新修』第二輯は「この様な文面の御内書は先づは慶長八年二月十二日に征夷大将軍に補せられてより後の発給である。この印の使用期間は短いので慶長十年頃の発給と思はれるが決め手はない」（五二五頁）とする。

(20)『新訂寛政重修諸家譜』一〇—一五四頁。

(21)東大史料影写本「奈良文書」。『茨城県史料』中世五—三二八頁。

(22)「秋田藩家蔵文書」四。

(23)東大史料影写本「奈良文書」。『茨城県史料』中世五—三二八頁。

(24)同日付口宣案（「秋田藩家蔵文書」四）。

(25)「秋田藩家蔵文書」四、『戦国大名家臣団事典』東国編の「佐竹義久」の項参照。

(26)『黒田家文書』一四三号。同書では本書上の年代を、慶長四年カとする。

(27)「仙石文書」、徳川『新修』第二輯は「秀吉没後の慶長四年か五年の発給と考えたいが支証は得られない」（三二四頁）とする。

(28)林原美術館所蔵、徳川『新修』第二輯は「慶長五年以前の発給と思はれる」（三二五頁）とする。

(29)『古典籍下見展観大入札会』平成五年。徳川『新修』第二輯は「本書状の発給年代は天正十六年頃以降から慶長四年までの間とは推定されるものの、それ以上の極め手はない」（二九〇頁）とする。

(30)『新訂寛政重修諸家譜』六—三四頁。

(31)「古典籍展観大入札会」昭和四十五年、徳川『新修』第二輯は「慶長五年以前の発給であることは疑ひない」（三二六頁）とする。

(32)徳川黎明会所蔵文書、中村『研究』拾遺集五六頁。

(33)『新訂寛政重修諸家譜』六—三五頁。

(34)『新訂寛政重修諸家譜』一〇—三四六頁。

(35)東大史料影写本「武藤一郎氏書状文書」。

(36)『新訂寛政重修諸家譜』九—一二四頁

(37)東大史料影写本「龍造寺文書」、『佐賀県史料集成』古文書編三

(38)東大史料謄写本「木島文書」。

(39)『新訂寛政重修諸家譜』一五—一四八頁。

(40)『中川家文書』（神戸大学日本史研究室編、臨川書店、一九八七年）八五号では「慶長五年カ」とし、徳川『新修』第二輯は慶長五年のものとする（三二四頁）。

(41)「柳原家記録」。

(42)『中村直勝博士蒐集古文書』一四七号。中村『研究』拾遺集一三九頁。中村直勝氏は、本書の解説で上限を慶長五年ころ、下限を慶長十一年とされている。また、中村『研究』拾遺集は「慶長五年頃のものになる」とする。

(43)東大史料影写本「伊木文書」。中村『研究』下巻之二、二八五頁。

(44)東大史料写真帳「生駒文書」。徳川『新修』は、「本書状も文面より推し、利豊が忠吉に従ふ以前、慶長四年のものと思はれる」（二六三頁）とする。

(45)徳川『新修』は、「士林泝洄」にみえる「生駒隼人正利豊」と同一人物と解し、尾張藩家臣となる「生駒隼人正利豊」と推定する（二六三頁）。

(46)京都大学古文書室影写本「本法寺文書」。徳川『新修』は、書止文言を「也」とするが、現物を確認すると「謹言」である。また年代を「慶長五年から八年の間、それも文面より見て征夷大将軍宣下の後、即ち慶長八年と捉へておく」（三五九・三六〇頁）とする。

(47)至鎮の長門守任については明確な年次が判明しないが『新訂寛政重修諸家譜』（六—二四一頁）には「天正十四年徳島に生る。八歳のと

きより豊臣太閤につかへ、のち長門守と号す。（中略）（元和）九年従四位下阿波守に叙任す」とある。

(48) 東大史料影写本「多賀谷文書」。

(49)『戦国人名辞典』。ただ、重経宛の慶長七年以降の家康御内書が伝来していることからすると、重経と家康の関係はその後も続いたようである。

(50) 高知県立高知城博物館蔵「山内家文書」。

(51) 一豊の対馬守任については、天正十四年四月二十三日の豊臣秀吉朱印状（「五藤文書」）の宛名に「山内対馬守とのへ」とみえ、『新訂寛政重修諸家譜』（一三―三〇三頁）に「（慶長）八年三月二十五日従四位下に叙し、土佐守にあらたむ」とある。

(52) 東大史料影写本「津布文書」。『栃木県史』（史料編中世一、六二〇頁）は壺朱印とするが、影写本では「忠恕」の朱印である。

(53)『新訂寛政重修諸家譜』一四―一四頁。慶長七年までは下野佐野城主。

(54) 東大史料影写本「判物証文写」。

(55) この時期、毛利氏で河内守を名乗る可能性のあるのは毛利秀秋くらいであるが、秀秋は関ケ原の戦いで西軍に属し、戦後失領したとされる（『戦国人名辞典』）。

(56) 京都大学影写本「三雲文書」。

(57)『新訂寛政重修諸家譜』一八―一七八。

(58) 東大文学部蔵「由良文書」『群馬県史』資料遍7中世3所収。なお『群馬県史』は慶長三年のものとする。

(59)「由良文書」。『新訂寛政重修諸家譜』二―一一三頁。

(60) 東大史料影写本「多賀谷文書」。

(61)「米沢中納言（上杉景勝）殿」「佐竹侍従（義宣）殿」などの例がある。

(62) 印文「源家康」を持つ三季の御内書の受取文言は「喜悦候也」また「悦思召候也」である。

(63)『多門院日記』同日条。

（京都大学名誉教授）

地域と古文書

上田市における古文書解読とその展開

尾崎行也

近世上田領の概略と近世文書

長野県上田市は、かつての信濃国小県《ちいさがた》郡のうちにあり、近世には上田城が構築され、城下町が形成された。

上田城は天正一一年真田昌幸により築かれ、その子信之に継がれたが、元和八年信濃国埴科郡松代（現長野市松代）に転封となり、代って隣接する信濃国佐久郡小諸から仙石氏（六万石、分知して五万八千石）が入封した。さらに宝永三年、但馬国出石の松平氏（藤井忠晴系）と所領の交換が行われ、以後分知（五千石、塩崎知行所）があったものの廃藩までその統治は続いた（五万三千石）。

上田での真田氏統治期は四〇年に足らないが、現在でも戦国―江戸期の上田は真田氏で語られることが多い。しかしこの時期の地方文書の存在は多いとはいえない。その多くは仙石氏統治期（以下仙石期）、とりわけ松平氏統治期のものである。

上田城跡（現、上田公園）の西櫓に昭和四年上田徴古館が設置され、昭和四〇年にはその発展として同二の丸の一部に上田市立博物館が新築開設されて現在に至っている。同博物館には平成二七年末で約一四万五千点の資料が収蔵されているが、この内には松平家文書を始め多量の地方文書類が含まれている。これら文書は目録化がすすめられ、その第一号『信濃国上田松平家文書目録』は昭和五一年に発行されている。

上田領を含む上田・小県地域の近世文書については、『上田小県誌』刊行の前提として昭和二五年に発足した小県誌資料編纂会が、各市町村に委員を委嘱して調査をすすめ、「上小地方近世庶民史料目録」（収録一六万点余）がまとめられた（複写、小県上田教育会保管）。この仕事のなかから東京大学史料編纂所「大日本近世史料」の第一冊として上田領「宝永三年指出帳（写）」が出版された。

昭和四三年に発足した長野県史刊行会は、近世史料編の編纂から始められ、その第一巻（東信地方）は上田・小県地区を対象とし、前記「上小地方近世庶民史料目録」を一つの手がかりに現地で史料の写真撮影を実施した。写真のコマ数は三万枚を越え、そのうちの約八千枚が近世史料編第一巻に収録されて、昭和二六年第一巻（一）、同二七年第一巻（二）として刊行された。

郡市町村史誌刊行と近世文書

上田に関しては、戦前期の大正一一年に『小県郡史』が刊行され（小山真夫、なお同余編は同一二年刊）、昭和一五年には『上田市史』（藤澤直枝、上・下二冊）が出版された。『上田市史』編纂については、地域に関わる重要文書の一部書写がすすめられ、それらは整本されて上田市立図

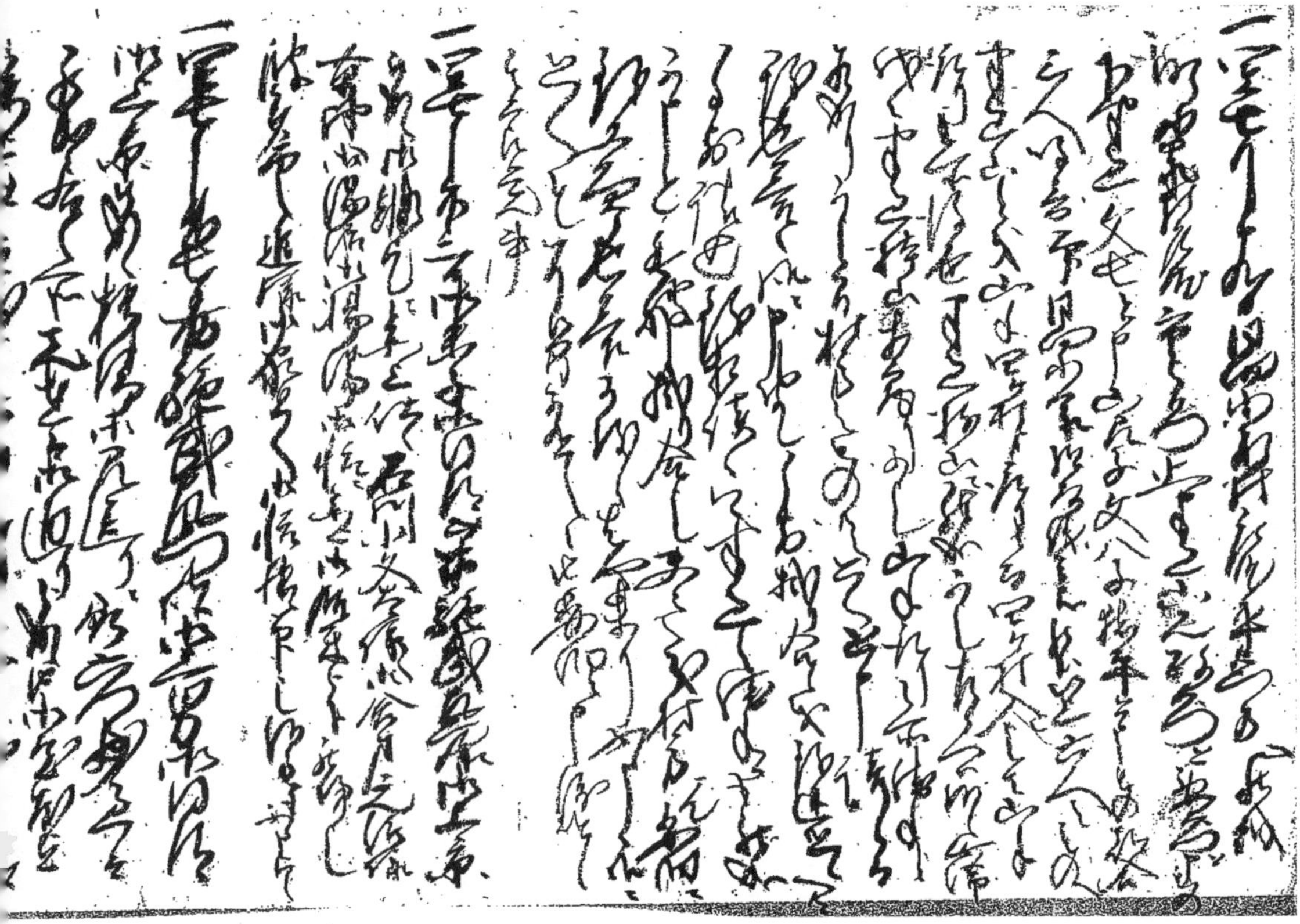

図　解読中の上田領小泉組割審手塚家宝暦九年「畄書帳」の一部

書館に保管されている。

戦後期の『上田小県誌』については前述の通りであるが、平成六年からは『上田市誌』の編纂がすすめられ、まず平成一一年に三分冊を刊行、平成一六年に別巻3の「上田市の年表付索引」が出されて、全三一冊の刊行を終了した。このときも地域の近世・近代文書調査がすすめられるとともに、それら文書の一部が写真として集録され、目録と合せて上田市教育委員会に保管されている。『上田市誌』では、数冊毎に別冊の「史料」編が付け加えられ、そのなかで重要文書類が紹介された。

近世文書類の印刷紹介としては、上田市立博物館発行の『真田氏史料集』（昭和五八年刊）、『仙石氏史料集』（昭和五九年刊）、『松平氏史料集』（昭和六〇年刊）があり、『郷土の古文書』（昭和五三年刊）も貴重である。

その他に小県郡（現在は一部が上田市に合併、他は東御市・長和町・青木村）として『東部町誌』・『丸子町誌』・『真田町誌』・『長門町誌』・『和田村村誌』・『武石村誌』・『青木村誌』があり、それぞれに近世文書調査は行われた。

近世文書の解読と展開

ここでは、全市的調査は行われていないので、管見によって報告させていただくことにする。

地域における近世文書の重要性については以前から主張され、市町村における文書類の保管もある程度すすめられたが、なお不十分である。さらにその整理（目録化）、保存と活用については、今後の重要課題で

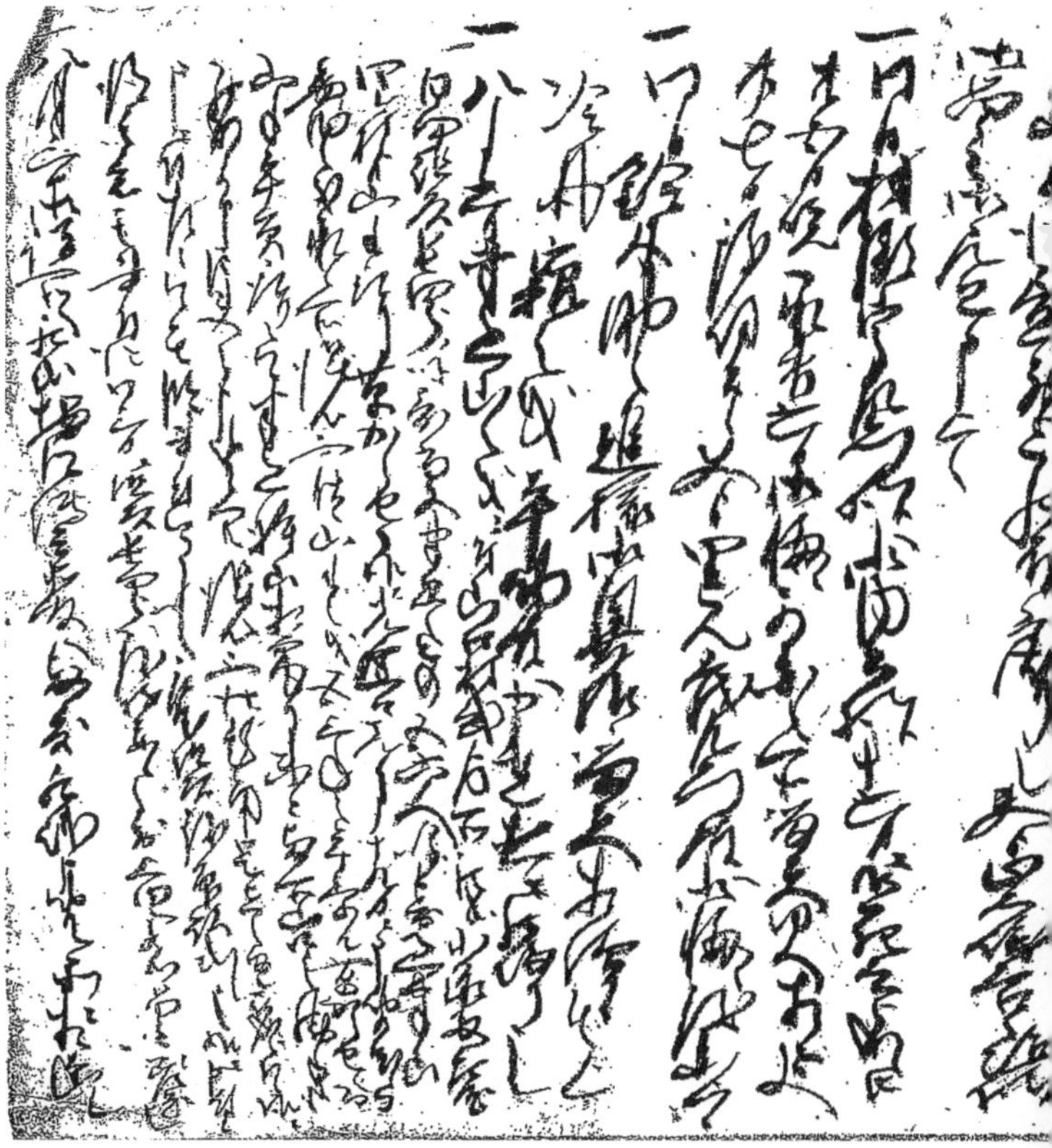

ある。そうした視点からも近世文書の解読講座は欠かせない。

上田市立博物館は多量の文書を収蔵し、目録化をすすめるとともに、寺島隆史氏（元同館館長）を講師とする近世文書解読講座が通年で開催され、多数の市民などが参加している。

地域の歴史・地理・考古・民俗等の研究団体東信史学会は昭和四八年に発足（会長黒坂周平氏）、会誌『千曲』（昭和四九年四月創刊号）を発行しているが、創刊号から「古文書解読講座」を連載し、毎号古文書一点を取り上げ、解読に合せて詳細な解説を加えている（平成二九年三月現在一六二号）。同会ではまた昭和五〇年から、同会役員などを講師として、更埴・上小・佐久の三地区（年により小諸を加え四地区）の会場で、毎年夏期二日間の「近世古文書解読講習会」を開催している。

上田市立図書館は、花月《かげつ》文庫・藤廬《とうろ》文庫・花春《かしゅん》文庫・嬉笑《きしょう》文庫などの特殊コレクションを収蔵している。これらのうちには多数の古書（和本）が含まれており、一部に古文書もみられる。しかし解読が難しいところから一般市民の利用は少ない。その解決の一つとして、平成八年から貴重資料紹介展を開催することとなり、まず「嬉笑文庫お披露目展」が催された。次いで平成一一年に「上田にみる元禄時代」展が開催され、平成一四年には古文書学習会「山なみ」と共催で「成澤寛経『百合ささめごと』の世界」展が開かれた。

この古文書学習会「山なみ」（会長宮島かつ子氏）は、昭和六一年に上田市立図書館が開講した古文書解読講座で、毎月一回の定期学習を重ね、同館が所蔵する古書・古文書および会員の柳澤淑子氏（旧上田城下海野町本陣・問屋家）提供海野町本陣日記（延宝九年～明治六年）の解読を続けている。その成果を評価されて、以後隔年で開催される貴重資料紹介展を図書館職員とともに開催し、図録の編集・発行も続けていて、その内容は次の通りである。

- 成澤寛経『百合ささめごと』の世界　（図録発行、平成一四年三月）
- 信州上田　豆本ばなし　（平成一五年一一月）
- 殿様の図書館――「花春文庫」を中心に――　（平成一七年九月）
- 天保飢饉の上田　（平成一九年一一月）
- 幕末藩主暗殺疑獄――『上田縞絲之筋書』を中心に――

。旅ゆけば――道中記をたどる――（平成二一年一一月）
。江戸時代の教科書（平成二三年一一月）
。三筋の調べ――江戸のうた――（平成二五年一〇月）
。江戸のコミック――草双紙――（平成二九年一〇月）

同会による海野町本陣日記解読は、順次原稿化されていて、現在（平成二九年）は元禄一三年分にまで至っている。

上田市内での古文書解読講座は、塩田・城南・川西・丸子・上野が丘などの公民館で開催されている。

塩田公民館では、昭和五六年から地元の塩田郷土史研究会（現会長長谷川昌子氏）と共催で古文書学習講座を開設した。ここでの史料は、全て塩田地域に残されている近世文書を使用することにしている。また本講座に先立って地域内四地区で予習会を持ち、受講生のうちから選ばれた師範代が講師を務めている。毎年新規加入の新受講生については、別途に入門講座が設けられ、役員が指導にあたっている。

平成元年には『古文書に学ぶ近世塩田の歴史』を出版した。平成二六年からは会員長沢三雄氏により、講座ごとの古文書解読および解説がまとめて印刷され、全受講生に配布されるようになり、現在に至っている。

城南公民館では、昭和五五年からの連続講座「地域を考える」が始まり、それが「古文書解読講座」に発展し、さらに城南史料研究会が組織されて、毎月一回の定期的講座が現在まで続けられている（現会長、田中正雄氏）。史料は全て地域の近世文書で、現在は、上田領小泉組の大庄屋・割番を努めた同組小牧村（現上田市小牧）の手塚家文書の解読をすすめている。

城南史料研究会ではこれまでに、『城南地区歴史年表』（昭和五八年）・同公民館十周年記念誌『史料にみる江戸時代の城南地区』（昭和五九年）・同公民館二十周年記念誌『図説上田城南地区のあゆみ』（平成七年）を編集・刊行した。

また平成一六年度同公民館で企画・実施された講座「お隣り（中国）ふれあい街づくり」の一部講師を担当した。続く平成一七年度からは同公民館主催の講座「古文書に見る地域の歴史」を担当し、ここでの講師を務めた。このときの演題と担当会員（講師）および日程は次の通りである。

2・1 江戸時代の生活　尾崎　行也　七月一一日　七月二五日
3 上田飛行場　田中　正雄　八月　一日
4 宗門改め　宮島かつ子　八月二二日
5 食生活（献立）　宮澤かほる　九月一二日
6 保福寺みち　栗村　道子　九月二六日
7 農業と堰　中澤　耕造　一〇月三日
8 年貢　手塚　若子　一〇月二四日
9 女性たち　宮澤裕紀子　一一月七日
10 和宮通行　阿部　和子　矢島　節子　一一月二八日

以後毎年同講座を担当し、平成二八年度はその一二回目となったが、この演題と担当会員（講師）および日程は次の通りである。

1 上田の紺屋・染もの　尾崎　行也　一一月二四日
2 江戸の教科書『百姓往来』　一二月一五日

3　室賀谷の反骨の人々　西澤　文登　一月一九日
4　「真田丸」の女たち　諏訪　慎　二月　二日
5　上田原の医療と保健衛生　宮下多美子　二月一六日
　　藤之丞物置矢火一件　塩澤　展子
6　現地研修　三月　九日

生涯学習団体の上田社会教育大学（学長平野勝重氏）は、上田市・小県郡ＰＴＡ母親文庫（昭和三四年発足）の活動のなかからの発展として昭和五五年に開講した。いずれも地域と結び付いた文学科と歴史学科が設けられ、毎月一回の定例講座が開かれて、一期は二年間で修了となる。しかしその後の学習継続希望が出され、昭和五七年には歴史研究科、同五九年には文学科ゼミナールが開設された。平成一六年には地域学科が新設され、その修了生によるサークルうえだ鑑も平成二四年に始められた。上田社会教育大学は平成二九年時点で一九期、三八年目を迎えている。

右のうち歴史学科は、学習内容の一つとして地域の近世文書解読を取り入れている。歴史研究科では、上田城下原町問屋瀧澤家の日記（寛文三年～明治二年）を取り上げ、毎月解読をすすめると同時に原稿化を続けている。また受講生それぞれが研究課題を定めていて、その成果は地域の学会誌『信濃』（信濃史学会）・『千曲』（東信史学会）・『上田盆地』（上田民俗学会）などに順次発表されている。さらに受講生の講座講師などとしての活動もあり、具体的には上田社会教育大学内の地域学科およびサークルうえだ鑑、あるいは居住地区での古文書解読講座などが対象となっている。

上田社会教育大学では、一〇年ごとに記念誌を刊行している。
◦『女性が変わる　社会教育大学10年の歩み』（平成二年四月発行）
◦『歴史と文学を楽しむ　社会教育大学の20年』（平成一一年一〇月発行）
◦上田社会教育大学創立30周年記念誌『ときは流れて』（平成二一年一一月発行）
◦同40周年記念誌（平成二九年編集開始）
（なお西暦併記は煩雑になるので省略した）

（古文書講座講師）

随筆

新発見の侍所頭人今川貞世請文

生駒哲郎

群馬県安中市学習の森ふるさと学習館学芸員の佐野亨介氏から「真下家所蔵文書」を所蔵する真下家から新たに文書が発見されたとの連絡があった。文書は、貞治六年（一三六七）九月二十三日付の侍所頭人今川貞世請文である。本文書の所見を佐野氏から依頼されたので、文書の内容については佐野氏に提出したが、新出の文書であるので、改めて本稿で紹介するところである。

松尾社雑掌申、山城国西七條六ケ
保内八條唐橋等田地拾町除三町西山最福寺領
事、任被仰下之旨、遣使者、沙汰付下地
於雑掌候訖、請取状并基隆・貞藤等
状、謹進覧之候、以此旨可有御披露
候、恐惶謹言

貞治六年九月廿三日　前伊予守貞世（花押）
進上　御奉行所

本文書は、松尾大社が「山城国西七條六ケ保内八條唐橋等田地拾町」（内最福寺領の三町分を除く）について同社の料所であることを訴え、それを認めたので足利義詮の仰せを受けて同所を松尾大社に「沙汰付」けたことを報告する内容である。この文書の花押は左上部分が少々虫損しているが、貞治六年六月三日付今川貞世施行状（『三鈷寺文書』東京大学史料編纂所写真帳六一七一・六二—一九—一、同書影写本三〇七一・六二—二四二—一）に見られる花押等から本文書の花押も今川貞世のものとみてよいだろう。

本文書で注目すべきは、「任被仰下之旨」と記載された足利義詮が今川貞世に宛てた貞治六年九月十日付御判御教書の正文が、『東寺百合文書』のなかに現存していることである（甲号外一七—一）。本文は次のようである。

松尾社雑掌申山城国西七條六ケ保内八條唐
橋等田地拾町除参町、西山最福寺領事、捧同国植松庄
寄進状、東寺雑掌対他人及訴訟之間、先度
給行訖、令参差云々、所詮社領之條、観応
三年九月十一日下知状分明之上者、東寺所
給御教書可返進之、不日於彼下地者、打渡
社家雑掌、任先例可全所務、更不可有緩怠
之状如件、

貞治六年九月十日　（義詮）（花押）
今川伊予守殿

この文書から、松尾大社と西七條の十町（最福寺分三町を除く）をめぐって争ったのは、東寺であったことがわかる。東寺の言い分は、後述するが寄進された植松庄地頭職分にこの十町が含まれるということである。東寺はこの時の寄進状を証拠としたのである。しかし、義詮の裁決は、松尾大社の勝訴であった。命令の内容は、観応三年（一三五二）九月十一

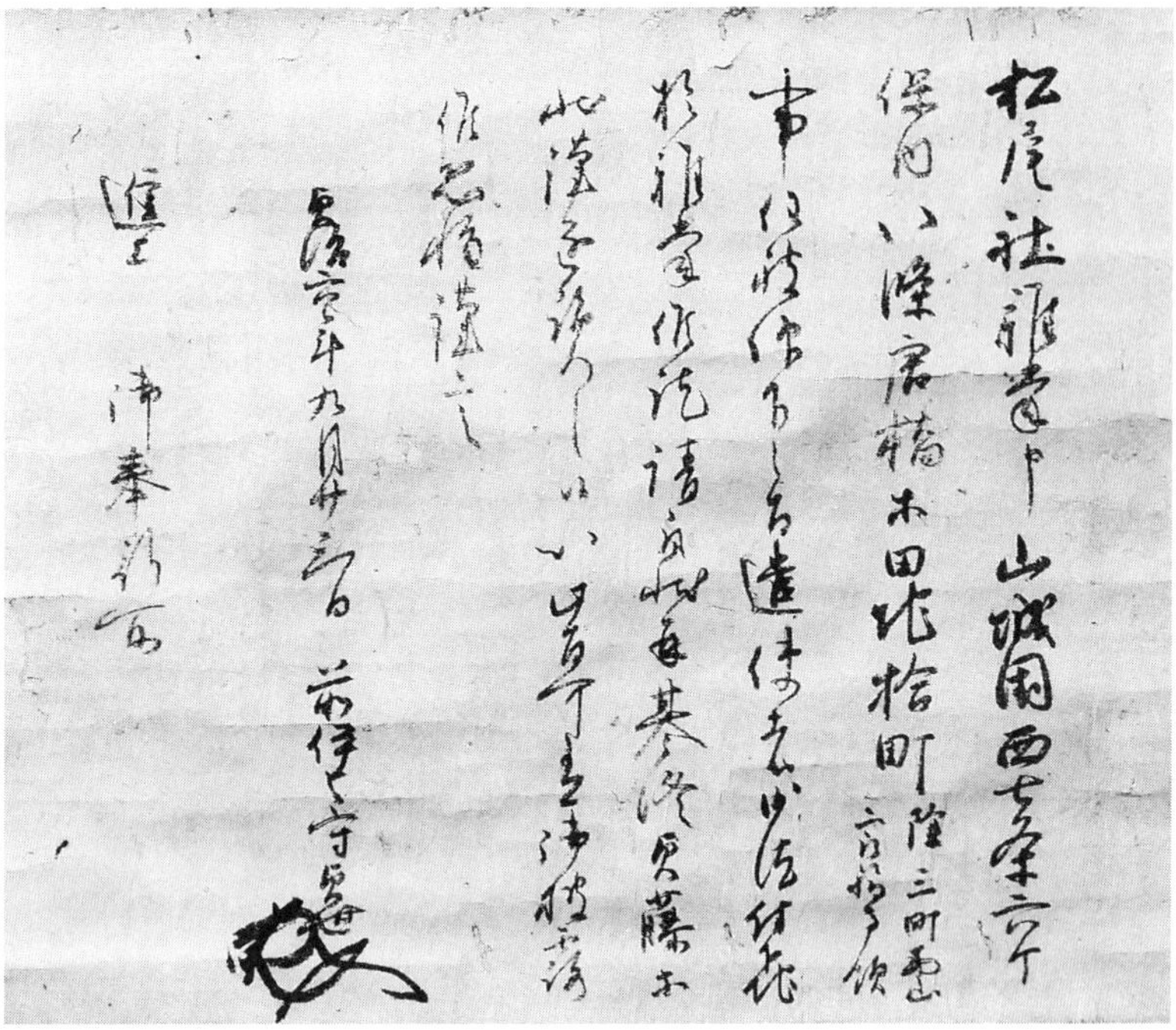
図1 「真下家所蔵文書」

図2 「三鈷寺文書」

日付の義詮の下知状に明らかであり、すみやかに東寺がもらった御教書を返上するようにということである。

一連の相論については、『東寺百合文書』に関連文書の案文（二函一八）が現存し、松尾大社側にも案文（『東文書』東京大学史料編纂所影写本三〇七一・六二―七五―五・七）が現存している。

それらの文書によると、ことの発端は、観応三年（一三五二）四月三日足利義詮が「天下安全・武運長久」を祈願して東寺に「植松庄地頭職」を寄進したことから始まる。しかし、松尾大社が主張する料所について、すでに同社は元久元年（一二〇四）三月五日付と嘉禄三年（一二二七）九月六日付の官宣旨を得ていたのである。しかも、足利尊氏と思われる松尾大社神主に宛てた貞和五年（一三四九）八月三日付御判御教書（案）では、松尾大社が知行することを認めている。観応三年九月十一日付の足利義詮下知状（案）は、こうした経緯を踏まえて東寺の主張を退け松尾大社の料所としたのであった。

貞治六年九月十日義詮の御判御教書では、再度東寺と松尾大社とで相論になったと思われ、「観応三年九月十一日下知状分明之上」とあるように、再び松尾大社の勝訴としている。

山城国内のことということもあり、義詮の御判御教書は今川貞世宛に発給された。貞世の侍所での活動は貞治五年（一三六六）からで、貞治六年三月以降は「前伊予守」と称している。したがって、本文書の貞世の請文も位署書は、「前伊予守貞世（花押）」となっている。

このように、本文書は、一連の東寺と松尾大社との相論にたいし、松尾大社の勝訴とする義詮の御判御教書を受けての今川貞世請文の正文である。ちなみに、同相論は、応永八年（一四〇一）足利義満によって、今度は東寺の勝訴となった。理由は、松尾大社が得た官宣旨に記載された場所と、相論になった場所とは異なるということである。

さて、本文書は前述したとおり「真下家所蔵文書」で知られる群馬県安中市原市の真下家から新たに発見された。佐野氏のご教授によると、原市村は、中山道の安中宿と松井田宿との中間に位置し、真下家は、原市村の南に隣接する簗瀬村名主真下家の分家と考えられる。

本文書は、原市真下家の第四代とされる真下利七（双岳と号す）（一八二三〜一八九一）によって蒐集された。利七は、安中藩儒太山融斎に書を学び、音律を嗜み、特に三絃に熱心であったという。さらに、利七は『上野十六景』『佐倉宗五郎記』『下仁田太平記』を著したことでも知られている。

本文書の軸装された風帯には、書家大竹蒋塘（一八〇一〜一八五八）の極書があるが、大竹蒋塘は巻菱湖四天王の一人に数えられ、江戸で利七は蒋塘から隷書を学んでいるのである。利七は、嘉永三年（一八五〇）ごろ江戸にいたことがわかっており、本文書の極書は、こうした利七（双岳）と蒋塘との関係から記されたと考えられる。

本稿で本文書を紹介した理由は、貞治六年九月十日付足利義詮御判御教書を受けての今川貞世請文の正文という史料的な価値もあるが、安中市学習の森ふるさと学習館学芸員の佐野氏の地道な現地調査の成果によっているからである。現地調査の重要性を改めて考えさせられるところである。

なお、『東寺百合文書』については、原本の画像が京都府立京都学・歴彩館の東寺百合文書ＷＥＢ（http://hyakugo.kyoto.jp）から閲覧できる。今回紹介した今川貞世請文については、同文書だけではなく里村紹巴書状も真下家から発見されたそうで、あわせて安中市学習の森ふるさと学習館（http://www.city.annaka.lg.jp/gakushuunomori/）の企画展「山本菅助―真下家所蔵文書の発見」（二〇一七年十二月二日〜一八年二月二十六日まで開催、図録の問合せは電話〇二七―三八二―七六二二）で展示されるので、是非とも足を運んでいただきたい。

（東京大学史料編纂所
図書部史料情報管理チーム）

研究余滴

東寺観智院賢賀と五大虚空蔵護摩供

西　弥生

「東寺百合文書」中には、「建保四年東寺五大虚空蔵法記」と題する史料が「観智院二四」との番号を付されて伝来している。装幀は巻子装で、外題下には「賢宝」とある。南北朝時代における東寺の碩学として知られる観智院第二代院主賢宝が、その師杲宝とともに撰述・書写・収集した聖教は、「東寺観智院金剛蔵聖教」中に多数伝存しており、「建保四年東寺五大虚空蔵法記」もそれらの聖教と密接な関連をもつものと考えられる。本書に付された覚外題の下には、観智院第十三代院主をつとめた賢賀（一六八四～一七六九）の名が見られる。

本書によれば、建保四年（一二一六）二月五日夜、東寺宝蔵に「群盗」が入ったという。そこで、「盗賊露顕」と「宝物帰寺」を祈願するために、東寺西院において東寺長者親厳が大阿闍梨として五大虚空蔵法を勤修した。「建保四年東寺五大虚空蔵法記」はその勤修記録である。本書は東寺の宝物の歴史を知る上で重要な史料であるが、今回注目したいのは観智院との関わりを示す以下の奥書である。

元文六年酉年孟春十三日、加修復了、
奥一二紙闕如歟、　　勧学院末資賢賀行年五十八
同年丁寛保元年、五月三日、一万枚護摩供修行了、
寛保二元辛酉壬戌歳九月十一日、一万枚供修行了、六月十五日、転僧正、
同二年壬戌歳十一月九日、一万枚供修行了、

この奥書によれば、元文六年（一七四一）正月十三日に賢賀は本書を修復している。賢賀とその師である観智院第十二代院主杲快は、慶長地震の後、観智院聖教の再整備を図って杲宝・賢宝の手になる聖教を多く書写・修補しており、「建保四年東寺五大虚空蔵法記」の修復もその一環とみなされる。

右の奥書によれば、賢賀は本書の修復を行った約四ヶ月後にあたる元文六年五月から翌年の寛保二年（一七四二）十一月までの間、五大虚空蔵一万枚護摩供を三度にわたって勤修している。その際、賢賀は「建保四年東寺五大虚空蔵法記」によりながら先例を確認したのであろう。

さらに、関連史料として観智院に伝来する「八千枚記」（「観智院金剛蔵聖教」一六八箱四九号）を参照すると、「建保四年東寺五大虚空蔵法記」の奥書に記される三度の勤修に加え、第四次として宝暦二年（一七五二）九月に、また第五次として宝暦三年（一七五三）三月に五大虚空蔵一万枚護摩供が賢賀によって勤修されたことがわかる。しかも第五次は、勧修寺宮寛宝親王の伝法灌頂の前行として勤修されている。

結願に際して八千枚の乳木が焼かれる「八千枚供」に対して「一万枚供」の事例は稀有であり、観智院賢賀による五大虚空蔵一万枚護摩

供の勤修は、何らかの重要な意味があったと推測される。

観智院の歴史を振り返ると、「東寺の三宝」として知られる頼宝・杲宝・賢宝は、教相面（教義の修学）では大きな功績を遺した一方で、事相面（祈禱の勤修）においては目立った実績が見られない。祈禱の勤修においては、効験を裏づけるための要件として法流の由緒や正統性が不可欠であったが、南北朝時代の観智院には法流の権威性がまだ十分に備わっていなかったことが、事相面の活躍が顕著でない理由の一つとして考えられる。

では、賢賀が際立った祈禱実績を遺すことができたのは何故であろうか。「東寺観智院金剛蔵聖教」には勧修寺流長吏方の相承に関する史料として、応永三十一年（一四二四）三月二十七日「権僧正宗海誓文写」から享保二十年（一七三五）十月二十一日「闍海置文写」まで計十九通の文書の書き継ぎが伝存している（一五二箱五三号）。これらの文書からは、法流相承を通じた勧修寺長吏と観智院院主との関係性を断続的ながら辿ることができる。次代勧修寺長吏となるべき僧侶が年少等の理由で伝法灌頂を済ませていない場合、観智院院主およびその周辺人物が一時預かりとして勧修寺流長吏方を相承し、伝法灌頂が済んだら返上するという方法により安定的な法流維持が図られていた状況について、これら一連の文書からうかがえる。

こうして勧修寺と観智院との密接な関係が築かれてきた中で、賢賀は観智院と勧修寺浄土院を兼帯し（「観智院金剛蔵聖教」一七四箱一二号「法花法秘口決覚ー」）、勧修寺長吏寛宝の「師範」も務めるに至った（「同」一六七箱六一号「即身義密談抄抜粋　全」）。こうして観智院は、院家・法流としての基盤を次第に固めていったのである。

賢賀による五大虚空蔵一万枚護摩供の勤修は、こうした経緯の上に実現したことと考えられる。五度にわたる勤修は、杲宝・賢宝以来、観智院が着実に発展を遂げてきたことを裏づけるものとしても極めて重要な意味があろう。中世から近世にかけての観智院の発展過程の具体的様相については、別稿において改めて論じることとしたい。

【附記】本研究はJSPS科研費JP一五K一六八三六の助成を受けたものです。

（日本女子大学学術研究員）

書評と紹介

石野弥栄著『中世河野氏権力の形成と展開』

山内　譲

本書は、五二六ページにも及ぶ大著である。一九七五年以降に発表された旧稿一三編と未発表の新稿四編からなる。対象は鎌倉時代から戦国時代に及んで、河野氏の歴史の全期間を網羅し、重要なテーマにはほとんど言及しているといってよい。旧稿を収録した論文集は、旧稿発表時と現時点の考え方のずれをどう表現するか苦慮するものだが、本書においては、基本的に初出時の体裁を尊重しつつ、その後の研究の進展を踏まえて加筆・修正を施し、必要に応じて補注・補説で現時点の考えを補うというスタイルをとる。

著者石野氏は、評者にとっては先学であり、同じ研究テーマに取り組んできた研究仲間であり、時には論敵でもあった。これまで氏の論考からは数え切れないほどの学恩を受けてきたし、場合によっては、内容に納得できずに格闘した論考も一、二にとどまらない。本書を精読しながら、随所でそのような懐かしい思い出がよみがえってくるのをとどめることができなかった。本書は一つ一つの論考を紹介するにはあまりにも膨大なので、ここでは新稿を中心に紹介し、旧稿については、重要な補注・補説が付けられているものに限って取り上げることにする。

第1部第二章「伊予河野氏と承久の乱に関する一試論——河野氏院方参加の背景——」（新稿）は、河野通信が承久の乱において院方に走った背景を探ろうとする論考で、かつて評者が主張した、河野氏と伊予守護との対立説、久葉裕可氏が主張した、知行国主西園寺氏との対立説などを批判して、北条氏をめぐる幕府政治の変動のなかから院方参加の理由を探ろうとし、「北条時政が失脚してのち、幕府政治を主導する北条政子、義時らがかつて時政と親密な関係をもった河野氏の特殊権限（国御家人沙汰権）に制限を加えるか、剝奪するかなどの抑圧策をとったので、河野氏が不満を抱いたのではないか」と推測する。行論の過程で、この時期の河野氏と幕府との関係を考える上で重要な意味を持っている元久二年閏七月日関東下知状やその時期に起こった牧の方事件を取り上げ、関東下知状については、これを正文とみる久葉・川岡勉説を批判して、偽文書とみる自説を再確認している（なお、この点については、第1部補論一「鎌倉初期の河野氏と北条氏——いわゆる元久二年閏七月日関東下知状の再検討——」の補説においてより詳細に述べられている）。

第1部補論二「南北朝期の伊予国守護」（初出一九七九年）は、南北朝期の伊予国守護に就いた人物について、史料的根拠を明示してその在職期間を示した貴重な論考で、評者を含め、これに依拠して南北朝期の地域社会像をイメージしてきた研究者も多いのではなかろうか。この石野説に対して、その後川岡氏から、河野通盛段階では河野氏は守護の地位にはついていないという重要な指摘が出された（「足利政権成立期の一門守護と外様守護——四国支配を中心として——」）。石野氏は、建武段階での通盛の守護補任については補説3において川岡説に批判を加え、自説を再確認しているが、川岡氏は、建武段階のみならず、貞和～観応段階、康安段階での通盛の守護補任もなかったとしており、川岡説と石野説の隔たりは大きい。

南北朝期の守護については、近年守護権限のあり方そのものが問い直されており、特定の権限を行使しているから守護と認定するような見方に疑問が出されている（山田徹「南北朝期の守護論をめぐって」）。また、従来とは異なる視点で通盛を見直してみようとする新しい研究もみられる（堀川康史「南北朝期における河野通盛の動向と伊予守護職」）。これらを含めて、南北朝期の伊予国守護についてはまだまだ議論を深める余地がありそうである。

第2部第二章「河野氏の守護支配と瀬戸内の海上勢力」（初出一九九六年）は、早い時点で「関」「関立」と海賊衆の関係について論及した重要な論考であるが、同論文において石野氏は、弓削島荘の所務請負に関連して名前のみえる「前伯耆守通定」を今岡氏とみることができるとした。それに対して評者は、来島村上氏の早い時期の人物であるとの見方を示した（拙稿「室町期の海賊による荘園請負と唐船警固」）。これについて石野氏は、補注5・6において、評者の主張に対して「積極的な論拠もないようである」として退け、今岡氏であるとする自説を再確認している。

第3部第一章「戦国末期の河野氏と室町幕府——梅仙軒霊超の出自・立場・役割を中心に——」は、梅仙軒霊超を中心にして天文期以降の幕府と河野氏の関係について論じた新稿である。戦国期の河野氏関係文書に頻出しながら長らく出自が不明であった梅仙軒霊超について、石野氏は早くから関心を持っていて、二〇一三年の四国中世史研究会の発表において、徳大寺系図などを示して、梅仙軒霊超が徳大寺実淳の子で、空実の兄弟にあたることを示された時には新鮮な驚きを感じた記憶がある。これについては近年、磯川いづみ氏の論考「天文期伊予河野氏の対京都外交——梅仙軒霊超を介する「近衛ルート」——」も発表されてより詳細な事実が明らかになってきたが、執筆時期が重なっていた関係で両論考が交差することがないのは残念である。重点の置き所は両者において若干異なっていて、磯川論考が霊超と近衛家との関係を重視しているのに対して、本章は霊超関係文書を網羅して対幕府関係の役割を詳細に論じているところに特色がある。

第3部第二章「戦国末期河野氏と南伊予の戦乱——高島・鳥坂合戦を中心に——」は、永禄十一年の高島や鳥坂における土佐一条氏と河野氏の合戦についての研究を主導してきた著者が、旧稿「戦国末期における西南四国の軍事情勢」（初出二〇〇〇年）と「高嶋合戦再論」（初出二〇〇四年）を合体させてまとめたもので、論旨そのものは旧稿と変わらないが、補注において、川岡氏や評者などのその後の研究に論評を加えている。参考になる点も少なくないが、評者としてはどうしても首肯できない部分もある。そのうちの一つは、延川村天満宮棟札の解釈である。石野氏は、「斯随願力両村之衆各々恙遂帰陣」の部分を、「恙」を「悉」の異体字「悉」の誤記と見、かつ「両村之衆」を河野方の勢力と理解して、この棟札を河原淵教忠が、河野軍が悉く帰陣したことに感謝して天満宮を建てた際のものと解釈する。そしてそれを根拠にして、河野軍は「従土佐之通路」（小早川隆景書状）＝「下山境目」（康政書状）まで進出していたのであり、「帰陣」というのはそこからの帰陣であるとする。

このような理解にはいくつかの問題点があると思う。ひとつは、「恙」（つつがなし）を「悉」の誤記とみるのは無理があるという点。「恙」で意味が通らなければ誤記の可能性もあろうが、「恙」で十分に文意が通じるのだから本来の読みを尊重すべきである。その文意とは、天満大自在天神の「願力」によって「両村之衆」がつつがなく帰陣したことを感謝するということである。したがって「両村之衆」とは、河野軍のことではなく、実態は明確ではないものの、この天満宮の所在地延川村周辺に関係する者、ということになる。確かに石野氏が指摘するように、「南行雑録」や「石手寺棟札」などに河野氏配下の者として「両村衆」が見えることは間違いないが、延川村天満宮棟札に見えるのは、それらとは別者と考えるべきではないだろうか。同じ棟札に「土州衆三間衆両山衆」という文言がみられるが、この両山衆も両村衆と同じものを指すとみることもできる。

もし百歩譲って「恙」を「悉」の誤記であるとし、「両村之衆」を河野軍と見るとしても、この棟札は「高嶋御番」の時のことであるから、「両村之衆」の「帰陣」は高島からの「帰陣」であり、下山口に出陣した河野軍の撤退を示す史料とみることはできないであろう。このように一部従えない部分もあるが、本章を構成するもとの二論文が「永禄合戦」など、南予の戦国史研究を切り開いてきたことは間違いない。

第3部第三章「戦国初期の河野氏およびその被官と禅宗寺院——「蔗軒日録」の所載記事を中心に——」（新稿）は、これまで伊予の地域史研究にはほとんど利用されてこなかった、和泉堺の海会寺の住持季弘大叔の日記「蔗軒日録」を活用して、河野氏をはじめとする伊予の諸領主と東福寺系禅宗寺院との関係を明らかにしようとしたものである。記主大叔と、伊予にゆかりの深い東福寺荘厳院主鷹伯東顒、善応寺住持温中善濡との交流の状況や、宇和荘内長楽寺の建立事情が明らかにされているのは興味深い。東顒の「在京雑掌のごとき役割」がわかったことによって、重要な内容を数多く含む七月二十四日付東顒書状の位置付けがはっきりしたことも貴重な成果である。本章は、室町幕府政治や禅宗諸流派についての著者の該博な知識が結実した成果といえよう。

第3部補論二「「河野文書」の伝来と利用に関する一考察——「越前青木文書」を中心に——」（新稿）は、「河野文書」の伝来の一側面を示した研究で、越前青木家に伝えられた中世文書のうち六月十五日付足利義輝御内書と卯月四日付足利義昭御内書（ともに青木武蔵守あて）について、文面を「河野文書」と比較した結果、本来は「河野文書」に含まれていたはずのもので、それが越前青木氏によって宛所のみがすり替えられたものであるとし、それとの関連で、「円満院文書」に含まれている、青木武蔵守あて八月七日足利義晴御内書も、本来「河野文書」の一通であったとする。原文書が残っておらず、影写本をてがかりにして文書の改変を論ずるのはなかなかむずかしいところであるが、石野氏の指摘は首肯できるものではないだろうか。その場合、「河野文書」から「青木文書」への改変が、原文書の本文をそのまま残して宛所のみ刷り消すなどして書き換えるという作業によってなされたのか、それとも原文書とは別に宛所を新しくした写しを作成するという作業によってなされたのかがぜひ知りたいところである。しかし、石野氏の指摘するように、宛所は改変されたが、本文は信用にたるということであれば、この時期の河野氏あて室町将軍御内書が三通増えたことになり、貴重な成果といえよう。

　以上本書を一読し終えて思うのは、石野氏の、一字一句をゆるがせにしない厳密な史料解釈と、伊予のみならず全国各地から史料を収集し、広い視点で河野氏を多角的に見ようとする姿勢である。とくに後者の面での成果は鮮やかで、鎌倉期河野氏についての九州における多様な所領の析出、美濃河野氏の発見とその役割の指摘、高野山上蔵院文書を活用した高野山参詣の実態の分析、「越前青木文書」における「河野文書」改変の解明などは石野氏ならではの成果といえよう。このような石野氏の研究手法に学ぶことが今後の河野史研究の進展に欠かせないことを指摘して筆をおくことにする。

（Ａ５判、五二六頁、二〇一五年六月刊行、戎光祥出版、一二〇〇〇円＋税）

（日本古文書学会会員）

日本古文書学会からのおしらせ

＊ 日本古文書学会の学会ＨＰをご活用下さい。
随時更新していますので、どうぞご覧下さい。

ＨＰアドレス……http://komonjo.net

＊ 「学生会員制度」を導入しています。
日本古文書学会では、二〇一二年四月より「学生会員制度」を導入しています。詳細につきましては、一四七頁の彙報記事をご覧下さい。

＊ 投稿について
日本古文書学会では、機関誌の原稿を募集しています。詳細につきましては、一四八頁の原稿募集広告をご覧下さい。

彙　報

◇平成二十九年度新指定文化財紹介

平成二十九年九月十五日付で新たに国宝・重要文化財に指定された美術工芸品のうち、書跡・典籍、古文書、歴史資料分野の文化財は以下のとおりである。なお、歴史資料のうち古文書以外のものは除外した。

〔書跡・典籍の部〕

国宝

一、法華経（久能寺経）　四巻

個人

本経は久能寺経の通称をもつ装飾法華経で、鳥羽上皇（一一〇三～五六）、皇后の待賢門院璋子、女御の美福門院および彼等の側近が結縁して書写されたものである。法華経二十八品を一巻ずつに書写した一品経に法華経の開結経である無量義経と観普賢経を加えた三〇巻構成としたものであることが、現存経から知られる。

久能寺経は、当初の書写による二六巻が現存しており、今回、国宝に指定された薬草喩品、従地涌出品、随喜功徳品、普賢菩薩勧発品の四巻はいずれも当初の表紙を存している。表紙、見返、本紙表、紙背のすべてに装飾を施しており、巻末にはそれぞれの巻の結縁者名を墨書する。本文は各巻一筆で書写され、筆者は巻ごとに異なり、欠落はなくすべて完存している。

薬草喩品は、見返にやまと絵が描かれる。中央の直衣に烏帽子を着けた主従の男二人は、引目鉤鼻で面貌が表され、従者は、主人に寄り添い後方から傘をさしかけており、雨中の情景であることを示している。

随喜功徳品は表紙に紫の羅を貼った上から金銀切箔を撒いて蓮池を描く。本紙は薄紅色の村濃で、巻末に近づくほど紅色が濃さを増す。

久能寺経は、まとまった巻数の残る装飾法華経の遺品として最古である。本四巻は平安時代後期の装飾経の中でも群を抜く出来栄えであり、また、著名な人々が結縁していることが知られていて、我が国の文化史上、極めて貴重である。（平安時代）

二、宋版一切経　六千百二帖

附　経箱　六百四合

慶元四年銘（言箱）

京都府京都市・宗教法人醍醐寺

本一切経は、重源が建久六年（一一九五）に寄進し、もと上醍醐の経蔵に収められた（『醍醐寺新要録』）。『南無阿弥陀仏作善集』には「唐本一切経一部」を奉納した記事がみえ、『醍醐寺座主次第』には建久九年に一切経供養を行った記事が確認できる。

第一函「天」から第六十函「奈」までの大般若経が開元寺版で、第六十一函「菜」以降はすべて東禅寺版であり、共に福州で開版されたものである。東禅寺版は元豊二年（一〇七九）の刊記を上限として、淳熙二年（一一七五）を最下限としている。開元寺版は、北宋末の政和二年から南宋の紹興二十一年（一一五一）に至る四十年間で開版された。北宋の能書家蘇軾が書写したものをそのままに印刻した写刻本『楞伽阿跋多羅宝経』四帖の如く、その筆者を明らかにするものもある。

附の経箱は赤漆塗印籠箱で、言箱の内側には慶元四年（一一九八）銘があり、醍醐寺本は建久六年にすべてが施入されたのではなく、数次にわたって揃えられたことが知られる。

このように、醍醐寺伝来になる宋版一切経は、大般若経は開元寺版、他は東禅寺版という南宋版経の整然たる姿を留める代表的遺品であり、かつ最も多くの員数を有する点など、宋版一切経史上貴重な存在であり、日宋交流史、仏教受容史、印刷史上のみならず国語学上にも学術的価値の高いものである。（南宋時代）

重要文化財

一、万葉集（紀州本）　二十帖

愛知県名古屋市・公益財団法人後藤報恩会

（昭和美術館保管）

縦　二二・六糎　横　一四・八糎

『万葉集』は、持統朝から奈良時代にかけて成立した日本最古の和歌集で二十巻からなる。『万葉集』の原本はなく、最古写本は平安時代書写になる桂宮家旧蔵本巻第四の零巻（御物）である。『万葉集』の諸本は、訓の付された時代によって、古点本、次点本、新点本に分類される。この分類は、一三歳で『万葉集』の研究を志し、『万葉集注釈』を著した仙覚（一二〇三～？）によるものである。仙覚は諸本を校合し、それまで読めていなかった無点歌に新たに訓を付した。仙覚による校訂本は「仙覚本」として研究上価値が高く広く流布した。

後藤報恩会所蔵の『万葉集』は一巻一帖の二十帖からなり、巻第一から巻第十が鎌倉時代書写になる次点本で、巻第十一から巻第二十が室町時代の書写になる「仙覚本」である。朱墨の片仮名訓点が付され、その書様はそれぞれ本文と同時代と判断される。

本書は、旧所有者（神田淡崖）の名に因み「神田本」

として昭和九年に重要美術品に認定されたが、紀州徳川家に伝来した経緯から現在は「紀州本」と通称されている。

本書は、鎌倉時代の書写になる古・次点本十巻と室町時代書写になる新点本十巻の二十巻揃の万葉集として、また新点を付した仙覚の校訂作業が反映された書写本として訓点研究上に重要であり、『万葉集』研究上欠くことのできない貴重な伝本である。（鎌倉時代　自巻第一至巻第十、室町時代　自巻第十一至巻第二十）

二、密要鈔　　　六百四点
京都府京都市・宗教法人仁和寺

仁和寺は宇多天皇により、その父光孝天皇の御願寺かつ菩提寺として創建された。弘法大師の法流を相承した宇多天皇は「御室」を営み、その法流が「御流」である。皇室の護持僧として加持に努め、仁和寺は皇室ゆかりの密教寺院として発展した。

「密要鈔」は御経蔵中の白眉というべきもので、九箱からなり、守覚（北院御室、一一五〇～一二〇二）の制作になる密教事相聖教を収めたものである。守覚は、後白河天皇第二皇子で、仁和寺覚性について出家した。野沢両流を究め、治承二年の建礼門院御産に孔雀経法を修するなど重要な修法を担当し、御流の中興と尊称された。

「密要鈔」は密教事相を㈠灌頂、㈡四度、㈢諸尊法、㈣印真言、㈤修法に区分し、それを体系的に配列し網羅するという精緻で周到な類聚である。とくに、要となる聖教には守覚の「愚」作なることを示す識語が銘記され、「密要鈔」全体が一貫して統一された方針で整序されたことが、聖教の装訂や外題からも窺える。現存する「密要鈔」の全貌と大系は『密要鈔目録』により明らかに捉えられ、大半が当初のまま現存している。

「密要鈔」は、守覚が体系的に編纂、構築した事相書・作法書・記録類のまとまりで、御流の根本となる聖教群であり、御室以外に相承されることのない御流最極秘の聖教として極めて貴重なものである。（平安時代～江戸時代）

三、高麗版一切経　　　三巻、二帖、千十六冊
附　大般若経　和版三百十八帖 写本六帖　三百二十四帖
長崎県対馬市・宗教法人多久頭魂神社

高麗版一切経のうち、十一世紀に雕造されたものを初雕本という。しかし、初雕本は高宗十九年（一二三二）のモンゴル軍進入時に版木が焼かれてしまった。こうした状況のもと、モンゴル軍調伏のため高宗二十三年に一切経再雕造が発願され、同三十八年に完成した。これを再雕本といい総巻数は一四九八部六五五九巻である。この版木は江華島にある大蔵経板堂にあったが、朝鮮時代初期に海印寺（慶尚南道）に移されて現存している。

本経を伝える多久頭魂神社は、対馬独特の信仰として知られる天道信仰の拠点であるとともに、対馬六観音の一つでもある。

冊子装のものは装丁や料紙が共通しているので、当初からの一具であったと考えられ、各冊は縦約四〇糎、横約三二糎という大きさである。ほぼ全ての巻に「丁酉歳高麗國大蔵都監奉／勅雕（彫）造」、「癸卯歳高麗國分司大蔵都監奉／勅雕（彫）造」といった高麗時代の刊記が摺り出されている。

本経は、おそらく宗氏当主が十五世紀に朝鮮から将来した一切経と考えられる。我が国に伝来した数少ない高麗版再雕本一切経のなかでも、当初からの一具の一切経がまとまった冊数あり、朝鮮との通交の窓口であった対馬の地に長く伝来してきた点においても価値がある。また、本一切経を補うものとして、共に伝来した宗貞盛、成職の署判がある和版大般若経も貴重である。以上により、本経は、仏教史、日朝交流史研究上、極めて高い価値を有する。（朝鮮時代）

〔古文書の部〕

国宝

一、平城宮跡出土木簡　　　三千百八十四点
独立行政法人国立文化財機構
（奈良文化財研究所保管）

平城宮跡出土木簡は、「地下の正倉院」といわれる平城宮跡から出土した木簡のまとまりである。六国史などに伝えられていない奈良時代の社会、経済などを詳細に知りうる貴重な古代史料群であり、木簡は同時代史料、日常的な史料、地方史料が多いという史料的特質をもつ。

木簡は次の四つに大別される。①文書には、役所と役人との間での往復文書木簡や物品の請求・支給時の帳簿のような記録木簡（穴をあけて紐で綴じる形態）などがある。②荷札・付札には、諸国から平城宮に送られた貢進物に付けられた荷札や保管官司で物品を保管・管理しておく時に付けられた付札などがある。③習書・落書には『論語』、『文選』などの漢籍や「難波津に」の万葉仮名などが漢字・漢文の習得を目的として書写されている。④木簡の表面を削った削屑は情報量は少ないものの、その絶対量は多い。

「関々司前解」で始まる著名な過所木簡は、官人や百姓等が国を越えて移動する場合の通行証明書である。この木簡は左京小治町の阿伎勝「伊刀古麻呂」と「大宅

女」の二人が、近江国蒲生郡阿伎里にいた同族の元から左京に帰る時に使われた過所である。長さ六五・六糎、と大型であり、片側が割り裂いたままであることから、同文を左右に併記し、縦に割って二片とした一方の割符であったと推定される。

　木簡は文書主義の律令国家の構造や実態を解明する上で重要な同時代史料であり、下級官人らの実態を反映している日常的な史料として貴重である。また、平城宮内における大膳職や内膳司などの官司の位置や、諸官司運営の様相などが判明し、平城宮像の解明につながる史料として極めて学術的価値が高いものである。（奈良時代）

重要文化財

一、賀茂御祖神社絵図　一幅

独立行政法人国立文化財機構
（京都国立博物館保管）

縦　二二三・七糎　横　二〇三・七糎　紙数　三一紙

　賀茂御祖神社は、平安遷都以前から当地に住んだ賀茂氏の氏神で、平安時代には朝廷より伊勢神宮に次ぐ尊崇をうけた。神社の所在地は鴨川と高野川の合流する三角洲北側にあたり、鴨川上流の賀茂別雷神社（上賀茂神社）に対して下鴨神社と通称される。

　本絵図は、平成二十六年度から二十七年度にかけて保存修理が実施される以前は、折り畳んで保管され、上下には棒を通すための乳が付けられており、持ち運んで吊れるようになっていた。

　絵図には、神社境内のほぼ全域が収められている。絵図は北を上にして、上部には、東西に並ぶ東本殿、西本殿をはじめ、楼門、三井社、斎院御所等の多くの建物が描かれる。絵図中央辺りから下部にかけて、鳥居から南へ続く道に挟まれて神宮寺、河合社が描かれる。絵図中の「顚倒」した建物にはその旨を注記し、さらに新たな造進計画を後筆で描き込んでおり、計画図としての性格を加えられたと考えられる。また、左右に縦長の料紙を貼り継いで墨だけで描かれた部分は、後補である。

　本絵図は、中世の社寺境内図の中でも、画面の大きさ、描写の詳細さにおいて特筆すべきものがあり、日本中世史学、建築史学研究上、価値が高い。（室町時代）

二、中院一品記　自筆本十一巻　古写本二巻　十三巻
附 目録　四通

東京都文京区・国立大学法人東京大学
（東京大学史料編纂所保管）

　『中院一品記』は、南北朝時代の公家・中院通冬（一三一五〜一三六三）が記した日記で、その名称は通冬の極官が従一位であったことによる。本記は通冬による自筆本一一巻と、自筆本を補う古写本二巻の計一三巻からなる。

　中院家は大臣家の一つで、通冬は第六代当主である。現存する記事は、通冬の壮年期にあたる建武三年（一三三六）から貞和五年（一三四九）に至る一四年間であるが、途中数年の記事を欠く。

　本記の体裁は巻子装、料紙には具注暦は用いず、一条経通・洞院公賢等当代を代表する公卿等の自筆書状などを翻して用いる。

　日記の書様は日次記ではなく、必要な事柄を記し、それを年または季節ごとに貼り継ぐ。光厳上皇院宣など多くの文書が貼り継がれ、直接関係する文書は端書に年月日を記し、そのまま本文に組み込む。また別記として整えた巻もあり、個人の備忘や感想を記すほか、家職の詳細を故実として子孫に残す家記の特徴をも示しており、中世公家の日記のあり様を示している。

　古写本二巻は改元記の別記で、室町時代の書写になる。附の目録は江戸時代前期の成立で『中院一品記』の伝来の状況を示す。

　『中院一品記』は、南北朝時代の公武社会の動向をうかがうことができる極めて重要な記録であり、公家日記のあり様を示す貴重な史料である。（南北朝時代）

三、妙法院文書（七百二十九通）四十二巻、二十一冊、
二帖、十四幅、四百三十一通、二十七枚、
二双、一包

京都府京都市・宗教法人妙法院

　本文書は、天台宗門跡寺院・妙法院に伝来した文書群である。

　豊臣秀吉は大仏殿建立に伴い、文禄四年（一五九五）九月から毎月千僧供養を行った。秀吉は会場となった経堂に妙法院を移させて、そこを妙法院本坊とし、さらに蓮華王院を方広寺境内に取り込んだ。元和元年（一六一五）には徳川家康が妙法院門跡を方広寺住持としたので、妙法院は蓮華王院、方広寺等をあわせて管理することとなった。

　本文書は、妙法院の管理台帳を基に分類されている。乙「御宸翰」には江戸時代の宸翰が多く、後陽成天皇から光格天皇まで一三三通を数える。門跡の堯恕は霊元天皇の同母兄、真仁は光格天皇の兄にあたり親しい関係であった。己「古文書」には平安時代から江戸時代までの四〇二通がある。平安時代の正文では、永暦二年（一一六一）の向津奥庄領掌について長門国在庁官人に命じた後白河院庁下文がある。小田原攻めの最中に書かれた豊

臣秀吉書状は、差出人を「てんか（天下）」と書いて生母「大まんところ（政所）」に充てた自筆と考えられる。「小たわら（小田原）の事はくわんとう（関東）ひのもと（日本）までのおきめ（置目）にて候まゝ」の文言があり、天下統一を目前にした秀吉の心情がよく示されている。

本文書は、天皇家と関係の深い門跡寺院文書としての特徴をよく示し、歴史学、古文書学研究上、極めて価値が高い。（平安時代～江戸時代）

四、勧修寺文書（九百三十五通）

八十六巻、二十四冊、百二十九通、三綴

京都府京都市・宗教法人勧修寺

（寸法等省略）

本文書は、真言宗寺院である勧修寺の大経蔵に伝来する文書群のまとまりである。勧修寺は寛胤が入寺して長吏に補せられて以降、法親王相承になる門跡寺院として発展したものの、南北朝の内乱と文明二年（一四七〇）の兵火で焼失して一時衰退するが、元禄八年（一六九五）済深が東大寺大仏殿再建に尽力したことにより加増され、明治維新に至った。江戸時代中期には慈尊院澗海による文書・聖教の分類・整理が行われ、文書の多くは成巻された。

平安時代院政期には、保元三年（一一五八）勧修寺田畠荒野国検注坪付案等によれば、寺領は「小野郷」等を中心に構成され、寺辺及び諸国末寺庄園への恒例・臨時の国役が免除されていることがわかる。鎌倉時代には、十月二日付大江広元書状があり、本文中には滅罪、除病、延命などを目的とする勧修寺流の秘襲とされた尊勝法がみえ、源実朝の平癒を祈願して修された可能性が高い。建武三年九月十七日付光厳上皇院宣案は、同年六月十四日に足利尊氏が光厳上皇を奉じて入京し、八月十五日には尊氏の奏請により光明天皇が践祚して、光厳院政が始まったことを受けた代替わりの安堵の院宣として機能したものと思われる。

勧修寺文書は、庄園体制下における経済・社会などを研究する上に重要な史料である。（鎌倉時代～江戸時代）

（文化庁文化財部美術学芸課　藤田　励夫）

〔歴史資料の部〕

一、陸奥国仙台領元禄国絵図関係資料

一、国絵図　四点

一、絵図類　四十九点

一、文書・記録類　二百十二点

附 文書箱　五合

宮城県（宮城県図書館保管）

元禄十年（一六九七）に開始され同十五年に終了した元禄国絵図事業において、幕府は各藩に対し正保国絵図との相違点を明らかにさせ各領域の実態把握を進めるとともに、特に各国郡境筋の明確化と一国内の往還筋の距離計測の基準の統一を要求し、統一の仕様にて各国絵図を徴収し最終的に日本図の作成を企図した。

本件は、この元禄国絵図事業において、仙台藩にて作成、授受された絵図類及び文書・記録類からなり、同藩に一括して伝来した。

国絵図は元禄十二年提出図三鋪及び同十四年改訂図一鋪の四鋪を数える。陸奥国は絵図元七藩にて分割作成され幕府に献上されたため、本国絵図の描写範囲は仙台領に限られるが、各図ともに一里六寸（約二一、六〇〇分の一）の縮尺にて描かれ、南北方向約八・五メートル、東西方向五メートル強と全国絵図中最大の法量を測る。改訂図は、国郡境の明確化を意図した幕府の要請により再提出したものの藩扣図で、当該期の仙台領の地物、地名を知るうえにおいて基礎資料であるとともに、元禄国絵図成立の経緯をうかがうことができる点も注目される。

絵図類は、仙台藩もしくは隣藩が作成した「御本之小絵図」三点、「際絵図」二〇点、「（陸）・海際絵図」二点、「際絵図之切形絵図」一三点、道程絵図二点の計四〇点と、藩内郡司等が作成した「御郡司扱切之絵図」八点、郡境取替絵図一点の計九点の都合四九点が伝存し、国絵図作成経過の具体を示すものである。

文書・記録類は、元禄十五年二月から八月にかけて行われた、陸奥国道程書上献上に関係し仙台藩にて作成、授受された資料群が大半を占め、ほかに国絵図とあわせ幕府に献上された郷帳、変地帳の扣、本国絵図事業の経緯を記録した御国絵図記録等がある。

本資料群は元禄国絵図事業に関係する絵図類と文書・記録類が質量ともにまとまって残る稀有な事例として、元禄国絵図ひいては国絵図研究上に重要であり、絵図史、政治史等研究上に学術価値が高い。（江戸時代）

二、明国劄付　前田玄以宛　一幅

万暦二十三年二月四日

国立大学法人東京大学（東京大学史料編纂所保管）

縦　一〇〇・九糎　横　八五・四糎　紙数　一紙

劄付とは檔案（中国王朝における公文書）の一形式で、国内での官僚・武官の任命書として発給、使用された。本劄付は、万暦二十三年（文禄四年（一五九五））二月四日付で明国の兵部が、豊臣秀吉に仕えた奉行衆の一人前田玄以を武官官職の都督僉事に任命した文書である。文禄の役（一五九二～一五九三）後における日明間の和平交渉のなかで、秀吉が日本国王に冊封された際に、旗下の朝鮮在陣、国内在国の諸将、諸大名、豊臣政権を支える老衆、奉行衆などを、明国武官の官職に任命したうちの一通にあたる。

　本文は、箚付発給の過程と目的を明記する。すなわち、秀吉が降伏のうえ冊封を申請してきたのでこれを許して日本国王に封じた、すでに国王秀吉が恭順したので配下である小西行長以下も明国の臣下である、これらを永く明国に臣属させるために豊臣（前田）玄以を都督僉事に任命する、よって国王秀吉を輔導し、和平を維持し、朝鮮国や沿海部への再侵略を止めるよう努力せよ、というものである。

　箚付は、竹紙を料紙とし、四周の装飾枠及び左上の「箚付」二文字を木板で藍色に摺り出す。本文は、楷書を用い、「聖諭」、「天朝」等、明国及び明国皇帝に関わる字句は二字抬頭及び一字闕字して敬意をあらわす。本文中及び宛所の「豊臣玄以」の四文字は本文とは異筆とみられ、かつ正字体「豊」を用いないこと、偽造・改ざん防止のための印章が捺されないことなどから、本箚付は日明の和平交渉の過程で比較的短時日で発給され、発給後に受給者名を加筆した「空名箚付」というべきものであると考えられる。

　原形状は、本紙に残される折り畳み跡から縦に折本状に二折りされたのち、天地中央部で横に一折りされたものと推定される。

　我が国における箚付原本は本件を含め三通が現存するのみで、中国においても明代の箚付は決して多く残されてはいない。このなかで、本箚付は、当該期の東アジア諸国に多大な影響を及ぼした文禄・慶長の役の経緯に直接関係する類例稀有な外交文書といえ、古文書学、東アジア外交史研究上に重要である。（明時代）

三、大日本史編纂記録　　二百四十八冊

　　国立大学法人京都大学（京都大学総合博物館保管）

　『大日本史』は、水戸藩主徳川光圀（一六二八～一七〇〇）の命により、水戸徳川家において編纂された全三九七巻からなる紀伝体の史書である。編纂に藩内外の学者が史館員として参画したこと、博捜した文献を比較対照し考証を厳密に行ったうえに出典史料を明記し多数引用したこと、儒教思想に基づき歴史上の人物の正閏是非を問う意識をもった叙述がなされたことなどに特色がある。編纂は明暦三年（一六五七）から明治三十九年（一九〇六）に至る長期に及んだが、主たる活動期は、紀伝編纂にあたった前期（明暦三年～元文二年（一七三七））と、紀伝の校正、翻刻と志表編纂にあたった後期（天明六年（一七八六）～明治三十九年）に分けられる。

　本件は、大日本史編纂事業にかかり、江戸・水戸の史館（彰考館）を中心に書写された記録類で、内容及び伝来経過から（ア）「往復書案」一九三冊、（イ）「往復書案（写）」四三冊、（ウ）「雑事記類」（含目録）一二冊に大別される。これらはいずれも袋綴装四ツ目綴冊子で江戸時代後期の薄茶表紙が付され、（ア）・（イ）は一様に「往復書案」、（ウ）は内容に即した外題が書される。編纂後期の最初期に、当時虫喰・損傷が顕著であった編纂前期の「御用書」等について、解体のうえ裏打や表紙（前記薄茶表紙）新補等の修理、各丁の整序や破損部分の写本作成などの整理作業を施したものと推測される（『翠軒先生遺事』）。その際に、旧来本（ア）、新写本（イ）ともに「往復書案」という題が与えられた。

　（ア）は編纂前期に江戸史館、水戸史館、光圀が隠棲した西山（常陸太田市）、さらには文献収集のために派遣された京都など各地に所在し編纂実務を担当した史館総裁・史館員間の書状案（下書）、（イ）は光圀時代の議論を編纂の参考にするために（ア）や史館保管の書状類原本を底本とし編纂後期の最初期に書写された記録、（ウ）は編纂にかかる日記類や特定の事柄に関する記録で、享和二年（一八〇二）頃成立の「往復書案目録」は本件の伝来を考えるうえで重要である。

　本記録は、同時代、後代の学問・思想に大きな影響を与えた、我が国最大の史書である『大日本史』につき、紀伝編纂期間である延宝年間（一六七三～八一）から元文年間（一七三六～四一）を中心にその編纂過程を具体的に跡付けるもので、江戸時代の学問、思想を研究するうえで高い学術価値を有する。（江戸時代）

四、犬追物関係資料（島津家伝来）

　一、典籍・文書類　　六百十点

　一、装束・弓馬具類　　四十四点

　一、写真ガラス原板　　十一点

　　株式会社島津興業（尚古集成館保管）

　犬追物は、走る犬を馬上から蟇目の矢で射て射技の優劣を競う武芸で、笠懸・鏑流馬と並んで騎射三物と称され、鎌倉時代以降武士社会に広く流行した。安土桃山時代以降、戦術の変化に伴って犬追物は廃れ、江戸時代には小笠原家と島津家などごく限られた家が伝承するのみとなった。なお、騎射には犬射蟇目という先端が丸くなった鏑矢が用いられ、犬を過度に傷つけないよう配慮がなされた。

　本資料は、島津家に伝来した典籍、文書・記録、絵画などからなる典籍・文書類、装束、弓具、馬具などからなる装束・弓馬具類及び写真ガラス原板から構成される。

典籍・文書類では、島津家の弓馬故実師範川上義久（一四三八〜一五一二）の自筆本で、寛正四年（一四六三）十月廿八日の書写奥書を持つ「右大将頼朝之御時之犬追物次第」があり、室町時代中期以降に島津家において犬追物に係る故実の整備が進展したことがわかる。「鎌倉流犬追物幷弓馬記録入壱番箱之入付帳」（元禄十三年（一七〇〇）作成）は江戸時代中期に島津家や川上家を始めとする家臣家伝来の資料が薩摩藩記録所で管理されていたことを明らかにし、本資料が島津家に伝来した過程を窺わせる。絵画では江戸時代前期の成立とみられる「〔桜田御屋敷射手立〕」・「〔王子原射手立〕」・「〔犬追場之図絵〕」の三幅、狩野芳崖（一八二八〜八八）筆「〔犬追物図〕」がある。

装束・弓馬具類では射手の装束、重藤の弓一張、犬射蟇目三組などがある。

写真ガラス原板はすべてコロジオン湿板で、双眼写真機で二コマ連続撮影したものを含み、犬追物の写真として稀有なものである。

本資料は、わが国において犬追物張行の実際や故実の形成・展開を知るうえで、質量ともに最も豊富であり、かつ中断をはさみながらも大名家において犬追物が実践され続けてきた経緯を反映した資料群として類例がない。故実を伝承してきた家に伝来する点も貴重である。典籍、文書・記録、絵画などの史資料にとどまらず、来歴が明確な装束類・弓馬具類、写真を伴い、武芸である犬追物に係る一括資料として学術的な価値が高い。（室町時代〜明治時代）

（文化庁文化財部美術学芸課　平出真宣）

◇学生会員制度が導入されています

『古文書研究』七十二号からお知らせしている通り、二〇一二年度から学生会員制度を導入しています。この制度の骨子は、次の通りです。

1　二〇一二年四月から「学生会員」の募集を始める。

2　「学生会員」の会費は年額四千円とし、年度ごとに更新するものとする。なお、新年度の四月一日〜五月三十一日の間に学生証等のコピーを添えて申し出て下さい。

3　「学生会員」になれるのは、次の各項のどれかに該当する方とする。

①　満年齢が二二歳以下の方。

②　大学、大学院、短期大学等に在籍している学生、生徒、大学院生。

③　①、②に準じる方で、理事会が適当と認めた方。

4　右の資格を満たしていれば、すでに会員になっている方が、「学生会員」に変更することもできる。

若い方々を、比較的安い会費で、会に迎え入れようという制度です。なお、手続きなどの詳細は、日本古文書学会事務局宛に電子メール、郵便等でお尋ね下さい。

◇本会のホームページをご活用ください

日本古文書学会のホームページが公開されています。大会や研究会の案内などについては、決まり次第更新しますので、どうぞご活用ください。

（http://komonjo.net）

◇編集委員会事務局が移転します

二〇一八年度より、編集委員会事務局が移転します。二〇一八年四月以降のご投稿や編集委員会へのご連絡・お問い合わせは、左記までお願いいたします。

〒一一三―〇〇三三
東京都文京区本郷七―三―一
東京大学文学部日本史学研究室　高橋典幸気付
日本古文書学会編集委員会事務局

◇第五十一回日本古文書学会大会について

日本古文書学会では、二〇一八年度（第五十一回）日本古文書学会大会を次の通り開催する予定です。

1　日時　二〇一八年九月八日（土）・九日（日）・十日（月）

2　会場　京都市内

大会の詳細につきましては、決まり次第、学会HPなどでご連絡いたします。

なお、例年より早く大会研究発表の募集を締め切る予定ですので、研究発表希望の方はご注意下さい。

機関誌の原稿を募集しています

機関誌『古文書研究』（年2回刊）の原稿を、次の要領で募集しています。

(a) 古代から近現代にいたる日本関係の「史料」（古文書に限りません）に関する**論文・研究ノート・史料紹介**をご投稿ください。

(b) 原稿枚数は、論文・史料紹介は四〇〇字詰め**七〇枚**以内、研究ノートは同**五〇枚**以内を厳守してください。写真や図表を載せる場合は、版面に占めるスペースを考慮して文字数を減らしてください。

(c) 写真や図表などの**掲載許可**は、投稿者の責任で許可をお取りください。

(d) 原稿は和文縦書きの**完全原稿**の形でご投稿ください。ただし写真については、ネガまたは紙焼が間に合わない場合は、コピーでも結構です。

(e) 投稿原稿の要旨を一二〇〇字以内にまとめて原稿と共にお送りください。

(f) **打ち出し原稿**は、A4用紙に本文・注とも同じポイント、四〇字×三〇行で印字し、ページ番号を付してください。ワープロ原稿は、ワード・一太郎・テキストファイルのいずれかの形式で作成し、掲載決定後に電子データを提出していただきます。手書き原稿の場合は、四百字詰縦書原稿用紙を使用してください。

(g) 投稿の際は、**正本一部のほかに副本**（**コピー**）**二部**をお送りください。また別紙にて氏名・住所・電話番号・連絡先メールアドレスをお知らせください。掲載の可否にかかわらず原稿の返却は致しませんので、媒体など必ず**コピーをお手元にお留め**下さい。

(h) 投稿原稿の採否については、レフリーのための編集会議において決定の上、なるべく早くご連絡します。

(i) 投稿資格は**投稿の時点で本会会員であること**とします。

(j) 掲載分については、抜刷を三〇部献呈します。

(k) 本誌掲載原稿の転載は原則として二年間は控えていただきます。転載や公開にあたっては、編集委員会の許可を得て本誌掲載の旨を明らかにしてください。

〇原稿の送り先

〒二〇二―八五八五
東京都西東京市新町一―一―二〇
武蔵野大学文学部漆原研究室内
日本古文書学会編集委員会事務局

＊ただし、右記編集委員会事務局は、二〇一八年三月までの任期です。それ以降は、東京大学（〒一一三―〇〇三三　東京都文京区本郷七―三―一　東京大学文学部日本史学研究室気付　高橋典幸）に移転されることになっておりますので、ご注意下さい。

京都国立博物館所蔵 伏見天皇宸翰消息

羽田　聡

巻頭に掲出した〈図版1〉は、京都国立博物館が所蔵する消息断簡であり、釈文をしめすと以下のようになる（以下、史料翻刻における「／」は改行をしめす）。

永仁二年二月御記／可引見事候と存候、／院号事、為引見候也、／抑此間連夜柳原辺／放火事候ける、返々驚入候、／忩可被仰使庁候、此辺／博奕繁昌之由聞候、能々（後欠）

差出人が誰であるかを考えるためには、まず消息の全体像を示さなくてはならない。この一通は巻子の一部で、裏面には法華経の巻第三が書写された、いわゆる「消息経」である。経文は、銀界をほどこした全二十一紙に金字で書写され、首題に「妙法蓮華経薬草喩品第五　三」とあるが、尾題はない。消息経とは、供養などのため、消息や和歌懐紙を継いで巻子とし、紙背に経典を書写、あるいは摺写したものをいう。こうした行為の淵源をたずねると、『吾妻鏡』正嘉二〈一二五八〉年二月十九日条に、北条経時の十三回忌にあたり、彼の消息を漉き返した料紙で法華経を書写したことにつづけ、つぎのように記されているのが参考となる。

清和天皇崩御之後、東御息所御恋慕悲嘆之余、漉朝夕所被進之数百合　勅書、被書写若干大小乗経、橘贈納言広相草御願文、載同心契変蓮花偈・匪石詞入鍐字門云句云々、薄墨色紙経始例於此時、古今雖事異、其志已相同乎、

すなわち、清和天皇〈八五〇～八〇〉の女御であった藤原多美子が天皇崩御ののち、生前に送られた消息を集め、それを漉き返して経典を書写させたことにはじまるといい、同様の逸話は『三代実録』や『今鏡』にも収録する。このような追善を目的とした消息経が相当数作成されたことは、たとえば『本朝文集』に載せる願文をはじめ、史料のうえから確認できる。しかし、現存する遺品は切断されていたり、相剝ぎされていたりするケースが多く、表裏が完存するものは多くないため、当初の「すがた」を知りうる貴重な一巻である。

二十一紙の紙背には前欠九通、後欠九通、前後欠一通が含まれており、前欠の消息には〈図版2〉のように、すべて花押が据えられている。その形状は、「伏見院御文類」（宮内庁書陵部蔵）におさめる年未詳九月十日付の伏見天皇宸翰消息とほぼ同じで、ほかの花押も「三朝宸翰」（国宝、前田育徳会蔵）や「白氏詩巻」（国宝、東京国立博物館蔵）の紙背紙継ぎ目にみえる伏見天皇〈一二六五～一三一七〉のそれと同様である。ゆえに、前欠の分はすべてが伏見天皇の宸翰消息であり、残りの分に関しても、異なる人物の消息を取りまぜて経典を書写するとは考えにくく、また筆跡も同一とみられる点より、同天皇のものとなる。

つぎに、消息の年代比定を行うと、冒頭に「永仁二年二月御記」とあるから、少なくとも永仁二年〈一二九六〉以降である。ここで伏見天皇のいう御記とは、父にあたる後深草天皇〈一二四三～一三〇四〉の日記をさすと考えられる。みずからの落飾を記した『正応御落飾記』によれば、後深草天皇は正嘉二年〈一二五八〉から出家する正応三年〈一二九〇〉まで三十三年のあいだ、百余巻におよぶ日記をつけ、さらに、その後の記録も存在することが知られているものの、当該年月の分は残っていない。しかし、伏見天皇が先例を引見するよう指示した院号とは、『実躬卿記』や『勘仲記』の永仁二年二月七日条を参照すると、後深草天皇と玄輝門院とのあいだに生まれた久子内親王の女院号宣下をさすのは明らかであろう。

この点をもとに絞りこんでゆくと、永仁二年以降、最下限となる伏見天皇の崩御までに女院号を贈られたのは、亀山天皇の皇女である憙子内親王ほか十二名をかぞえる。伏見天皇が久子内親王の先例を勘進させようとしたのは、自身の縁者、より直接的には皇女であったからと思われ、徳治二年〈一三〇七〉六月の誉子内親王、延慶二年〈一三〇九〉六月の璹子内親王、正和四年〈一三一五〉二月の延子内親王がそれに該当し、いずれの場合も退位後、上皇あるいは法皇として指示したものとなる。消息では放火や博奕にも話題が及ぶが、残念ながら決定打を欠く。あえて推測するなら、徳治二年は両統迭立の当時にあって大覚寺統の後二条天皇の治世なので、誉子内

	巻第一	巻第二	巻第三	巻第四	巻第五
縦	28.2	28.5	28.4	28.4	28.3
界線	界高 21.6 界幅 2.0	界高 21.3 界幅 1.9	界高 21.5 界幅 1.9	界高 21.4 界幅 1.9	界高 21.5 界幅 1.9
見返し	22.0	19.9	20.4	19.5	23.9
第 1 紙	47.2	49.0	48.5 墨映一―4	48.6	48.6 相剝ぎ
第 2 紙	47.2	37.6	43.4	43.4	46.9 相剝ぎ
第 3 紙	47.1 墨映	47.1	47.2	47.0 墨映	46.8 相剝ぎ
第 4 紙	47.3 墨映三―1	47.1	48.9	49.2 墨映四―24	48.6 相剝ぎ 墨痕
第 5 紙	49.1	47.4 墨映一―19	43.3	49.2 墨映	49.0 相剝ぎ
第 6 紙	38.1	49.1 墨映二―12	7.4	30.2	41.3 相剝ぎ
第 7 紙	49.3	27.4	46.9 墨映	17.0	48.9 相剝ぎ
第 8 紙	49.1 墨映	30.4	47.4	49.3 墨映一―17	49.2 相剝ぎ
第 9 紙	37.7	49.2	48.9	49.2	43.4 相剝ぎ
第 10 紙	37.8	49.3	45.6	11.5	3.7 相剝ぎ
第 11 紙	49.2 墨映	34.1 墨映二―6	45.4 墨映二―1	34.1	48.7 相剝ぎ
第 12 紙	49.4	11.4	49.0	49.3 墨映	49.1 相剝ぎ 墨痕
第 13 紙	47.6 墨映	49.1	5.5	45.3 墨映三―19	39.6 相剝ぎ
第 14 紙	31.0	49.2 墨映	47.2	47.2 墨映	7.6 相剝ぎ
第 15 紙	7.5	49.2	46.9	49.3 墨映四―9	48.8 相剝ぎ
第 16 紙	34.3 墨映三―20	2.0	49.0 墨映	30.1 墨映	48.9 相剝ぎ 墨痕
第 17 紙	47.5	41.6	49.2	17.0 墨映	35.7 相剝ぎ
第 18 紙	49.2 墨映一―21	49.2 墨映	1.9	49.1 墨映	7.4 相剝ぎ
第 19 紙	35.8	49.3	47.3 墨映四―13	49.2	48.8 相剝ぎ
第 20 紙	47.5	24.4	49.1 墨映一―16	11.2 墨映	48.7 相剝ぎ
第 21 紙	49.1 墨映一―18	21.0 墨映	47.8	33.9 墨映	36.0 相剝ぎ
第 22 紙	48.4	49.2		49.1 墨映	11.2 相剝ぎ
第 23 紙		49.3 墨映		41.4 墨映二―6	48.6 相剝ぎ
第 24 紙		45.2 墨映三―5		49.0	48.6 相剝ぎ
第 25 紙		47.2 墨映			26.3 相剝ぎ
第 26 紙		49.3			48.6 相剝ぎ 墨痕
第 27 紙		46.7 相剝ぎ			
第 28 紙		31.5 相剝ぎ			
全長	946.4	1132.5	865.8	949.8	1029.0

親王の可能性は低いということぐらいだろうか。

では、解決の糸口を模索するため、視野をさらに広げ、今回、取りあげた一通を含む法華経と本来、一具をなしていた僚巻について触れておきたい。管見の限りで、巻第三のほか、巻第一・二・四・五の存在を確認しており、それぞれの概略をしめすと以下のようになる。なお、調査結果にもとづく各巻の詳細な法量（単位はcm）などは、上掲の表の通りである。

●巻第一（個人蔵）

全二十二紙、紙本金字、銀界。首題「妙法蓮華経序品第一」、尾題「妙法蓮華経巻第一」。紙背には完存二通、前欠十一通（うち、花押なし一通）、後欠七通、前後欠一通を含む。

●巻第二（重要文化財、鳥取・大雲院蔵）

全二十八紙、紙本金字、銀界。首題「妙法蓮華経辟喩品第三　二」、尾題「妙法蓮華経巻第二」。巻末の二紙は相剝ぎされており、紙背には完存一通、前欠十一通（うち、花押なし二通）、後欠九通、前後欠二通を含む。第一紙の紙背には、青蓮院の尊朝法親王〈一五五二～九七〉が「右文詞数片、祖師青龍院慈道／二品親王真跡無疑者也、／末弟（花押）親王記之」との識語をくわえる。

●巻第四（重要文化財、鳥取・大雲院蔵）

全二十四紙、紙本金字、銀界。首題「妙法蓮華経五百弟子受記品第八　四」、尾題はなし。紙背には完存三通、前欠八通、後欠十通、前後欠二通を含む。第一紙の紙背には、巻第二と同じく、尊朝が「此消息数紙、祖師青龍院慈道二品親王真翰無疑貽者也、／遺塵（花押）記之」と識語をくわえる。

●巻第五（重要文化財、京都・妙顕寺蔵）

全二十六紙、紙本金字、銀界。首題「妙法蓮華経提婆達多品第十二　五」、尾題はなし。表裏はすべて相剝ぎされ、紙背の消息は失われているが、第四・十二・十六紙目には墨痕、巻末には墨引の跡が確認できる。巻第一から四の表紙がすべて後補であるのにたいし、この巻のみ「妙法蓮華経巻第五」という外題も完備したオリジナルのままで伝わっている。

五巻が一揃いであったことは、形態の面から首肯しうるが、「墨映」の存在から証明できる。この場合の墨映は、経典を作成するさい、裏面に経文を書写しやすくするため、消息の表面同士をあわせ、水で湿らせて打ち紙を行ったとき、互いの文字が映り込んでできたと考えられ、たとえば、巻第三の一紙目にみえる墨映は、巻第一の四紙目の本文と一致している。かように、随所に残る墨映の多くが他巻の本文と一致する点より、一具であったのは確実といえる。

各品の配分をみるに、もとは八巻本の法華経として作成されたこれらが散逸したのは、巻第二と四のみに尊朝の識語があることから、中世にまで遡りうる。その後の伝来に関して不明な点は多いが、巻第二および四は、天保十二年（一八四一）六月に作成された「因幡国東照宮社領境内堂舎等分限書上帳」（大雲院蔵）によれば、伯耆の豪商であった緒形四郎兵衛より大雲院九世・良航に寄進された経典の一つに「第二之巻第四之巻　万里小路宣房卿筆／尊朝親王奥書／慈道親王裏書」との記載を見いだせる。良航は寛政九年（一七九七）に入寺するので、これ以降、同院に施入されたのだろう。また、巻第五は天正から文禄年間（一五七三〜九六）ごろ、妙顕寺十世の日堯がまとめた「重書目録」（妙顕寺蔵）には記載がみえない。しかし、貞享元年（一六八四）から元禄六年（一六九三）まで住持をつとめた十八世の日耀による「霊宝目録」（妙顕寺蔵）には、「白紙金泥妙経第五巻　初者後伏見院直筆」とみえることから、十七世紀にはいり同寺に納められたと思われる。こうした伝来の途次で剝がされた公算の高い消息として、

①五月八日付（重要美術品、陽明文庫蔵）
②八月二十五日付（『潮音堂書蹟典籍目録　第十六号』二〇一二年五月）
③十一月二十五日付（重要美術品、個人蔵）
④月日未詳（重要文化財、京都・本禅寺蔵）

がある。

これまで話をしたついでに、表面の経文について述べておくと、さきの書上帳に「万里小路宣房卿筆」とあるが、全文一筆ではなく、すべての巻が十数名程度の寄合書きとなっている。このうち、巻頭の一紙ないしは二紙は、伏見天皇が後深草天皇の供養のため、父から賜った消息百七十一通を翻してみずから書写した「法華経」（重要文化財、京都・妙蓮寺蔵）と近似するため、伏見天皇の宸筆と考えられている。したがって、天皇が生前供養のため、近臣たちと書写した逆修経ということになる。

さて、いよいよ懸案となっている消息の年代に一つの可能性を提示する段となった。現存する五巻に含まれる消息のうち、完存および前欠のものはほぼすべて書止が「謹言」、日付と花押のある皇族あての厚礼な様式で、また、内容や閏月などから、年次を推定できるものは正和二年から五年に集中している。同二年十月、伏見天皇は落飾するので、その多くは法皇として、新院となった後伏見天皇にあてたのではないかと思われる。この点をふまえたうえ、妙蓮寺の法華経料紙に使用された後深草天皇の消息は、正安元年（一二九九）から嘉元二年（一三〇四）に限られる点を勘案するなら、かなり消極的な状況証拠ではあるが、正和四年二月のものと推測したい。

【おもな参考文献】

羽田秀典「鳥取大雲院蔵　伏見天皇宸翰に就いて」『史林』二七―一、一九四二年一月
帝国学士院編『宸翰英華　第一冊』紀元二千六百年奉祝会、一九四四年十二月
赤松俊秀『京都寺史考』法蔵館、一九七二年九月
米田雄介『歴代天皇の記録』続群書類従完成会、一九九二年五月
京都国立博物館編『宸翰―文字に込めた想い―』京都国立博物館、二〇〇五年三月
中尾堯ほか監修『図説　日蓮聖人と法華の至宝第三巻　典籍・古文書』同朋舎メディアプラン、二〇一三年五月

（京都国立博物館学芸部）

入会のご案内

入会ご希望の方は、電子メールまたは郵便にて、
左記の事務局宛にお申し込みください。

お申し込み先
〒一〇二―八一六〇
東京都千代田区富士見二―一七―一
法政大学文学部小口雅史研究室内
日本古文書学会事務局
電話〇三（三二六四）九四一〇
（E-mail:gakkai@komonjo.sakura.ne.jp）

折り返し、「入会の案内」と振替用紙を郵送いたします。
なお、年会費は、一般の方は六〇〇〇円、学生会員の方は
四〇〇〇円となっております。

＊最新の情報は、学会HP等でご確認下さい。

古文書研究　第八十四号

二〇一八（平成三十）年一月十五日発行

編集発行　日本古文書学会　代表者　村井章介
〒102-8160　東京都千代田区富士見二―一七―一
法政大学文学部小口研究室内
電話　〇三―三二六四―九四一〇㈹
振替　〇〇一一〇―一―八七一五一
E-mail:komonjo@hotmail.com

発売　勉誠出版㈱
〒101-0051　東京都千代田区神田神保町三―一〇―二
電話　〇三―五二一五―九〇二一㈹

印刷製本　株式会社三陽社

ISBN978-4-585-22411-2 C3321

according to Tokugawa, and that this links up well with the timing of the seal Ieyasu employed next, *Minamoto Ieyasu*.

Then, turning our attention to the diachronic changes in Ieyasu's letters of acknowledgement, and their identifying characteristics, we find that the nature of the feudal relationships between Ieyasu and the various daimyos, lesser figures, and powerful rear vassals as reflected in these letters does not change from the time of the Iris Festival of 1599, i.e., before the Battle of Sekigahara (9/15/1600), and the Iris Festival of 1601. But beginning with the year-end letters of 1601, the name of the sender is no longer written, and where theretofore he has signed these letters with his first name and a black-ink seal, he thenceforth switched to using a vermillion-ink seal. Some of his letters for the 1602 Iris Festival are addressed to "Lord So-and-so," written with the Chinese character *tono*, but he thereafter simply wrote the word *nari* ("it is"), changing to the use of the highest quality paper (*ōtaka danshi*), etc., thus largely approaching the format of later *go-naisho*.

In closing I note that these changes in epistolary format correlate with Ieyasu's court rank promotion early in the first lunar month of 1602, from Sr. Second to Jr. First Rank. Though it is difficult to conclude with certainty that these changes were a reflection of that promotion, it is worth noting that no such changes can be seen in the immediate aftermath of Ieyasu's victory at Sekigahara, surely the most significant political event of these years.

with this, the sum collected from each *machi* during the campaign was established. Then, by analyzing documents from Tachiuri-machi, I show how the size of each donor's contribution was decided. This analysis shows that in the initial stages of the campaign some of the parishioners who were solicited refused to contribute, but that in some cases more powerful or wealthier parishioners were solicited for supplemental donations called *morimashi* (fill-ins) to make up for the sums that had been refused.

In Part Two, I first assess the methods by which parishioners made their donations to the Lotus Sect organization, showing that while some donors remitted their contributions directly to the organization, in other instances one parishioner collected all the donations from his *machi* and remitted the entire sum to the organization.

My analysis shows that, contrary to previous characterizations of the 1576 Kyoto campaign as compulsory "tax collection-style fundraising," it was actually conducted through the autonomous actions of parishioners, and that the self-governing *machi* played an important role in both setting fundraising goals and collecting funds during the course of the campaign.

On Nanbu Nobunao's Letters in the Capping Ceremonies of His Vassals. …… by Kumagai Takatsugu

The late Warring States and Toyotomi era daimyo Nanbu Nobunao (1564–1599), head of the Sannohe branch of the Nanbu clan, issued letters granting the use of one character of his name to the sons of his clansmen and vassals on the occasion of their capping ceremonies (*genbuku*, i.e., coming-of-age). In this paper I employ an epistolary analysis to these "*genbuku* letters," as an approach to clarifying their role in the development and establishment of Nobunao's political authority.

Nobunao's *genbuku* letters emerge from his predecessor's father, Nanbu Harumasa's "name-character letters" (*myōji-jō*). Under Harumasa's regime in the 1540s and 1550s the Nanbu clan, whose base had been in Nukanobu District of Mutsu Province, unified not only the kinsmen of the Sannohe clan's hereditary retainers and branch houses, but also the independent local "houses" (*ikka*) throughout the district. This was nothing less than an evolution into a power structure that subordinated these local powers as Nanbu vassals. Harumasa's *myōji-jō* were documents that transformed those local lords into vassals and constructed a lord-vassal relationship between him and those local lords.

Nobunao created his *genbuku* letters in 1582, on the basis of Harumasa's *myōji-jō*. Unlike Harumasa's *myōji-jō*, however, the objects of Nobunao's letters were the eldest sons or younger heads of the hereditary vassal houses of Sannohe. Nobunao, who had come from a branch family, had taken over headship of the Sannohe house in a coup d'état the previous year. He therefore confronted the imperative of solidifying his power base among the Sannohe vassals (*kachū*), and did this in part by granting these young vassals the right to use the character *nao* from Nobunao's name in their own names——a signal honor in warrior society of the time. The final format of his *genbuku* letters took shape four years later, in 1586. The last of these letters were issued in 1592.

By 1592 the *genbuku* letters had achieved their purpose, and Nobunao's authority was firmly established. By that date the young generation of kinsmen approaching their capping ceremonies, i.e., the eldest sons and their lines of "kinsmen" (*shinrui*) or "members of the house" (*ikka*) who had been bestowed a character from the lord's name through the vehicle of a *genbuku* letter or *myōji-jō* from Nobunao or his son and successor Toshimasa, had adopted the "Nanbu" surname, and been absorbed into a same-surname (*dōmyō*) structure of fictive kinship. This organization subsequently was the foundation of both Naonobu's authority and that of the Nanbu "house." After 1592, however these *genbuku* letters ceased to be issued; they were, that is, a Warring-States era documentary form characteristic of the period in which Naonobu and the Nanbu house consolidated their authority as daimyos.

Research Notes

A Note on Tokugawa Ieyasu's *Chūjo* Seal: A Prehistory of Ieyasu's Letters to His Direct Retainers (*gonaisho*). …………………………………………………………………………………… by Fujii Jōji

Among the seals used by Tokugawa Ieyasu, those reading *fukutoku, mukai-muson, chūjo, Minamoto Ieyasu*, and *Jo Ieyasu* are well known. In this paper I examine letters bearing the *fukutoku* seal, and by conjecturing about the dating of letters written to acknowledge gifts received on the occasion of the Iris Festival (fifth month) and at year's end, I propose the range of dates when Ieyasu used his *chūjo* (a word from the *Analects* meaning "benevolence") seal. Having established that point I proceed to explain the way the format of Ieyasu's letters acknowledging gifts on the occasions of the Iris Festival, the Chrysanthemum Festival (ninth month), and year's end, developed.

Nakamura Kōya (*Tokugawa Ieyasu monjo no kenkyū*, 1958–1960) dates Ieyasu's first use of the *chūjo* seal to the eighth day of the second lunar month of 1598, and its final appearance to the sixteenth day of the eleventh month of 1600, while Tokugawa Yoshinobu (*Shinshū Tokugawa Ieyasu monjo no kenkyū*, 1980), argues for a first appearance in a letter of 2/20/1599, and a last use on 5/4/1601.

I have been able to examine twenty letters bearing the *fukutoku* seal acknowledging the receipt of gifts. A thorough examination leads me to agree with Tokugawa Yoshinobu's conclusion that the first appearance of the *chūjo* seal was on 2/20/1599, but that the last appearance was on a letter of 5/4/1602, i.e., one year later than the last use the original establishment of Yano Estate in the twelfth century, and point out that the status of the Fujiwara clan was under challenge in the late Kamakura period.

In Part 2, I take up the dispute over governance of Yano Estate that broke out between Fujiwara Fuyutsuna and the wife of his adoptive father, Norichika's wife over the properties inherited from Norichika. The involvement of the Tōji monk Chōkei on behalf of the widow effectively invited Go-Uda to intervene; Go-Uda then forcibly expropriated Yano Estate, forcing Norichika out.

In Part 3, I show that Chōkei was one of the attendants to Tōji's principal icon, and as such had attended Go-Uda's religious initiation rite. Even after Fuyutsugu had been ousted, Chōkei remained involved in Yano Estate as a representative of Norichika's widow, and even after Go-Uda donated the estate to Tōji, the documentation Chōkei had accumulated continued in the possession of the temple. As Go-Uda sought to secure the economic foundations of Tōji temple, Yano Estate, with which the monk Chōkei had been deeply involved, was well suited for donation to the temple.

By clarifying the reasons why Yano Estate was incorporated into Tōji's portfolio, and the process of incorporation, this analysis shows that all the properties donated to Tōji in the early fourteenth century had had some relationship to Tōji even before that. After the donation of Yano Estate, it served as an important economic foundation of the temple.

The Reception and Formation of Medieval Books on Sword Inscriptions as Seen in the Ryūzōji Exemplar of the *Meizukushi* (Catalog of [Sword] Inscriptions): The Oldest Extant Book on Swords. ……………………………………………… by Yoshihara Hiromichi

It was customary for swordsmiths in medieval Japan to inscribe their names on the tang of each sword blade they made; these inscriptions were important keys to authenticating swords. The *Chion'in Compendium of Sword Inscriptions* (*Chion'in-bon mei-zukushi*), an Important Cultural Property, transcribed in the Muromachi-era (1392–1573) has heretofore been thought to be the oldest extant manuscript book on swordsmiths' signature inscriptions in Japan. However, I have recently discovered a manuscript copied more than a half-century earlier, the *Ryūzōji Compendium of Sword Inscriptions* (*Ryūzōji-bon mei-zukushi*). The *Ryūzōji Compendium* was written on the reverse side of the draft of a petition submitted by Ryūzōji Iemasa, dated in the twelfth lunar month of 1351 (12/19/1351–1/17/1352).

In this paper after introducing the *Ryūzōji Compendium*, and offering a multifaceted account of the background of its compilation and its contents, I proceed to offer a hypothesis as to the emergence of the genre of "sword books" and their reception in medieval society, based on an analysis of the people surrounding the *Ryūzōji Compendium* and the *Utsunomiya Compendium of Sword Inscriptions*.

The *Ryūzōji Compendium* appears to have been copied on the reverse side of some letters no longer deemed useful, sometime around the twelfth month of 1351, when a member of the Ryūzōji clan borrowed a secret text while in the encampment of Ashikaga Tadafuyu, son of the first Ashikaga shogun, Takauji. The resultant manuscript, which includes a formal colophon, lists a total of approximately two-hundred-eighty swordsmiths, their signatures collected in a single volume. Moreover, comparison with the *Kanchi'in Compendium* and the *Chōkyō Compendium* shows that this medieval volume on swords has content dating back to the Kamakura period.

These enable me to show that the heretofore unidentified sword appraiser Yana Gyōbu Saemon Nyūdō was in fact a member of the late-Kamakura Utsunomiya clan of Shimotsuke Province (now Tochigi Prefecture), and further that the late-Kamakura-early Nanboku-chō (first half of the fourteenth century) Utsunomiya Mikawa Nyūdō was Utsunomiya Sadamune, also of the Shimotsuke Utsunomiya clan. I show further, by comparison with the *Ryūzōji Compendium* and the *Utsunomiya Compendium*, that the *Kanchi'in Compendium* was a compilation of many then-extant medieval texts on swords (or a copy thereof), which enables me to demonstrate that the late Kamakura period was a time when many important medieval books on swords were compiled.

Many of the Buddhist recluses who appear in these medieval sword books with the moniker "Ami" appended to their names were men serving the Ashikaga shoguns, specialists in the evaluation of both paintings and swords, who oversaw the precious objects in the shogunal collection. I also show that the Ashikaga bakufu's system of exchanging swords as gifts was managed by Buddhist recluses serving the shogun, e.g., Tamarin (Kōa) and Zen'a in the reign of the third shogun, Yoshimitsu; Jūa, Kin'a and Seia in the reigns of the fourth to sixth shoguns (Yoshimochi, Yoshikazu and Yoshinori).

On the Character of the 1576 Buddhist Fundraising Campaigns in the Capital. ····by Nagasaki Kengo

The Lotus Sect (Nichiren Sect) organization in Kyoto conducted a fundraising campaign among its adherents in the capital in 1576. In this paper I use the relevant extant sources to explicate both the process of the fundraising campaign, and its unique characteristics.

I begin with the sources from Rakanburo-machi and Kitakōji-machi, two neighborhoods in the capital, showing that donors (*hōga-sha*) were added to the campaign rolls in stages as the campaign proceeded, and that, in tandem

Abstracts

The Reconstruction of Saidaiji Temple, Bizen Province, in the Ōei Era (1492–1501): Between Documents and Origin Legends. ………………………………………………… Karikome Hitoshi

The Saidaiji temple complex of medieval Bizen Province was a sprawling complex, comprising many temples, cloisters, and monastic dormitories. Among these, Seikōji was likely the first to be established, followed by Kannon-in, Seiheiji, and other temples. Seiheiji, in particular, was a Rinzai Zen temple founded by the Akamatsu family, Constables of Bizen Province; it had a close affiliation with Kenninji in Kyoto. Under the protection of the Akamatsu, Seiheiji emerged in the fifteenth and sixteenth centuries as the most prominent temple in the Saidaiji complex.

When the complex was lost to fire at the end of the sixteenth century, Saidaiji began fundraising activities from outside the temple community, fundraising managed by Seiheiji. It was at this time that the monk Ten'on Ryūtaku, who was an intimate of Akamatsu Masanori, was asked to compose a history (*engi*) of Saidaiji. The contents of the history were designed to flatter the Akamatsu clan. The history was clearly intended to be read by Akamatsu Masanori and his retainer Urakami Norimune, which enabled Saidaiji to collect substantial donations from them. Shrine and temple histories, that is, were not intended for a multitude of unspecified readers, but were in most cases targeted at constable daimyos and other powerful figures in the region. Thus, I conclude, while shrine and temple histories are on the one hand classic narratives, they can at the same time be classified as having epistolary characteristics as well.

The Formation and Conservation of Multiple Versions of the Illustrated Histories of Saidaiji Temple, Bizen Province. ………………………………………………… Kawasaki Tsuyoshi

The Chion'in cloister in Saidaiji, Bizen Province (today's Higashi-ku, Okayama City, Okayama Prefecture) houses five illustrated temple histories (*engi emaki*) in seven scrolls, beginning with the Eishō exemplar of the early sixteenth century (this may be an early Edo-period copy), and including four others composed in the early to middle Edo period, as well as four catalogs of the histories (*engi mokuroku*) compiled in the mid- to late Edo period. By collating the information in these two sets of sources, I demonstrate the following points about the history of the formation and conservation of this collection of temple histories:

1. The Eishō exemplar, which had come down to the early Edo period was used, under the regime of Okayama domain, for fundraising appeals; but after the mid-1680s, when a duplicate "copied history" (*utsushi-engi*) was produced, the original was kept separately as the "old history" (*ko-engi*).

2. Sometime after the Kanbun era (1661–1673) a "Continued History" (*Zoku-engi*), was produced by an artist who was an Okayama samurai, and presented to the temple. Later, in the Kyōhō era (1716–1736), the abbot Un'ō added supplementary information to the *Zoku-engi* and had it remounted, as befitted its status as second only to the *Ko-engi* in solemnity. That marked an end to production of further pictorial histories of the temple.

3. The collected histories preserved in the Kannon-in were classified as *Ko-engi*, copies (*utsushi-engi*), and sequels (*zoku-engi*); the first was accorded the status of "temple treasure" (*jihō*), while the others continued to be used ——along with old documents and maps——in fundraising campaigns for temple repair projects, thus continuing to sustain both the Saidaiji cult and its management of the temple itself.

Thus, the four catalogs provide data unobtainable through analysis of the *engi emaki* alone on both the handling of the temple's *engi emaki* and on their function in the temple's history.

The Establishment of Tōji Temple's Yano Estate in Harima Province in the Late Kamakura Period: A Reconsideration of Retired Emperor Go-Uda's Reasons for Donating the Estate. ………………………………………………… by Akamatsu Hideyoshi

In this paper I examine the efforts of the retired emperor Go-Uda (r. 1274–1287; ret. 1274–1324) to promote the prosperity of Tōji, a major temple in the capital, by examining four portfolios of royal estates to donated the temple. In particular I ask (1) the reasons Go-Uda chose these particular properties as donations, and (2) how these properties were transformed into Tōji properties. For purposes of analysis I focus on Yano Estate in Harima Province (roughly coterminous with today's Aioi City, Hyōgo Prefecture).

Three of the four royal estates Go-Uda donated to Tōji were in close proximity to the temple itself, and give evidence of having had connections to the temple, whereas Yano Estate was geographically distant from the temple, ca. 120 km to the west, and only became connected to Tōji for the first time on the occasion of its donation in 1313. However, a close examination of the extant sources on Yano Estate from the late thirteenth and early fourteenth centuries shows that during these years Yano was involved internal disputes in the Fujiwara proprietor's (*ryōke*) house, and that monks from Tōji were involved. By examining these events I am able to show the reasons why Go-Uda donated Yano Estate to Tōji.

In Part 1, I examine the managerial role played by the Fujiwara clan under the aegis of retired empresses from

中世東大寺の国衙経営と寺院社会
造営料国周防国の変遷

焼き討ちにあった東大寺再興の費用を賄うために、造営料国として東大寺に寄進された周防国。初期は大勧進重源・栄西・行勇らが経営を担い、後期には大内・毛利氏による横領・進出を受けるなど、寺院と世俗社会との密接な関わりのなかにあった同国をめぐる動きを、造営料国から寺領化を進める東大寺による国衙経営の実態と、その動向に対応していった寺院内部の組織のあり方に着目し、通史的に描き出す。政治史・社会経済史・寺院史等、諸分野を架橋する基盤研究。

もくじ

◉序章◎研究の主題と目的◎研究史◎構成と個別的課題◉第一部…鎌倉時代初期における大勧進と周防国◎重源と栄西による再建事業と周防国の経営◎行勇による再建事業と周防国の経営◎中世前期における東大寺による国衙支配と在庁官人◉第二部…東大寺と周防国の経営◎鎌倉時代中・後期の周防国と東大寺◎建武新政期における東大寺と大勧進◎南北朝・室町時代における東大寺の周防国衙経営と組織◉第三部…武家勢力と造営料国周防国の崩壊◎周防国経営における東大寺と守護大内氏◎中世後期における官司領と守護大内氏◎毛利氏の周防国進出と東大寺◎毛利氏による国衙土居八町の安堵について◉終章◎論旨の総括◎研究史との関係◎今後の課題◉初出一覧・あとがき・索引

畠山 聡［著］・本体一〇〇〇〇円（＋税）

中近世日本の貨幣流通秩序

社会を動かすシステムはいかに形成されたか。

社会経済を展開させる装置、貨幣。中世から近世への社会変容のなかで、その使用の具体像はいかなる様相を呈していったのか。海域アジア世界との連環と地域社会における展開の実態とを複合的に捉え、貨幣流通秩序の形成過程を照射する。

もくじ

◉序文◉序章…中近世日本貨幣流通史研究と本書の課題◉中世・近世日本貨幣流通史の新たな研究動向◉本書の課題と概要――前著に対する批判に学びつつ――◉第一部…中世貨幣経済史の特質◎新見荘における代銭納の普及過程◎室町幕府明銭輸入の性格――「貨幣発行権」はあったか――◎一六世紀後半京都における金貨の確立◎中世後期日本の貨幣経済と信用取引――「匿名性」の視点から――◉第二部…中近世移行期貨幣流通の実態◎貨幣の多元化と使用実態――『兼見卿記』にみる――◎銀貨普及期京都の貨幣使用――『鹿苑日録』にみる――◎移行期社会における貨幣使用の多様性――『言経卿記』にみる――◎「天下統一」と貨幣流通秩序◉第三部…近世貨幣の形成と社会◎奥羽仕置と会津領の知行基準――「永楽銭」基準高の特質をめぐって――◎仙台藩本判制度と産金村落――一七世紀における東磐井郡津谷川村の事例から――◉本書のまとめと今後の課題◉あとがき・初出一覧・索引

川戸貴史［著］・本体七五〇〇円（＋税）

琉球史料学の船出
いま、歴史情報の海へ

琉球史料学の可能性を提示する

印章や花押、碑文や国王起請文、さまざまな史料が持っている歴史情報に着目し、琉球史料学が持つ魅力と可能性を提示する。「古琉球」「近世琉球」「周辺（中国・日本）」の3つの視点から、関連史料を分析。琉球の政治、社会、文化の様相を浮かび上がらせる。

もくじ

カラー口絵
◉序言――船出にあたって――黒嶋敏・屋良健一郎
◉第一部…古琉球の史料学
古琉球期の印章◎かな碑文に古琉球を読む◎琉球辞令書の様式変化に関する考察
◉第二部…近世琉球の史料学
琉球国中山王の花押と近世琉球◎近世琉球の国王起請文◎「言上写」再論――近世琉球における上申・下達文書の形式と機能――
◉第三部…周辺からの逆照射
島津氏関係史料研究の課題――近世初期成立の覚書について――◎原本調査から見る豊臣秀吉の冊封と陪臣への授職◎琉球渡海朱印状を読む――原本調査の所見から――

黒嶋敏・屋良健一郎［編］・本体四二〇〇円（＋税）

中世地下文書の世界
史料論のフロンティア

アジア遊学209

朝廷・幕府や荘園領主の側ではなく、「地下《じげ》」（荘園・公領の現地）において、作成され、機能した文書群が多数存在する。それらはいかにして保存され、今日に伝わったのか。その生成・機能・展開などの全体像を明らかにすることで従来の古文書学の枠組みや発想を捉えなおし、史料論の新たな地平を切り拓く。

もくじ

春田直紀［編］・本体二八〇〇円（＋税）

紙の日本史
古典と絵巻物が伝える文化遺産

書く、包む、飾る、補う…。古来、日本人の生活のなかに紙は常に存在していた。時代の美意識や技術を反映しながら、さまざまな用途に合わせ、紙は作られ、選ばれ、利用されていた。長年文化財を取り扱ってきた最先端の現場での知見を活かし、さまざまな古典作品や絵巻物をひもときながら、文化の源泉としての紙の実像、そして、それに向き合ってきた人びとの営みを探る。

もくじ

池田寿［著］・本体二四〇〇円（＋税）

書誌学入門
古典籍を見る・知る・読む

「書誌学」とは、「書物」という人間の文化的活動において重要な位置を占めるものを総体的に捉えること、すなわち、その書物の成立と伝来を跡づけて、人間の歴史と時間という空間の中に位置づけることを目的とする学問である。この書物はどのように作られたのか。どのように読まれ、どのように伝えられ、今ここに存在しているのか—。「モノ」としての書物に目を向けることで、人々の織り成してきた豊穣な「知」のネットワークが浮かびあがってくる。

もくじ

堀川貴司［著］・本体一八〇〇円（＋税）

古文書料紙論叢

湯山賢一［編］

料紙は何を伝えているか——
古文書をめぐる新史料論を提示する

古文書は歴史学における基本史料として、連綿と研究が積み重ねられてきた。しかし、その基底材たる料紙については、あまり顧みられることがなく、その研究・調査は等閑に付されてきたといっても過言ではない。近年の研究の進展により料紙の持つ情報が、当該史料の位置付けを左右するほどに重要であることが明らかになってきている。歴史学・文化財学の最前線に立つ43名の執筆者の知見から、現存資料の歴史的・科学的分析や料紙に残された痕跡、諸史料にみえる表現との対話により、古代から近世における古文書料紙とその機能の変遷を明らかにし、日本史学・文化財学の基盤となる新たな史料学を提示する。巻末には料紙研究の展開を一望できる文献一覧を附した。

◉編集委員
湯山賢一［代表］　池田 寿　富田正弘
永村 眞　林 譲　保立道久
本多俊彦　山本隆志

◉執筆者一覧（掲載順）
杉本一樹　増田勝彦　大藤 修　佐々田 悠　渡辺 滋
高橋裕次　梅澤亜希子　高橋恵美子　黒川高明　林 譲
高島晶彦　吉川 聡　末柄 豊　伊集守道　山家浩樹
高山京子　富田正弘　池田 寿　山本隆志　柳原敏昭
丸島和洋　前嶋 敏　田島光男　本多俊彦　千葉拓真
兼子 心　天野真志　永村 眞　横内裕人　藤井雅子
西 弥生　坂東俊彦　保立道久　小島浩之　朴 竣鎬
稲田奈津子　橋本 雄　藤田励夫　地主智彦　大川昭典
森 香代子　藤本孝一　鈴木 裕

本書の構成

第一部　文書料紙の変遷（総論）
第二部　古代文書・典籍の料紙
第三部　中世文書・聖教の料紙
第四部　東国武家文書の料紙
第五部　近世文書の料紙
第六部　寺院文書の料紙
第七部　東アジアの文書と外交文書の料紙
第八部　抄紙と修復の科学
古文書等料紙に関する研究論文・報告書等の編年一覧

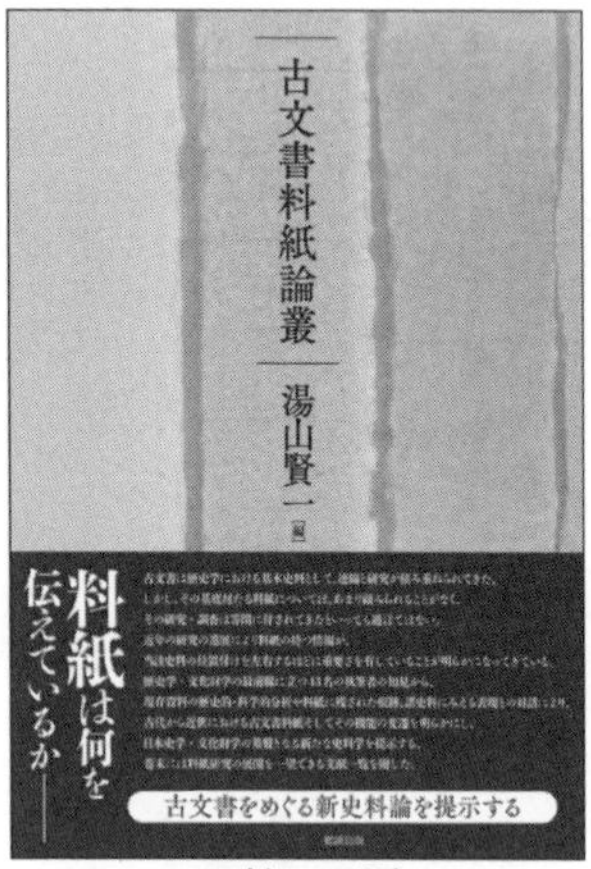

B5判・896頁

本体一七〇〇〇円（＋税）